कहानी का रंगमंच

कहानी का रंगमंच

सम्पादक
महेश आनंद

वाणी प्रकाशन

वाणी प्रकाशन

4695, 21-ए, दरियागंज, नयी दिल्ली 110 002

फ़ोन : +91 11 23273167 फ़ैक्स : +91 11 23275710

शाखाएँ

अशोक राजपथ, पटना 800 004, बिहार

कॉफ़ी हाउस कैम्पस, महात्मा गांधी मार्ग, इलाहाबाद 211 001, उत्तर प्रदेश

महात्मा गांधी अन्तरराष्ट्रीय हिन्दी विश्वविद्यालय, वर्धा 442 001, महाराष्ट्र

सुल्तानिया रोड, मोतिया पार्क, भोपाल 462 001, मध्य प्रदेश

www.vaniprakashan.com
marketing@vaniprakashan.in
sales@vaniprakashan.in

KAHANI KA RANGMANCH
Edited by Mahesh Anand

ISBN : 978-93-5072-034-9
Criticism

संस्करण 1997, 2001
तृतीय संस्करण 2021

मूल्य : ₹ 495

एशियन ऑफ़सेट प्रेस, दिल्ली-110 093 में मुद्रित

वाणी प्रकाशन का लोगो मक़बूल फ़िदा हुसेन की कूची से

प्रयोगधर्मी
रंगकर्मियों
के
नाम

'...जब कोई अनुभूति
अपने मूक अँधेरे से उठकर
शब्दों के प्रदेश में रास्ता टटोलती है,
तब
अचानक कुछ होने लगता है।
यह स्फुरण—बेलौस, गूंगे अस्तित्व
में कुछ होने का कंपन
कुछ और नहीं,
सिर्फ़ वह नाटकीय तत्त्व है,
जिसके बिना नाटक ही नहीं,
हर कला-विधा मृतप्राय हो जाती है।'

निर्मल वर्मा

दूसरे संस्करण की बात

पहले संस्करण पर कुछ अंतरंग मित्रों ने सवाल उठाया कि इस पुस्तक का नाम 'कहानी का रंगमंच' क्यों? बेशक, इसका नाम कथा-रंग, दृश्य-कथा, कथा-मंचन आदि-आदि हो सकता था। परंतु, पहली प्रस्तुति 'तीन एकांत' (1975) से चर्चित, अपने नए मुहावरे और नई अवधारणा के साथ 'कहानी का रंगमंच' अधिक उपयुक्त लगा। अन्य नाम साहित्य और प्रदर्शनकारी कलाओं की सहभागिता, पारस्परिकता तथा इनके कलात्मक संश्लेशण से बन रहे नए कथा-रंग को व्यंजित नहीं कर पाते। इसलिए, 'कहानी का रंगमंच'।

पुस्तक में केवल एक ही निर्देशक के कार्य की विवेचना क्यों? कुछ मान्य आलोचकों ने यह सवाल भी उठाया। उनसे यह पूछा जा सकता है कि क्या यह कार्य किसी निर्देशक की एक-दो प्रस्तुतियों के आधार पर हो सकता है? ज़ायका बदलने के लिए कुछ वरिष्ठ निर्देशकों ने कहानियाँ प्रस्तुत ज़रूर कीं, लेकिन मात्र इसी आधार पर कोई निर्णय अथवा निष्कर्ष नहीं दिया जा सकता। इसलिए पुस्तक का आधार पिछले पच्चीस वर्षों के दौरान देवेंद्र राज अंकुर की प्रस्तुतियाँ ही बनी हैं।

हमारा मंतव्य हिंदी रंगमंच को विस्तार देनेवाले रंगप्रयोगों और नाट्य-चिंतन की संभावनाओं की खोज करते हुए सार्थक संवाद करने का है, किन्हीं निश्चित ढांचों या नए शास्त्र को गढ़ने का नहीं।

इस संस्करण में निर्देशक देवेंद्र राज अंकुर का नया वक्तव्य शामिल किया गया है, जिसमें उनकी परिकल्पना के अनिवार्य बिंदु अधिक विस्तार के साथ प्रस्तुत हुए हैं। उनकी प्रस्तुतियों की सूची को भीं अद्यतन बनाया गया है।

संवाद की स्थिति प्रशस्त हो, इस आशय के साथ!

दिल्ली
17 मार्च, 2001

महेश आनंद

अनुक्रम

स्वगत

समकालीन भारतीय रंगमंच, साहित्य और अन्य कलाओं की अंतर्निर्भरता, अंतर्द्वंद्व तथा पारस्परिक संबंधों के अनेक पहलुओं को लेकर आज कई तरह से संवाद जारी है। देखा जाए तो भारतीय रंगमंच अपनी प्रकृति में टोटल थिएटर ही है, जिसमें साहित्य, रूपंकर और प्रदर्शनकारी कलाएँ समाविष्ट हैं। कहा जा सकता है कि संश्लेषण तो उसकी बुनियाद में है। यहाँ एक सवाल यह उठाया जा सकता है कि विभिन्न कलाओं को एक बनानेवाले कलात्मक संयोजन के बिना क्या रंगमंच का अपना अस्तित्व संभव है? आज नए संदर्भों और दृश्य-माध्यमों के कारण यह प्रश्न पुनः उठाया जा रहा है कि इन कलाओं से रंगमंच को समृद्ध और समग्र दृश्यात्मक अनुभव कैसे बनाया जाए? प्रयोग-प्रक्रिया से लेकर आस्वादन तक इनके समायोजन का क्या रूप हो सकता है? इन सबके बीच सौंदर्यबोध का कौन-सा सामान्य धरातल होना चाहिए, जिससे एक नई संश्लिष्ट दृश्यभाषा को रचा जा सके? ऐसे ही कई सवालों से टकराते हुए अनेक रंगकर्मी आज नए रास्तों की तलाश कर रहे हैं। इनकी प्रस्तुतियों में विभिन्न कलाओं के बीच केवल आदान-प्रदान अथवा स्थूल मेलजोल का ही रूप नहीं उभरा है, बल्कि इनसे वे कलाएँ परस्पर प्रतिस्पर्धा करती या फिर एकमेक होती हुई रंगकर्म को अधिक समर्थ बनाने का ठोस आधार भी बनी हैं। वस्तुतः इस प्रयास में रंगमंच का उद्देश्य अन्य कलारूपों को अपने में विलीन करना नहीं, बल्कि उन्हें रूपांतरित करते हुए उनकी विशिष्टताओं को एक नए रूप में सँवारना और नई पहचान देना है। इसीलिए इसमें विभिन्न कलाओं के पारस्परिक संबंधों और प्रभावों की नई दिशाओं और संभावनाओं के संकेत मिलते हैं।

इधर हिंदी रंगमंच पर संगीत, नृत्य, चित्रकला या फिर कथासाहित्य, आत्मकथा, रिपोर्ताज़ आदि को लेकर प्रयोग ही नहीं हो रहे हैं, बल्कि उनके आपसी संबंधों को भी नए ढंग से देखा-परखा जा रहा है। इसमें अभिनय, रंगभाषण और स्पेस के नए रूपों और उनकी मर्यादाओं को रेखांकित करने का प्रयास भी हो रहा है। इस दिशा में देवेंद्र राज अंकुर ने बहुत पहले, 1975 में, तीन एकांत शीर्षक से निर्मल वर्मा की तीन कहानियों—डेढ़ इंच ऊपर, धूप का एक टुकड़ा,

वीकएंड—को मंचित करके जो नया मुहावरा अर्जित किया था, उसमें रंगभाषा की एक नई ऊर्जा से साक्षात्कार हुआ था। अभिनय और वाचन की नई चुनौतियों और आयामों की ओर संकेत करनेवाला यह प्रयोग बाद में 'कहानी का रंगमंच' नाम से चर्चित हुआ।

इस पुस्तक में इसी प्रयोग के विभिन्न स्तरों को अलग-अलग कोणों से देखने की कोशिश की गई है। इस पर यदि शुरुआती बिंदु से ही संवाद किया जाए तो कह सकते हैं कि कहानी किसी घटना या स्थिति का किया गया वर्णन है, जिसमें वह वर्तमान में अतीत की सूचना बनती है। इसके विपरीत नाटक घटित हो रही, या होते रहने की, क्रिया की दृश्यात्मक प्रस्तुति है। एक दूसरे बिंदु पर कहानी निश्चित रूप से एकांतिक अनुभव बनती है, तो नाटक समूह-मन को संबोधित होता है, क्योंकि अभिनेता की नैसर्गिक प्रतिभा सामूहिक अवधान पर निर्भर करती है, इसलिए इस प्रयोग में कहानी सामूहिक अनुभव में ढलती है, जिसमें दर्शक भी साझा करते हैं। इसके लिए अभिनेता बार-बार कहानी के शब्दों के पास लौटता हुआ, कहानी के ब्यौरों की उन ध्वनियों को भी रेखांकित करता है, जो अनुभव-सत्य का साक्षात कराने में मंचन का अनिवार्य अंग होती हैं। इसीलिए कहानी में निहित सूचनाओं को वर्तमान में घटित होते हुए दिखाने के प्रयोग में वर्णनकर्ता या वाचक भी आता है। यह पात्र अतीत तथा रंगमंच पर न दिखाई जानेवाली समानांतर क्रियाओं के बारे में ही नहीं बताता, चरित्रों के व्यवहारों का विश्लेषण भी करता है या उनमें हस्तक्षेप करता है। कहानी के संवाद, वर्णन और मौन की ध्वनियाँ परस्पर इस तरह जुड़ी रहती हैं कि एक का अर्थ दूसरे से ही खुल पाता है। इन दो बिंदुओं के बीच की प्रक्रिया से गुज़रते हुए अभिनेता ऐसे स्पेस को रचता है, जिसमें कहानी को उसकी उच्चतम संभावनाओं के साथ प्रस्तुत करने के अवसर मिलते हैं; और यहीं कहानी का रंगमंच बनता है, जिसमें कहानी के टेक्स्ट की सूक्ष्मतम ध्वनियाँ दृश्य में रूपायित होती हैं। यही रूप कहानी या नाटक से अलग एक नई रचना और नया कलात्मक अनुभव बनकर सामने आता है।

इस कोशिश में वाचकता और उसकी अंतर्ध्वनियों के माध्यम से कहानी के आंतरिक रहस्य का उद्घाटन प्राथमिक हो जाता है। इसे अभिनेता द्वारा कहानी की वास्तविकता को जानने की निरंतर बेचैनी भी कह सकते हैं। निरंतर इसलिए कि वह पूरे मनोवेग के साथ कहानी के अर्थ में स्वयं हिस्सेदार बनता है और दर्शकों को भी हिस्सेदार बनाने की ज़िम्मेदारी निभाता है। इस प्रक्रिया में एक नई दृश्यभाषा की संभावनाएँ उभरती हैं। इसीलिए बाहर से स्पष्ट और सीधी नज़र आती हुई कहानी की प्रस्तुति अभिनय-प्रक्रिया के प्रचलित रूप से भिन्न हो जाती है। यहाँ अभिनेता कहानी और रंगमंच के मध्यवर्ती अंतर और सीमा को देखते हुए स्वयं से अधिक की माँग करता है। इसी कोशिश में वह कहानी के सच को महसूस करता हुआ

उस दृश्यभाषा को बुनता है, जिसमें वह लेखक और निर्देशक की, और फिर अपनी कहानी को एकसाथ दिखाता-सुनाता है। इस तरह लेखक की कहानी और अभिनेता द्वारा अभिनीत पात्र एक-दूसरे के पूरक बन जाते हैं। साथ ही कहानीकार, अभिनेता और दर्शक के 'स्व', एक-दूसरे में घुलते-मिलते हुए एक साझा अनुभव बन जाते हैं।

बेशक, यह नया रूप संप्रेषण-संचरण के अपने-अपने समय के माध्यमों—संतों, सूफ़ियों, कथागायकों, चारणों, क़िस्सागो, वैतालिकों के कथावाचन-गायन से भिन्न हो जाता है। सिर्फ़ इसलिए नहीं कि इसमें **'कथासरित्सागर', 'पंचतंत्र', 'हितोपदेश', 'बेताल पच्चीसी', 'सिंहासनबत्तीसी'** आदि पुरातन आख्यानों के स्थान पर समकालीन कथाशिल्पियों की रचनाओं को ग्रहण किया गया है, बल्कि इसलिए कि उसमें नई संवेदना के साथ दर्शक (पाठक) से संवाद स्थापित करने का प्रयास निहित है। जहाँ आज के युग में, वैयक्तिक विचार, अनुभूति और रुचि को एक सामूहिक स्थूल ढाँचे में ढालते हुए, यानी दर्शक को उपभोक्ता सामग्री का ग्राहक बनाकर, मीडिया उसकी वैयक्तिक रचनात्मक भूमिका को ही नष्ट करने की कोशिश कर रहा है, वहाँ 'कहानी का रंगमंच' लेखक, अभिनेता और दर्शक के बीच एक नया संपर्क-सूत्र बना है। मगर यह सिर्फ़ प्रयोग के लिए प्रयोग नहीं है। इसमें शब्दों की ऊर्जा को दृश्यों में ढालते हुए कहानी की बुनियादी गरिमा को केंद्र में लाने की कोशिश है। इसीलिए कहानियों की प्रस्तुति में, उनकी बुनावट में परिवर्तन का प्रयास नहीं किया गया। पर यह ध्यान अवश्य रखा गया है कि यह प्रयोग स्वयं अपना ही उपनिवेश न बन जाए।

पुस्तक की सामग्री निर्देशक देवेंद्र राज अंकुर के इस क्षेत्र में किए प्रयोगों पर आधारित है। इसका कारण यह है कि न केवल उन्होंने इस प्रयोग की शुरुआत की, बल्कि पिछले बाईस वर्षों से निरंतर इस दिशा में काम करते हुए 125 कहानियों और 13 उपन्यासों के मंचन द्वारा इस प्रयोग की स्थायी पहचान बनाई है। ऐसा नहीं है कि अन्य निर्देशकों ने इस तरह के प्रयोग नहीं किए। सत्यदेव दुबे (मुंबई), विमल लाठ (कलकत्ता), ब.व.कारंत, राजिंदर नाथ, दिनेश खन्ना (दिल्ली), विजय कुमार (बिहार), गिरीश रस्तोगी (गोरखपुर) आदि ने यदा-कदा इस प्रयोग को अपनी तरह से जाँचने-परखने का प्रयास किया है। इसीलिए यहाँ कहानी के रंगमंच के बनते-सँवरते मुहावरे को स्पष्ट करने अथवा उसके व्याकरण को समझने के लिए एक ही निर्देशक के कार्य की गहराई से पड़ताल ज़रूरी लगी। इसमें कथाकारों और अभिनेताओं के अनुभवों, समीक्षकों की प्रतिक्रियाओं और साक्षात्कारों के माध्यम से निर्देशक की अवधारणा तथा रचना-प्रक्रिया से रू-ब-रू होने की कोशिश की गई है। विशेषकर, कई लेख कथाशिल्पियों की दुनिया तथा रंगमंच के आंतरिक गतिशील रूप और अर्थ को रेखांकित करते हुए अभिनय, रंगभाषण और स्पेस के

नए प्रभावी स्वरूप को उभारते हैं।

संकलित लेखों में 'कहानी का रंगमंच' की कोई संज्ञात्मक परिभाषा या शास्त्र निर्धारित करने का सायास प्रयास या दावा नहीं किया गया, फिर भी थोड़ी-बहुत जो कोशिश नज़र आती है, वह इस प्रयोग से साक्षात्कार करते हुए स्वयं बन गई है। इसी रूप में ये लेख पाठकों (दर्शकों) के साथ एक संवाद स्थापित करते हैं, अंतिम निर्णय नहीं सुनाते।... फ़िलहाल इतना ही।

इस पुस्तक में संकलित रचनाओं के रचनाकारों का मैं विशेष रूप से आभारी हूँ। साथ ही मैं उन सभी को धन्यवाद देता हूँ जिन्होंने किसी-न-किसी रूप में इस पुस्तक को संभव बनाया। राष्ट्रीय नाट्य विद्यालय के निदेशक राम गोपाल बजाज ने समय-समय पर महत्त्वपूर्ण परामर्श दिए और भारतीय नाट्य-चिंतन-शृंखला की पहली कड़ी के रूप में इसके प्रकाशन को स्वीकृति दी। उनके प्रति आभारी हूँ।

दिल्ली
8 अप्रैल, 1997

महेश आनंद

संवाद एक

रचनाकार

अतीत को देखने का अनुभव

अजीत कौर

एक दिन अचानक बैठे-बिठाए देवेंद्र राज अंकुर का फ़ोन आया। कहा कि तुम्हारी आत्मकथा **ख़ानाबदोश** के कुछ टुकड़े रंगमंच पर प्रस्तुत करने के बारे में सोच रहा हूँ। इस सिलसिले में तुमसे मशविरा करना है।

सुनकर घबरा गई, वाक़ई!

देवेंद्र को बातों-बातों में उलझाने और समझाने की कोशिश की। बड़ी मुलायम—आजिज़ी-भरी आवाज़ में, मिमियाते हुए सलाह भी दी कि जिस तरह उन्होंने कुछ वर्ष पहले निर्मल वर्मा की कहानियों का मंचन किया था, और हम सब देखकर दंग रह गए थे कि कैसे किताब के पन्नों में चुपचाप बैठी कहानी उस किताब-सी अकेली खामोशी में से निकलकर हमारी आँखों के सामने जीवंत हो उठी थी, उसी तरह, मेरी भी कोई कहानी लेकर वे क्यों नहीं अपना जादुई डंडा घुमाते? वह सारा जादू अंकुर ने ही शायद पहली बार रंगमंच पर पेश किया था।

वैसे तो हर कहानी में लेखक की ज़िंदगी का कोई-न-कोई टुकड़ा मौजूद रहता है। लेखक की खुद की ज़िंदगी में घटी घटनाएँ चाहे सीधी-सीधी उसकी कहानियों में प्रतिबिंबित न हों, फिर भी उसके आसपास बहती ज़िंदगी की कोई कतरन, परिंदों की तरह उड़ता हुआ कोई एहसास, आसमान में चहलक़दमी करते किसी बादल की कोई क्षणभंगुर छाया, मरीचिका-जैसा कोई छलावा, मौत-जैसी कोई ठोस और क्रूर हक़ीकत, किसी बच्चे की मुस्कान, बारिश की पहली बूँद, मन के जंगल से गुज़रती हवा से हिलते एहसास की पत्तियाँ, भीतर के बेकिनार (अंतहीन) वीरानों में मंद-मंद बहती बयार, बहती-इठलाती नदी की कोई लहर, और लहर की हथेली पर काँपती सूरज की कोई किरण...! यह सब लेखक की भोगी-महसूसी-आँखों देखी ज़िंदगी के टुकड़े ही तो हैं, जो उसकी कहानियों का कच्चा माल बनते हैं।

पर अंकुर के मन में तो जो बस चुका था, वो बस चुका था। हर दलील को हर एतराज़ को, हर अर्ज़ को वो किसी पहुँचे हुए फ़क़ीर की तरह आधी आँखे बंद किए अपनी नरम-सी आवाज़ में रद्द कर देते।

अंकुर के साथ हमेशा ऐसा ही होता है और मैं हमेशा हार मान लेती हूँ। ज़िंदगी कमबख़्त बड़ी बेरहम होती है। क़ाफिर, क़ातिल ज़िंदगी! उसे जी लेना ही किसी छोटे-मोटे करिश्मे से कम नहीं होता और फिर उन जिए हुए, भोगे हुए क्षणों को बेचारे दीन-हीन से लफ़्ज़ों से पकड़ने की कोशिश करना, जितने भी पकड़ में आएँ, उन्हें लिखना, लिखकर अजनबी लोगों से उन्हें बाँट लेने की जुर्रत करना, यह सब किसी मसीही करिश्मे से कम नहीं होता।

पर लेखक इस सबको अपने सुनसान एकांत में करता है। अपने मन की अँधेरी सीढ़ियाँ उतरता हुआ वह उन ज़मींदोज़ तहख़ानों में पहुँचता है, जहाँ उसकी भोगी-बीती ज़िंदगी के पल क़ैद रहते हैं।

उसके लिखे को कौन लोग पढ़ रहे हैं, पढ़कर उसके बारे में क्या सोच रहे हैं, लेखक के इस कन्फ़ेशन के बाद वह उसके बारे में कैसी राय बना रहे हैं, इससे लेखक तक़रीबन-तक़रीबन बचा रहता है।

वैसे तो हर नज़्म, हर कहानी, हर नॉवल, हर पेंटिंग को रचने वाला उसको रचने के बाद उससे अलग और सुर्ख़रू खड़ा हो जाता है। उसकी रचना की तक़दीर क्या होगी, इसके बारे में उसे सोचना ही नहीं चाहिए...कम-से-कम मैं तो नहीं सोचती।

लेखक, या कोई भी क्रिएटिव इनसान बहते पानी में अपनी काग़ज़ की नाव तैरा देता है। काग़ज़ की कश्ती बनाने का, और उस कश्ती को पल-भर पानी के ऊपर तैरते हुए, अपने से दूर जाते देखने का सुख और संतोष ही काफ़ी होता है उसके लिए।

वही है, सुख की वो क़तरन-सी जो उसके पास बची होती है। कश्ती को तो वक़्त के सैलाब में डूबना ही होता है। उसके डूबने का क्या ग़म! या न डूबने की क्या खुशी!

पर अंकुर जी ने तो वह डूबती हुई कश्ती पकड़ ली। गीला, गलता जाता महज़ काग़ज़; और कहा—वह उसे लकड़ी के छोटे-से टुकड़े पर चिपकाकर फिर से तैराएँगे! मेरी ही आँखों के सामने! और कुल आलम की नज़रों के सामने! रंगमंच पर!

मेरे मन के एक हिस्से में सुख का एक छोटा-सा चिथड़ा फड़फड़ा रहा था कि चलो, डूबती जाती यह काग़ज़ी कश्ती कुछ देर तो और तैर लेगी।

पर उसी मन का दूसरा हिस्सा ख़ौफ़ से थर-थर काँप रहा था कि उन तमाम भोगे-अनभोगे, लहू-भीगे, स्याह-काले, ख़ौफ़नाक क्षणों को मुझे खुद दर्शक बनकर देखना पड़ेगा! बहुत ख़ौफ़नाक होगा यह तो! अपनी ही ज़िंदगी को खुद अपनी ही आँखों के सामने फिर से घटित होते देखना! जैसे कोई हज़ारों वर्ष पहले बनी-उजड़ी ज़िंदगी को ज़मीन के पेट से ढूँढ़ निकाले—मोहनजोदड़ो की तरह!

दर्शकों में बैठी हुई, अपनी ही ज़िंदगी को रंगमंच पर फिर से घटित होती देखती हुई मैं तो बेहद मूर्ख लगूँगी। लोग तो ख़ैर लानत-मलामत करेंगे ही कि ऐ बेवकूफ़ औरत, तू इस तरह पराए मर्द के इश्क में कैसे गिरफ़्तार हो गई! ये भी कोई शरीफ़ औरतों के लक्षण हैं? शरीफ़ घरों की बहू-बेटियाँ, या तो सारी उमर अपने ही बदन की आग की तपिश में मोम की तरह पिघलती रहती हैं, या कभी-कभार कोई गड़बड़ करनी भी हुई, तो सात पर्दों के पीछे छिपकर करती हैं!

पर जो भी था, था तो मेरा ही भोगा हुआ यथार्थ, एक सच्चाई, एक हक़ीक़त, जिसमें तिलिस्म भी सब-के-सब मेरे अपने थे और तमाम मौतें भी मैंने अपनी ही रूह पर झेली थीं।

ख़ानाबदोश को स्टेज पर देखना एक अजीब कैफ़ियत में से गुज़रना था।

स्टेज सें भी पहले अंकुर के घर में अंकुर की प्यारी बीवी तेजिंदर की बनाई चाय पीते हुए और चाय की प्याली के पीछे छिपकर, बस हवा में गायब हो जाने की ख़्वाहिश करते हुए **ख़ानाबदोश** की रिहर्सल देखी थी।

अपनी ही ज़िंदगी का खुद दर्शक होना! तौबा-तौबा!

पता नहीं, **ख़ानाबदोश** के उन टुकड़ों में से अंकुर ने मांदरी-जैसी बीन बजाकर कैसे इतना ढेर सारा नाटक निकाल लिया।

इतना सारा नाटक? कहकर खुद ही सोचने लगी हूँ कि कई दफा नारकीय ज़िंदगियों में से छोटे-छोटे नाटक ढूँढ़ने की मुश्किल होती है; और कई दफ़ा मेरी-जैसी बेवकूफ़ ज़िंदगी में से इतना सारा नाटक भी कोई अंकुर-जैसा जादूगर निकाल लेता है। अंकुर-जैसा कोई गोताख़ोर किसी ऐरी-ग़ैरी घटना की अतल गहराइयों में से कैसे इतना सारा नाटक निकाल लाता है—हैरानी होती है।

वैसे सोचा जाए तो कौन-सी ज़िंदगी और किसकी ज़िंदगी नाटकीय नहीं होती? यहाँ 'नाटकीय' का मतलब नक़ली नहीं, बेशक आजकल ऐसी नाटकीय ज़िंदगी जीने का ही रिवाज़ है। रिवाज़ भी, दस्तूर भी, मौक़ा भी।

ख़ासकर इस देश का तो पूरा माहौल भी, कम-से-कम पिछले तीन दशकों से, नाटकीय रहा है। राजनीति में होनेवाले नाटक ही इतने दिलचस्प हैं कि कभी-कभी मुझे डर लगता है कि अंकुर-जैसे सीरियस लोगों की छुट्टी ही न हो जाए! पूरे देश का विशाल रंगमंच और हज़ारों-लाखों नेताओं का नाटक! हमारे आसपास पुरानी ग्रामीण और क़स्बाई नाट्यशैलियों—मसलन नकलें, स्वाँग वगैरह—से लेकर निहायत आधुनिक नाट्यशैलियाँ, दिन-रात, निरंतर मंचित हो रही हैं। हवाले और घोटाले! कोई नेता टनों-टन चीनी फाँक रहा है, तो कोई टनों-टन चारे की जुगाली कर रहा है।

नाटकीय का मतलब है ज़िंदगी में घटनेवाली अजीबोग़रीब घटनाएँ।

वैसे देखा जाए तो बिलकुल आम दिखनेवाली घटनाओं में भी अजीबोग़रीबपन कहीं-न-कहीं छिपा रहता है।

जो लोग आम ज़िंदगी के नाटकीयपन, फूहड़पन और हड़बड़ाहट के ऊबड़-खाबड़पन से बचकर किसी बर्फ़ानी चोटी पर बैठकर तपस्या करने लगते हैं, वे भी तो किसी नाटकीय क्षण का ही इंतज़ार कर रहे होते हैं कि कब कोई चमत्कार होगा, अँधेरे क्षितिज पर बिजली की कौंध-सा, और उनका रब या इष्ट उनके पास आकर खड़ा हो जाएगा और कहेगा—हम खुश हुए, बोलो क्या चाहते हो?

ज़िंदगी खुद एक नाटक है।

नाटक केवल नाटक में ही क़ैद नहीं होता, वह कला की हर विधा में शामिल रहता है।

जब कोई नर्तकी अपनी विलक्षण कोरियोग्रॉफी से दूर माइथोलॉजी में पड़े पात्रों को अपने हाव-भाव और नृत्य-मुद्राओं में क़ैद करके मंच से पेश करती है, तो वह नाटक ही तो है।

जब कोई चित्रकार कैनवस पर रंगों से एक अलग दुनिया रचता है, तो ज़िंदगी का एक नाटक ही तो पेश कर रहा होता है।

हर कहानी में, नॉवल में, कविता में, पेंटिंग में नाटक मौजूद रहता है।

पर, कहानी में से नाटक को तलाश करके रंगमंच पर पेश करने का मसीही करिश्मा पहली बार देवेंद्र राज अंकुर ने किया।

खुद अपने भोगे हुए अतीत को, उन गुज़रे, पर दिल में छिपे बैठे क्षणों की तमाम शिद्दत और जुनून को, उनकी सारी पाकीज़गी और कमीनगी को, सारी मुहब्बतों और नफ़रतों को अपने सामने फिर से घटते देखना, उन मर चुके क्षणों को दुबारा साँस लेते, चीखते, हुँकारते, तड़फड़ाते, फफक-फफककर रोते, हिचकियाँ लेते और तिलमिलाते देखना एक अजीबोग़रीब अनुभव था।

एक तिलिस्म-सा, जिसमें कोई जादूगर अपना डंडा आपके कंधे से छुआता है और आप जड़-पत्थर हो जाते हैं। और देखते हैं ख़ामोश, लाचार, पत्थर की तरह खड़े, अपनी ही ज़िंदगी के कारवाँ को अपने सामने से गुज़रते।

उस वक़्त शायद लेखक ही यीशू मसीह होता है, जो अपने सलीब को खुद अपने ही कंधों पर उठाए क़त्लगाह की ओर जा रहा होता है। लेखक ही वह सुकरात होता है, जो ज़हर का प्याला पी रहा होता है। वही 'अनलहक़' कहनेवाला मौत का सज़ायाफ़्ता मुजरिम होता है, जिस पर तमाम ख़लक़त को पत्थर फेंकने का हुकुम होता है और पत्थर खाते हुए उसकी आँखें अपने किसी 'मित्तर-प्यारे' की तलाश कर रही होती हैं, जो उसे पता है, उस पर पत्थर नहीं फेंक सकता। पर

जब वही दोस्त, हुक्मरानों की नज़र से बच निकलने के लिए, उस पर पत्थर की जगह फूल फेंकता है तो वह, जो पत्थरों की बौछारों से लस्त-पस्त, चोटें खाया और खून से नहाया, किसी पत्थर की मार से नहीं चीख़ा था, फूल की मार नहीं सह सकता और दहाड़-दहाड़कर रो पड़ता है।

बहुत अजीब, बहुत जादुई, बहुत तिलिस्मी और बहुत ख़ौफ़नाक होता है किसी सुनसान क़ब्रिस्तान की किसी उजड़ी-पुजड़ी अपनी ही क़ब्र में से दबे-दबे रुदन की आवाज़ सुनना!

कथा-मंचन का अद्भुत अनुभव

धर्मवीर भारती

साल में कभी एक-दो बार दिल्ली जाता हूँ तो अपने बहनोई-बहन सुरिंदर सिंह और पद्मा के ही पास ठहरता हूँ—टोडरमल रोड, बंगाली मार्केट। एक तो वह घर से बढ़कर घर है, पता ही नहीं चलता कि कहीं बाहर हूँ। मुंबई में घर से निकला, दो घंटे की उड़ान के बाद फिर दिल्ली में घर में पहुँच गया। इसके अलावा एक और सुविधा है। मैं मुंबई में रहता होऊँ, किसी भी स्थिति पर पहुँच गया होऊँ, पर बुनियादी तौर पर आज भी वही हूँ—अतरसुइया, इलाहाबाद का संघर्षरत, लेकिन शौक़ीन-मिज़ाज, किशोर। वह कैशोर्य आज तक ज्यों-का-त्यों मन में बचा हुआ है। और इलाहाबाद का यह जो हिस्सा है न, अतरसुइया, यहियापुर, लोकनाथ, चौक—यह बाक़ी इलाहाबाद से, सिविल लाइन या कैंटूनमेंट वाले इलाहाबाद से बिल्कुल अलग है। अमीरों की बस्तियाँ नहीं हैं ये, पर रहन-सहन, तौर-तरीक़ा, सारा अमीराना ठाट का है। अच्छे क़लफ़दार कपड़े, ख़ालिस कनौजिया गुलाब का इत्र, ठेठ देसी ठाट की मिठाइयाँ, इमरती, बालूसाही, कलाकंद, गुलाब-जामुन और उसके ऊपर गुलाबजल में भिगोई सुपारीवाला असली मघई पान का बीड़ा। यह सब मुंबई में कहाँ नसीब, मगर बंगाली मार्केट में पहुँचकर अपने कैशोर्य के इलाहाबाद का यह अंश तो मिल ही जाता है। ताज़े फलों का रस, बढ़िया लस्सी, सोंठ की चटनी और दहीवाली उम्दा चाट और ठेठ देसी ठाट की मिठाइयाँ; और सबसे बढ़कर बढ़िया मघई पान का मनमाफ़िक बीड़ा। दिल्ली में दिन चाहे जैसा बौद्धिक नीरसता या छद्म साहित्यिकता का बीते, पर शाम पुराने इलाहाबादी रस में डूबी हुई मिल जाती है।

लेकिन उस दिन वह शाम कुछ अजीब थी। न चाट रुची, न मिठाई जमी और पान की तरफ तो रुख़ ही नहीं किया। बस घर आया और धप्प-से सोफ़े पर गुमसुम बैठ गया। कुछ अजीब-सा मन था। कहीं बेहद भरा-भरा; खुश, बेहद खुश—और कहीं उतना ही उदास, खोया-खोया-सा, कुछ पुराने ज़ख़्म कहीं अंदर टीसने लगे हों, वैसा। बड़ी व्याकुलता महसूस कर रहा था। हुआ यह था कि उस दिन

अपराह्न में राष्ट्रीय नाट्य विद्यालय द्वारा मंचित, अंकुर जी द्वारा निर्देशित **बंद गली का आख़िरी मकान** की प्रस्तुति देखकर लौटा था। क्या चमत्कार किया था अंकुर जी ने, या यह कहूँ कि जुल्म किया था मुझ ग़रीब पर। मानो गले में भारी पत्थर बाँधकर काल-प्रवाह की नदी में ऐसा ढकेल दिया था कि बेबस मैं छटपटाता हुआ, उल्टी दिशा में बहता रहा था, गहरे और गहरे, अपने धुर बचपन की ओर, जब मैं छह-सात बरस का रहा होऊँगा। वह उम्र, वह परिवेश, वे लोग—मुंशी जी, बिरजा, हरिया। उन्हीं के बीच भटक रहे हैं छह-सात बरस क़े बच्चन बाबू (बचपन में यही नाम था मेरा), और दिल जैसे, आँसू-भरी यादों के समंदर में डूबता चला जा रहा हो, सब कुछ खारा लग रहा है और साँस घुट रही है। मन बहुत कुछ बोलना चाह रहा है, पर कोई उसकी सुने तो?

मेरे दुमंज़िले पक्के मकान के सामने कच्चा, इकमंज़िला खपरैलोंवाला घर था, जिसमें रहते थे मुंशी जी और बिरजा। उनके असली नाम... नहीं, जाने दीजिए, असली नाम जानकर क्या करेंगे, कहानीवाले नामों से ही काम चला लें। ये बता दूँ कि मुंशी जी को मैं मुंशी जी नहीं कहता था। मैं उनको कहता था 'हप्पू चाचा'। क्योंकि उस समय लाड़ में खाने को 'हप्पा' कहता था और अपने घर का खाना छोड़कर मुझे उनके घर का 'हप्पा' अच्छा लगा था।

मेरी माँ बहुत अच्छा खाना बनाती थीं, उड़द की खिली-खिली दाल घी में सराबोर, बेसन की ऐसी तरकारी कि मछली खानेवाले को लगे कि मछली खा रहे हैं, बथुए की, पालक की, मेथी की रोटियाँ... बाबू के सारे दोस्त अम्मा कें हाथ का खाना खाने के मुंतज़िर रहते थे—मगर यह सब तो पच्छिमी उत्तरप्रदेश का खाना था। उनका बेटा बच्चन इलाहाबाद में पैदा हुआ, पक्का इलाहाबादी था। उसको चाहिए था मुंशी जी के घर का 'हप्पा'। मिर्च का तड़का देकर छौंकी हुई अरहर की गरम-गरम दानेदार दाल में शुद्ध कच्चा घी, और खिला-खिला, महकदार चावल, कभी अरवा चावल, कभी बासमती। मुंशी जी हुक़्क़ा एक ओर रखकर आवाज़ देते थे—

"बच्चन बाबू हो, तुम्हरी चाची थाली लिये बैठी हैं, बेटा!"

और बच्चन बाबू घर के जाने किस दरवाज़े से निकलकर मुंशी जी के खपरैलवाले बरामदे में पहुँच जाते। बिरजा पीढ़ा बिछातीं, थाली लगातीं, भात पसाकर चमचे से परोसतीं, दाल डालतीं, दाल पर कच्चे घी का लोंदा, और हाथ में बाँस की बुनी हथबेनिया (पंखा) लेकर बैठ जातीं। पहले पंखा झलकर दाल-चावल को थोड़ा ठंडा कर खाने लायक बनातीं, फिर बेनिया डुला-डुलाकर बच्चन बाबू को हवा करतीं, कभी इधर-उधर उड़कर आई मक्खी भगातीं। लेकिन खिलाने का हक़ मुंशी जी का था। वे थाली अपने सामने खींचते, मुझे एक बाँह से घेरकर गोद से लगाकर बिठाते। एक हाथ से दाल-भात मिलाकर उसमें थोड़ी-सी कैथे की चटनी मिलाते और कौर बनाते कहते—

"राम-राम बोलो, मुइयाँ खोलो!"

मैं मुँह खोलता, वे कौर मुँह में डालते, खिले हुए भात का एकाध दाना अगर नीचे गिर जाता तो दिलासा देते—

"कोई बात नहीं, यह दाना तो गौरेया का था। वह ले जाएगी, और जब तुम स्कूल जाओगे तो जितने दाने ले जाएगी, उतनी विद्या सरस्वती माई से माँगकर लाएगी और चुपके से तुम्हारे बस्ते में रख जाएगी।"

बिरजा रीझकर कहतीं—"मेरे बच्चन भइया को बहुत विद्या मिलेगी। ऐ मुंशी जी, तुम्हारी तरह मुहर्रिर नहीं बनेंगे बच्चन भइया, मुंसिफ बनेंगे, काला चोंगा पहिनकर वकील बनेंगे, मजिस्टर बनेंगे, जज साहब बनेंगे। तब तक चाची बुढ़िया हो जाएगी। बच्चन भइया कोट-पैंट पहनकर टाई लगाकर ऊँची कुर्सी पर बैठेंगे, अर्दली से पूछेंगे—'यह बुढ़िया कौन है? इसकी अर्ज़ी सबसे पहले लगाओ।' "

मैं सोच रहा हूँ, यह क्या ज़ुल्म आपने किया है, अंकुर जी! ये यादें क्यों कुरेदकर उभार दी हैं। मैं सोफ़े पर निढाल बैठा हूँ। आँखें नम हैं।

सुरिंदर सिंह कहते हैं, "डॉक्टर साहब पर आज बहुत स्ट्रेन पड़ गया है।"

पद्मा इसरार करती है, "भइया, आप एयरकंडीशन चलाकर लेट जाइए।"

पुष्पा जी कहती हैं, "ए.सी. इन्हें माफ़िक नहीं पड़ता। जाओ थोड़ा टहल आओ, पान-वान खा आओ। मन बदल जाएगा।"

वह समझ गई हैं कि कहानी का मंचन मुझे कहीं गहरे हिला गया है। ऐसे में बाहर बेमतलब टहलना ही मुझे राहत देता है।

लेकिन उस शाम वह भी नहीं हो सका। बस चुपचाप पड़ा, कभी उदास, कभी खुश, कभी कथा-मंचन को याद करके चमत्कृत। अंकुर जी ने सचमुच चमत्कार किया था। किसी कहानी की नाट्य-प्रस्तुति ऐसी हो सकती है, यह मैं सोच ही नहीं सकता था। कच्चे खपरैलवाले घर का आभास देता हुआ सादा-सा सैट, बाँस की खाट पर अधलेटे मुंशी जी, पल्ले से सर ढाँपे, आँचल सहेजकर लपेटे बिरजा। दृश्य आता, घटना में ऐक्शन, संवाद और फिर उसके बाद अभिनय करता हुआ पात्र सहसा बैठ जाता है या खड़ा हो जाता है और आगे की कहानी बड़े दिलकश ढंग से सुनाने लगता है। फिर दूसरा दृश्य आता और वह कहानी कहना बंद कर अपना अभिनय करने लगता। रंगमंच और क़िस्सागो को इतनी बारीकी से गूँथा है अंकुर जी ने कि मैं चकित हूँ। और ये युवा छात्र अभिनेता, अभिनय करते हैं तो इनकी मुद्रा, इनकी आवाज़, इनका लहज़ा कुछ और है; और जब वही अभिनेता अभिनय करते-करते कथा कहने लगता है तो उसकी आवाज़, उसका लहज़ा, उसकी मुद्रा कथाकार की हो जाती है। बिल्कुल एक अलग व्यक्तित्व!

कथाकार का यहाँ मतलब मैं नहीं। साधारणीकरण का यह अजब जादू है कि अपनी ही कहानी का मंचन देखते-देखते मैं 'मैं' नहीं रह जाता! मैं सभी

दर्शकों-श्रोताओं के बीच वैसा ही एक सामान्य दर्शक-श्रोता हूँ। जाने किसकी जीवन-कथा मंच पर देख रहा हूँ, अब आगे क्या होगा की प्रतीक्षा करते हुए, जाने किसके द्वारा गढ़े हुए इन पात्रों के साथ एकात्म्य स्थापित करते हुए, इस कदर एकात्म्य कि जीवनभर मुंशी जी को नकारता हुआ, उनसे विद्रोह करता हुआ, लाला-लूली न होकर हरिराम मिश्र कहलाता हुआ, कलम-काग़ज़ से दूर अपनी सारंगी को छाती से चिपकाए हुए हरिया अंत में जब मुंशी जी के संज्ञाहीन शरीर को झकझोर-झकझोरकर कहता है–

"मुंशी जी चुप काहे हो, बोलते क्यों नहीं, देखो हम हैं हरिया, तुम्हार बिटवा, हमहूँ तुम्हार बिटवा हैं मुंशी जी!"

तो मेरे मन की जाने कैसी घनीभूत पीड़ा सहसा पिघल जाती है, अंदर से बेहद व्याकुल हो उठता हूँ, आँखों में अनजाने ही छलछला आते हैं आँसू। ग़नीमत है कि हाल में झुटपुटा अँधेरा है, किसी को दीखते नहीं वे आँसू!

क्या अजीब अनुभव था वह! सलाम करता हूँ उन युवा छात्र अभिनेता, अभिनेत्रियों को, सलाम करता हूँ उस अद्भुत कथा-मंचन शिल्प के प्रणेता अंकुर जी को; सलाम करता हूँ अपने बज्जू भइया (राम गोपाल बजाज) की अद्भुत परिकल्पना और सहज संयोजन को सलाम! सलाम!...

एक अनुभव

निर्मल वर्मा

एक बार लिखी जाने पर किसी कृति की क्या नियति होती है, इसका रहस्य शायद कोई भी लेखक नहीं जानता। बहुत वर्ष पहले बेकारी के खाली दिनों में मैंने माया-दर्पण कहानी लिखी थी। तब यह कल्पना असंभव थी कि एक दिन वह मेरी अन्य कहानियों को पीछे छोड़कर फ़िल्म के योग्य मानी जाएगी। इसी तरह जब हाल में मेरी तीन कहानियों ('थ्री टेक्स्ट्स इन सॉलीट्यूड') को नाट्य-मंचन के लिए चुना गया तो इसलिए नहीं कि मैंने उन्हें ख़ास स्टेज के लिए लिखा था। उनके बीच एकमात्र समानता यह थी कि वे मोनोलॉग स्वर में रची गई थीं, जब अकेले क्षणों में व्यक्ति अपने से ही बोलने लगता है। यह वार्तालाप 'बाहर की दुनिया' से नहीं है, इसलिए परंपरागत अर्थ में इसे नाटकीय संवाद नहीं कहा जा सकता। किंतु जो शब्द अपने से कहे जाते हैं, वहाँ 'स्व' ही लड़ाई का मैदान बन जाता है—अपनी भोगी हुई लांछना, पश्चात्ताप, विडंबनाओं से घिरा हुआ—और इसी में इन शब्दों की लावारिस-सी नाटकीयता निहित है।

यह सोचना भ्रामक होगा कि 'नाटकीयता' केवल नाटक-विधा की संपत्ति है—दरअसल कला की हर विधा अलग-अलग ढंग से नाटकीय होती है, क्योंकि वह अलग-अलग रूपों में अपने को दुनिया से जोड़ती है (चाहे वह भीतर की दुनिया क्यों न हो)। जब किसी ने प्रसिद्ध उपन्यासकार हेनरी जेम्स से कला के रहस्य के बारे में पूछा तो उन्होंने केवल दो शब्दों में उत्तर दिया—'ओनली ड्रामेटाइज़'। जिस तरह नाटक में पर्दा उठते ही प्रतीक्षा करने लगते हैं कि 'अब कुछ होगा', उसी तरह जब कोई अनुभूति अपने मूक अँधेरे से उठकर शब्दों के प्रदेश में रास्ता टटोलती है, तब अचानक कुछ होने लगता है। यह स्फुरण—बेलौस, गूंगे अस्तित्व में कुछ होने का कंपन—कुछ और नहीं, सिर्फ़ वह नाटकीय तत्त्व है, जिसके बिना नाटक ही नहीं, हर कला-विधा मृतप्राय हो जाती है। नाटकीयता हर कला-विधा में मौजूद रहती है, किंतु हर विधा नाटक नहीं होती।

इसलिए कहानी के 'नाटकीकरण' पर बहस एक हद तक निरर्थक है। कोई

भी सार्थक कथा-प्रयोग अपने में नाटकीय होगा, यह मैं मानता हूँ, किंतु वह मचंन के लिए भी उपयुक्त होगा, यह ज़रूरी नहीं है। नाट्य-मंचन के लिए एक कहानी की विषयवस्तु निर्णयात्मक महत्त्व की नहीं, बल्कि वह फ़ॉर्म, वह तंतुजाल महत्त्वपूर्ण है, जिसमें कहानी के नाटकीय तत्त्वों को चुना गया है। कहानी के फ़िल्मीकरण और नाटकीकरण के बीच यह मूलभूत अंतर है। किसी भी कहानी का फ़िल्मीकरण महज़ उसकी विषयवस्तु के आधार पर हो सकता है, क्योंकि फ़िल्म-निर्देशक के लिए वह 'कच्चे माल' से अधिक महत्त्व नहीं रखता। दूसरी ओर, नाट्य-मंचन में कहानी का टेक्स्ट उतना ही महत्त्वपूर्ण है, जितना स्वयं नाट्य-कृति का टेक्स्ट होता है—उसमें दृश्य और शब्द दोनों महत्त्वपूर्ण हैं, अन्योन्याश्रित हैं। मंच की रोशनी में दोनों ही एक-दूसरे को उजागर करते हैं।

अतः, कहानी को तोड़-मरोड़कर, उसके शब्दों को बदलकर, उसके फ़ॉर्म को भंग करके नाट्य-मंचन के लिए इस्तेमाल नहीं किया जा सकता—तब वह कहानी का नहीं, कहानी के बहाने एक 'नए' नाटक का मंचन होगा। न ही उसका मंच-पाठन (जब एक अभिनेता मंच पर किसी कहानी को अपने हाव-भाव, संकेतों, स्वर के उतार-चढ़ाव द्वारा नाटकीय ढंग से पढ़ता है) कहानी के नाटकीकरण की समस्या को सुलझा सकता है, क्योंकि समस्त नाटकीय संकेतों के बावजूद, वह मूल रूप से 'कथा-पाठन' ही माना जाएगा। इससे कहानी के टेक्स्ट की रक्षा तो हो जाएगी, किंतु उसके मंचन की समस्या नहीं सुलझ सकेगी। चुनौती कहीं इन दोनों के बीच है, जब कहानी के मूल स्वभाव को विकृत किए बिना, उसे मंच पर इस तरह प्रस्तुत किया जाए, जहाँ वह एक ही समय में नाटक का 'इल्यूज़न' दे सके और दूसरी ओर, कहानी की आत्यंतिक फ़ॉर्म और लय को अक्षुण्ण रख सके। यहाँ समस्या कहानी के नाटकीय तत्त्वों को चुन-चुनकर स्टेज पर सजाना नहीं है, बल्कि उस समूची नाटकीय लय को मंच पर पुनर्जीवित करना है, जो कहानी के भीतर अदृश्य रूप से व्याप्त है। अतः, कहानी के सार्थक मंचीकरण में अभिनेता (या अभिनेत्री) एक साथ कहानी को पढ़ते हैं और जीते हैं। हर शब्द अपने में एक ऐक्ट है, महज़ ऐक्ट करने का माध्यम नहीं। शुद्ध नाटक के मंचन में अभिनेता शब्दों से एक स्थिति पैदा करता है और फिर स्थिति को झेलता है, किंतु कहानी के मंचन में टेक्स्ट का हर शब्द अपने में एक स्थिति है, उसे बोलना ही स्थिति को झेलना है।

यह शायद सिर्फ़ संयोग नहीं था कि जिन कहानियों को मंचन के लिए चुना गया, वे कमोबेश स्मृति में आकार ग्रहण करती थीं। तीनों पात्र किसी-न-किसी ढंग से अपने अतीत को वर्तमान में जीते हैं, गुनते हैं, उसके साथ सुलह करना चाहते हैं। स्मृति की यह विशेषता है (और इसमें वह स्वप्न से मिलती-जुलती है) कि उसमें शब्द अंत तक पहुँचने का महज़ रास्ता-भर नहीं हैं, वे घटना का अंत

जानते हैं, अतः वे उसे अपने भीतर लेकर चलते हैं। जो व्यक्ति याद करता है, वह समग्रता में याद करता है। जिस प्रकार एक बार पूरा चित्र देखने के बाद यदि हम उस चित्र का सिर्फ़ अंश या डिटेल देखें, तो उस अंश में भी हम चित्र की संपूर्णता देखते हैं (या उसकी झलक याद रखते हैं), उसी प्रकार स्मृति का हर शब्द अपने में संपूर्ण है, क्योंकि वह अंत की संपूर्णता का ही अंश है। इसलिए स्मृति के शब्द एकसाथ अभिशप्त और मुक्त होते हैं। अभिशप्त इसलिए कि वे कहानी दुहराते मात्र हैं, उसे बदल नहीं सकते; मुक्त इसलिए कि वे उस कहानी के अंत की अनिवार्यता जानते हैं—दुहराने के दौरान वे उसे मानते हुए भी उसकी खिल्ली-सी उड़ाते हैं। किसी आवाज़ की गूँज सिर्फ़ उसकी प्रतिध्वनि नहीं होती, पैरोडी भी होती है—और इसी में गूँज की स्वतंत्रता निहित है।

कहना असंभव है कि **तीन एकांत** उपर्युक्त चुनौती को झेलने में कितना सफल हुए हैं। यह निर्णय दर्शकों और आलोचकों पर ही छोड़ना होगा। स्वयं मेरे लिए यह बात कि कहानियों को सुनने-पढ़ने के अलावा देखा भी जा सकता है, एक विस्मयकारी अनुभव था। जिन कहानियों को अरसा पहले मैंने अपने अकेले कमरे में लिखा था, उन्हें खुले मंच पर दर्शकों के बीच देखना कुछ वैसा ही था, जैसे टेपरिकॉर्डर पर अपनी आवाज़ सुनना, जो अपनी होने पर भी अपनी नहीं जान पड़ती। कहानी लिखना बहुत अकेलेपन की चीज़ है। यह सौभाग्य बहुत कम प्राप्त होता है कि खुद अलग रहकर इस अनुभव को दूसरों के साथ बाँटा जा सके। किंतु जब कभी ऐसा होता है, तो वह अनुभव खुद हल्का-सा हो जाता है; अपने अकेलेपन के बोझ को उतार फेंकता है। वह उस दुःख की जगह ले लेता है, जिसके बारे में **वीकएंड** की नायिका कहती है

"बँटने पर वह छोटा नहीं होता, बड़ा भी नहीं होता। सिर्फ़ साफ़ हो जाता है--चमकीला और साफ़।"

'तीन एकांत' (1976) की भूमिका

कहानी–रंगमंच का अनुभव

भीष्म साहनी

आज के लेखन में इधर एक प्रवृत्ति अधिकाधिक देखने को मिल रही है, जिसमें कथा-कहानी के गठन में कहीं भी बनावटीपन न हो, वह स्वाभाविक गति से जीवन के साथ-साथ चले। यों प्रत्येक रचना—भले ही उसका मूल कथानक या कच्ची सामग्री जीवन से उठाई गई हो—अपने अंतिम रूप में लेखक की सर्जनात्मक कल्पना की ही उपज होती है; और जब कल्पना उसे नया रूप देगी तो सृजन के स्तर पर तो उसमें बनावट आएगी ही। लेकिन सृजन-प्रक्रिया एक तरह से सत्य की खोज होती है। रचना में जब जीवन की सच्चाई झलकने लगती है तो हम कथानक के बनावटीपन को गौण मान लेते हैं, बल्कि बनावटीपन कथा-कहानी में उस सत्य के उद्घाटन का माध्यम बन जाता है। हाँ, लेखक की यह कोशिश ज़रूर रहती है कि बनावटीपन के रहते हुए भी कहानी विश्वसनीय बनी रहे। पढ़नेवाला कहे कि जीवन में ऐसा घट सकता है। मोपासां की विश्वप्रसिद्ध कहानी **कंठहार** का अंत बड़ा दर्दनाक है, जहाँ लगभग दस वर्ष की घोर यातना सह चुकने के बाद उस महिला को बताया जाता है कि जो कंठहार वह माँगकर ले गई थी और जिसके खो जाने पर उसे भारी मूल्य चुकाना पड़ा था—अपने संपूर्ण यौवन की आहुति देनी पड़ी थी—वह हीरों का न होकर मसनूई मोतियों का हार था। इस कथा के गठन में बनावटीपन तो है। लेखक ने जानबूझकर कहानी का ताना-बाना इस तरह बुना है कि अंत तक इस तथ्य का आभास नहीं मिलता कि कंठहार झूठे मोतियों का बना था। अंतिम वाक्य पढ़कर झटका लगता है; कहानी का दर्द हम महसूस करते हैं। पर साथ ही यह भी कहते हैं कि जीवन में ऐसा हो सकता है।

आज के लेखन में इस तरह की बुनावट को छोड़ा जा रहा है। झटकेवाली कहानी आजकल कम लिखी जाती है। इस तरह आलोचकों का कहना है कि कहानी-लेखन पत्रकारिता के निकट आया है। जिस भाँति पत्रकार किसी घटना का ब्यौरा सहज-स्वाभाविक ढंग से, अपनी ओर से कुछ भी जोड़े या ओढ़ाए बिना पाठक के सामने रख देता है, वैसे ही लेखक भी रखने लगा है।

इस बहस में पड़े बिना कि इसके बावजूद लेखक, लेखक है और पत्रकार, पत्रकार; सहज-स्वाभाविक रहते हुए भी हम लेखक से मात्र सपाटबयानी की अपेक्षा नहीं करते। आज की इस प्रवृत्ति को ध्यान में रखना ज़रूरी है कि कथा-कहानी ज़िंदगी का आईना बनकर हमारे सामने आए, उसमें लाग-लपेट न हो, आकाश-पाताल के कोलाबे न मिलाए जाएँ, इनसान की ज़िंदगी के साथ-साथ वह चले।

यही प्रवृत्ति अब एक तरह से नाटकों में भी देखने को मिल रही है, बल्कि यह कहना ज़्यादा सही होगा कि प्रस्तुति के स्तर पर एक नया प्रयोग सामने आ रहा है, और उसमें अंकुर जी का योगदान बहुमूल्य है—कि रंगमंच पर एक कहानी की इस तरह प्रस्तुति की जाए कि उसमें दर्शक को नाटक का रस मिले, बिना किसी नाटकीय जोड़-तोड़ के। मतलब कहानी का गठन ज्यों-का-त्यों मूल रूप में बना रहे, पर उसके भीतर के नाटकीय तत्त्वों को, जैसे संवाद, घटनाचक्र आदि को अभिनय द्वारा सहज-स्वाभाविक ढंग से उभारा जाए। इससे कहानी का मूल गठन भी बना रहे, लेखक की मूल भाषा भी बनी रहे, पर उसकी गति में नाटकीयता आ जाए।

मेरी नज़र में ये प्रयोग सफल हुए हैं। एक तो इसलिए कि संवाद अधिक मुखर होकर सामने आते हैं। कहानी में हम संवादों को विवरणों-व्याख्याओं आदि के बीच मात्र पढ़ जाते हैं, पर रंगमंच पर जब ये बोले जाते हैं और अंग-चालन तथा भाव-भंगिमा द्वारा प्रस्तुत किए जाते हैं तो इनकी ओर अधिक ध्यान दिया जाता है, और उन्हें बोलनेवाले पात्रों का चरित्र भी अधिक सजीव होकर हमारे सामने आता है। व्याख्या, विवरण मात्र सहायक तत्व बन जाते हैं और, प्रस्तुति में संगीत अथवा ध्वनियों का प्रयोग उसे और अधिक प्रभावशाली बनाता है।

इस तरह बिना नाटक का रूप दिए, कहानी के गठन को ज्यों-का-त्यों बनाए रखते हुए, बड़े स्वाभाविक ढंग से कहानी की मूल घटना और उसके मूल स्वर दर्शक तक पहुँच जाते हैं। वह कहानी का भी रस लेता है और नाटक का भी।

इसमें संदेह नहीं कि जिस तरह कहानी के गठन में—भले ही वह बनावटी हो या ग़ैर-बनावटी—सौंदर्यबोध के स्तर पर अपना आकर्षण होता है, जिसे हम कहानी का अंदाज़ कहते हैं, वैसा ही नाटक के गठन में भी होता है। जिस तरह सपाटबयानी कहानी का स्थान नहीं ले सकती, उसी तरह कहानी की प्रस्तुति भी नाटक का स्थान नहीं ले सकती; लेकिन अपने में एक अलग विधा के रूप में यह निश्चय ही विकसित हो सकती है। कहानी का प्रभाव भी बना रहे, और नाटकीयता का रस भी मिले।

यह लेख लिखते समय मेरी आँखों के सामने मेरी ही दो-तीन कहानियों की प्रस्तुति आ गई है—**चीफ़ की दावत**, **सँभल के बाबू** और **लीला नंदलाल की**। मुमकिन है एकाध कहानी और भी रही हो, जिसे अंकुर जी ने अथवा किसी अन्य नाट्यकर्मी ने इस विधा में प्रस्तुत किया हो।

तीनों की प्रस्तुति प्रभावशाली रही थी। इसमें संदेह नहीं कि नाटक की बनावट

में अपनी कलात्मकता होती है। वह कथावस्तु के गठन से, कथानक के ड्रामाई विकास, उसके चरम बिंदु तक पहुँचने और अंतिम समाधान तक एक ख़ास अंदाज़ में हमारे सामने आता है, और अपने इस गठन से हमें आश्वस्त भी करता है। पर इसमें भी संदेह नहीं कि अगर ड्रामाई गठन एक रूढ़ि बन जाए तो उसमें स्वाभाविकता और ताज़गी कम पड़ने लगती है। एक ज़माना था जब ट्रैज़ेडी का गठन इतना रूढ़िग्रस्त हो गया था कि नाटक के अंतिम अंक में लगभग सभी प्रमुख पात्र मारे जाते थे। उसी को लेकर एक चुटकुला भी चल पड़ा था। एक दर्शक ने दूसरे दर्शक से पूछा—'महिला की मृत्यु नाटक में क्योंकर हुई?' तो जवाब में दूसरे दर्शक ने कहा—'पाँचवें अंक के कारण। अंतिम अंक में उसे मरना ही था।'

यदि नाटक का परंपरागत चौखटा टूटता है और एक कहानी, अपने मूल स्वभाव के अनुरूप, छोटे-छोटे परिवर्तनों आदि के साथ रंगमंच पर प्रस्तुत की जाती है, जिससे दर्शक को कहानी का भी रस मिलता है और नाटक का भी, तो दर्शक इसका स्वागत ही करेंगे। मेरी एक कहानी लीला नंदलाल की में कारंत जी ने संगीत के स्वर और ध्वनियाँ जोड़ीं, जिससे व्यंग्यात्मक कथानक और अधिक प्रभावशाली बनकर उभरा। पर्दे के पीछे या सामने व्याख्या और वर्णन भी चलते रहें, टिप्पणी भी; और मंच पर कहानी की मुख्य घटनाएँ संवादों-सहित खेली जाएँ तो कहानी का मूल प्रभाव भी बना रहेगा, और कहानी के पात्र हमारी आँखों के सामने अपनी भूमिका भी निभाएँगे, जिससे वह कहानी किसी हद तक नाटक का रूप ले लेगी।

मेरी कहानियों की प्रस्तुतियाँ मेरे लिए सुखद यादें छोड़ गई हैं।

सहज, सरल लगते हुए भी इस विधा की अपनी कठिनाइयाँ हैं। कहानी पढ़ते समय पाठक अपने मन की आँखों से कहानी के समूचे व्यापार को दृश्यों में देखता चला जाता है। पढ़ते समय हमारी कल्पना कहानी को दृश्यों में बदलती रहती है, पर यहाँ दोनों प्रक्रियाएँ साथ-साथ चलती हैं। हम आंतरिक स्तर पर उसे देखते भी जाते हैं और अपने सामने, मंच पर अभिनीत होते हुए भी देखते हैं। हाँ, अंतर यह है कि वर्णनवाले स्थल उन्हीं किरदारों से जुड़ जाते हैं, जो मंच पर हमारे सामने आते हैं। पढ़ते समय हम किरदारों की मात्र कल्पना करते हैं। कठिनाई तब पैदा होती है जब मंच पर भूमिका निभानेवाला अभिनेता कहानी के वर्णनात्मक भाग का वाचन भी साथ-साथ करता है, बल्कि कई बार तो अनेक पात्रों के लिए वाचन का काम करता है। यह कठिन काम कुशलता से संपन्न हो, इसके लिए बड़े सधे हुए अभिनेता की आवश्यकता रहती है। इसके अतिरिक्त कहानी का मंचन बड़े सूक्ष्म स्तर पर उन अंशों के चुनाव की माँग करता है, जिन्हें वर्णन से हटाकर अभिनय में प्रस्तुत करने की ज़रूरत रहती है।

इस तरह, देखने में सहज लगते हुए भी यह विधा बड़ी सूझबूझ और नाट्यकला से जुड़े अनुभव की माँग करती है। यह तथ्य कि सौ से अधिक कहानियों, उपन्यास-अंशों आदि का मंचन सफलतापूर्वक हो चुका है, इस विधा की लोकप्रियता का प्रमाण है।

यह मेरा है, फिर भी मेरा नहीं

यू. आर. अनंतमूर्ति

संस्कार के कथ्य को उसके तमाम विवरणों के साथ मंच पर प्रस्तुत करने में अंकुर (देवेंद्र राज) ने कितना परिश्रम किया! कृति का लेखक होने के नाते उसे देखकर मुझे खुशी होती है।

पहले मैंने पूर्वाभ्यास के दौरान मध्यांतर तक का हिस्सा देखा था। लेकिन उस आधे हिस्से को देखकर ही मेरे सामने साफ़ हो गया था कि अंकुर ने कृति को उसकी संपूर्णता में समझा है; और अपने विचारों को दर्शकों के साथ शेयर करने की कोशिश की है। यद्यपि उपन्यास में शब्द मेरे ही थे, किंतु उसकी मंच-प्रस्तुति में उनके अनेकानेक नए साहित्यिक अर्थ एवं व्याख्याएँ उद्घाटित होकर सामने आईं। उपन्यास का अलग से कोई नाट्य-रूपांतर किए बिना, स्वयं मेरा अपना उपन्यास ही एक मंच-आलेख के रूप में इस्तेमाल किया जा सकता है; यह अनुभव जितना मेरे लिए आश्चर्यजनक था, उतना ही संतोषजनक भी था। किसी भी नए प्रयोग को अगर इस दृष्टि से देखा जाए कि वह कहाँ तक उस माध्यम को लेकर आपकी सोच के ढंग को प्रभावित करता है; तो मैं कहूँगा कि इस प्रयोग ने मेरी रंगमंचीय समझ को निश्चय ही विस्तार प्रदान किया है। हमारे यहाँ एक कहावत है कि उपन्यास हथेली पर रखी हुई रंगभूमि है अर्थात् पाठक सबसे पहले उसे पढ़ते हुए अपनी निकटतम कल्पना में अनुभूत करता है। जब हम उपन्यास को अकेले में पढ़ते हैं, तो पाठक के सोचने का अंदाज़ अलग-अलग हो सकता है; हालाँकि हर पाठक के लिए उपन्यास के शब्द वही रहेंगे। यह उपन्यास अथवा हथेली पर रखी रंगभूमि अंकुर के निर्देशन में अपनी मंच-प्रस्तुति में ज़्यादा दृश्यात्मक तो होती ही है, प्रेक्षकों को भी उसे संपूर्णता में और एक-दूसरे के साथ मिलकर बाँट लेने का अनुभव प्राप्त होता है।

पूर्वाभ्यास के बाद हुई परिचर्चा में मेरे दोस्त क. व. नारायण ने एक महत्त्वपूर्ण सवाल उठाया था—जिन लोगों ने इस कृति को पहले ही पढ़ा है, वे इस प्रस्तुति-प्रयोग को लेकर कैसे रिएक्ट करेंगे? कृति को जैसे मैंने पढ़ा है और कल्पित किया है;

दूसरी ओर निर्देशकों ने अपनी विशिष्ट शैली में जैसे उसे मंच पर प्रस्तुत किया है—ये दोनों प्रक्रियाएँ एक-दूसरे का सामना करेंगी, एक-दूसरे में मिल जाएँगी और संभवतः एक बार फिर हमें कृति को पढ़ने के अपने अनुभव पर प्रश्नचिह्न लगाने का अवसर दें। कई बार उपन्यास का नाट्य-रूपांतर उपन्यास से अलग एक नई कृति के रूप में सामने आ सकता है, परंतु अंकुर का काम उपन्यास से भिन्न नहीं है। फिर भी यह उससे ज़रूर भिन्न है, जो मैंने पढ़ा है। क्यों? कैसे? ये सारे सवाल दर्शकों के अनुभव को एक नई एवं विशिष्ट दृष्टि दे सकते हैं।

अंकुर की प्रस्तुति में शब्दों को बोले जाते सुनकर मुझे एक सर्वथा अद्भुत अनुभव हुआ कि ये शब्द मेरे नहीं हैं। यह ध्यान रहे कि इस अजीब-से अनुभव के बारे में सराहना की दृष्टि से ही बात कर रहा हूँ। यों ऐसा अनुभव मेरे लिए नया भी नहीं, क्योंकि एक प्रदेश के बाहर या वहीं के अलग-अलग पाठकों द्वारा नितांत भिन्न अर्थों के साथ पढ़ी हुई कृति है **संस्कार**। कर्नाटक के एक ब्राह्मण-समूह को यह उपन्यास अपने प्रति द्वेष-वैमनस्य के रूप में ही दीख पड़ा; तो कुछ लोगों को इसमें जाति-व्यवस्था का विश्लेषण दिखाई दिया। आयोवा के एक प्रसिद्ध वैज्ञानिक की पत्नी (एक यहूदी महिला) ने यहाँ तक क़हा कि यह कृति यहूदियों की कहानी भी हो सकती है। **संस्कार** को सामाजिक, सांस्कृतिक एवं अस्तित्ववादी दृष्टिकोण का उदाहरण भी माना गया है। इसमें कौन-सा मत सही है, यदि आज कोई मुझसे पूछे तो मैं सचमुच इसका उत्तर नहीं दे पाऊँगा। जब मैं मार्क्सवाद और अस्तित्ववाद से आक्रांत था; जाति-व्यवस्था हमारे जीवन को क्यों एवं कैसे कमज़ोर बना देती है—ये सवाल जब मुझे बेध रहे थे; उसी दौर में मैंने इस उपन्यास को लिखा—लगभग सत्रह साल पहले। कृति-निर्माण की प्रक्रिया जितनी रहस्यमय है, उतनी ही विचित्र भी; और इसमें लेखक की सृजनात्मकता सामने आती है। मेरा व्यंग्य, मेरे तर्क, मेरा गुस्सा सिर्फ़ बाहर की चीज़ न होकर मेरे भीतर भी मौजूद थे। हम जब बहुत तल्लीन होकर किसी चीज़ को देखते हैं, तब चाहे वह हमारे तर्क एवं कल्पना से कोई सामंजस्य न रखती हो, पर हम उसे स्वीकार कर लेते हैं।

मंडन एवं खंडन के समय हम पहले से एक सुरक्षित स्थान पर खड़े होते हैं; गर्वोन्मत्त होते हैं। मगर रचना-प्रक्रिया के दौरान लेखक की ज़िद द्रवित हो उठती है। बहुत ज़िद होने के दौर में मैं अपनी ज़िद के आमने-सामने होते ही, उसे लाँघ जाने की भी कोशिश करता था; संभवतः **संस्कार** लिखने के आसपास। कुछ आलोचक इससे सहमत न होंगे; क्योंकि ऐसा होना सहज स्वाभाविक है। हमारी संस्कृति में आज भी कितनी ही दुखद घटनाएँ होती रहती हैं, इस संदर्भ में यदि हम **संस्कार** को पढ़ें तो वह सहमति एवं असहमति की भावनाओं को पैदा करेगा ही। मगर ऐसा

भी हुआ कि इसे सिर्फ़ कृति के रूप में पढ़नेवालों को किसी सार्वकालिक सत्य का संकेत भी मिला। मैं समझता हूँ कि इस प्रकार की विभिन्न प्रतिक्रियाएँ पैदा करनेवाली कृति के लेखक के लिए इससे बढ़कर और कोई सार्थक बात नहीं हो सकती।

मुझे ऐसा लगा कि अंकुर ने संस्कार को चुभने-चुभोने की हद तक पढ़ा है; और पढ़ते-पढ़ाते हुए वे उसे दृश्य-रूप में मंच पर ले आते हैं। मेरी अपनी कृति में मेरे अपने शब्दों को परिहास एवं व्यंग्य से भी पढ़ा जा सकता है? क्या उन वाक्यों में ऐसे नए अर्थ भी हो सकते हैं? इन प्रश्नों को स्वयं से ही पूछते हुए मेरे लिए अंकुर का पढ़ा हुआ संस्कार, मात्र मेरे उपन्यास पर आधारित, एक बिल्कुल ही दूसरी कृति थी। लेकिन अंकुर की प्रस्तुति मेरे शब्दों में ही सजीव होकर, सिनेमा से अलग, एक और कृति हो गई।

लिखे जाने के बाद कृति को लेखक से अलग अपनी पहचान बनानी चाहिए। संस्कार एक ऐसी ही कृति है। निर्देशक इस कृति में एक सम-सामयिक अर्थ की खोज कर सकता है—यह अनुभव मेरे लिए गर्व का विषय है।

अनेक कन्नड़ कहानियों एवं उपन्यासों को मंच पर लाने की दिशा में यह एक नांदी का काम करेगा। मेरे इस उत्साह का कारण यह भी है कि समुदाय (रंगमंडली) द्वारा कलात्मकता एवं वैचारिकता को मिलाकर मंच पर प्रस्तुत करने के ऐसे प्रयत्नों के योग्य ज़्यादा-से-ज़्यादा सामग्री कन्नड़ नाटकों की बजाय कहानियों एवं उपन्यासों में ही मिलेगी।

'कलावार्ता'—19-20, सितंबर-अक्तूबर, 1982

(अनुवाद : देवेंद्र राज अंकुर एवं भरमप्पा)

संवाद दो

अभिनेता

अभिनेता की रंगानुभूति

अखिलेश खन्ना

यह बात मैं अपने निजी अनुभव के आधार पर दावे के साथ कह सकता हूँ कि पूर्व-लिखित संपूर्ण नाटक में अभिनय की अपेक्षा, कहानी या उपन्यास में अभिनय, अभिनेता को अभिनय के नए-नए आयामों तक पहुँचाता है। कहानी या उपन्यास में दी गई व्याख्या को दर्शकों तक पहुँचाने के लिए अभिनेता कभी तो बिंब दिखाता है, कभी दृश्यविधान का हिस्सा हो जाता है, कभी पात्र, कभी लेखक, कभी सूत्रधार-गायक; और कई बार तो उसके पात्र में से ही कोई दूसरा पात्र भी प्रतिबिंबित हो उठता है। कहानी या उपन्यास में अभिनय पूर्व-लिखित नाटक की अपेक्षा ज़्यादा ज़िम्मेदारी का काम है। मैंने काफ़ी कहानियों में अभिनय किया है, जिनमें दिनेश खन्ना निर्देशित **सुबह की सैर** का ज़िक्र मैं करूँगा।

यह एक रिटायर्ड कर्नल निहालचंद की कहानी है। बेटा बाहर है। साथ है उसका अकेलापन। मंचसज्जा—एक आरामकुर्सी, एक ओर पेड़ का ठूँठ। अब इसी में कभी मुझे बिंब दिखाना है, कभी अकेलापन। रिटायर्ड जीवन का बोझिल चरित्र। रोज़ एक ही रास्ते पर एक ही तरह से चलते, सोचते हुए जाना, एक ही स्थान पर रुकना; यह सब कुछ मेरे चलने, रुकने और बोलने के उबाऊ तरीक़े से दर्शकों तक पहुँचा।

इसी तरह मैं मोहन राकेश की कहानियों का ज़िक्र करूँगा। इनमें मैं चार अलग-अलग कहानियों में अभिनय कर रहा था, जिन्हें निर्देशक देवेंद्र राज अंकुर ने एक सूत्र में पिरोया था। अब मुझे चार कहानियों का अलग-अलग व्यक्ति होने के बाद भी एक ही व्यक्ति लगना था; और उनको जोड़नेवाला सूत्रधार भी। मेरे लिए अत्यंत सुखद क्षण वे होते थे, जब मैं पात्र होता था और गर्दन दूसरी ओर घुमाते ही या सिर को दर्शकों की ओर घुमाते अथवा एक क़दम चलते ही सूत्रधार हो जाता था, और एकाएक फिर से वही पात्र। एक ही अभिनेता; कहानियाँ अलग-अलग चार। एक ही मंचसज्जा; बिना कुछ बदले। इसी में ये कहानियाँ एक संपूर्ण पूर्व-लिखित नाटक का आनंद देती हैं। अंत में, मैं यह कहूँगा कि कहानी

और उपन्यास में अभिनेता खोजता है, पाता है, खो देता है; फिर नए सिरे से खोजता है, पाता है और फिर खो देता है। उसकी यह खोजबीन नाटक की प्रस्तुति के दौरान तो चलती ही है, उसके बाद भी जारी रहती है।

अमिताभ श्रीवास्तव

1980 की गर्मियों की वह दोपहर अभी तक याद है, जब यह तय पाया गया था कि देवेंद्र राज अंकुर अपनी एक पुरानी प्रस्तुति **महानगर : तीन संवाद** फिर से रिवाइव करेंगे—अमिता मिश्रा और मेरे साथ। यहीं से शुरुआत हुई, कहानियों के मंचन से मेरे परिचय की। **महानगर : तीन संवाद** के बाद तो कई कहानियों में अभिनय किया, उपन्यासों में भी, और हमेशा यही पाया कि यह अभिनय देवेंद्र राज अंकुर स्टाइल, अपने आप में एक अद्‌भुत अनुभव है।

मेरे ख़याल से यह भूमिका बहुत ज़रूरी थी, अभिनय के इन आयामों के बारे में बात करने के लिए, जो कहानी के मंचन से जुड़े हैं। और क्योंकि, कहानियों में अभिनय का मेरा अनुभव सिर्फ़ अंकुर जी के साथ जुड़ा है, इसलिए जो कुछ भी कहा जाएगा, वह उन्हीं की विशिष्ट शैली के बारे में होगा।

कहानी को अभिनीत करना, सुनने और दिखने में जितना सरल लगता है, दरअसल होता उतना ही दुष्कर है। क्योंकि एक नाटक में (यहाँ नाटक का तात्पर्य उन प्रस्तुतियों से है, जो नाट्यालेखों के आधार पर की जाती हैं) अभिनेता की सहायता के लिए होती है—स्क्रिप्ट, जिसकी रचना ही होती है मंच पर खेले जाने के लिए; जबकि कहानी की रचना होती है मूलतः पढ़ने के लिए। कहानीकार कहानी लिखता है पाठकों के लिए, मंच पर उसका अभिनय करने के लिए नहीं। इसीलिए कहानी का अभिनेता वंचित रह जाता है उन तमाम छोटी-मोटी सहायताओं से, जो नाटक में अभिनय करते वक़्त उसे नाट्यालेख से मिलती हैं। एक ऐसे आलेख का मंचन, जो मंच के लिए लिखा ही न गया हो, चुनौतीपूर्ण तो होता ही है, काफ़ी रोमांचक भी होता है।

कहानियों के अभिनय की सबसे बड़ी विशिष्टता यह है कि आप एक ही साथ एक ही वक़्त में, कई स्तरों पर, कई किरदारों का निर्वाह कर रहे होते हैं। आप कहानीकार भी होते हैं, सूत्रधार भी, कोई चरित्रविशेष, तो साथ-ही-साथ उसी चरित्र पर टिप्पणी करनेवाले भी; जबकि नाट्यालेख में अभिनय करते वक़्त साधारणतः आप एक विशेष पात्र-भर होते हैं। इसीलिए कहानियों की अभिनय-शैली यथार्थवादिता और शैलीबद्धता का एक विशिष्ट सम्मिश्रण होती है। ख़ास तौर पर इसलिए भी कि हिंदुस्तान में यथार्थवादी कथाशैली पर ही कहानीकारों का ज़्यादा ज़ोर रहा है। कहानी के अभिनय की दूसरी चुनौती यह है कि अमूमन नाटकों

में अभिनेता को सहयोग देनेवाली तमाम चीज़ें होतीं हैं। जैसे दृश्यबंध, रंगोपकरण, वेशभूषा, रूपसज्जा, पार्श्व-संगीत, ध्वनि-प्रभाव वग़ैरह-वग़ैरह, जबकि कहानियों के मंचन में इनका इस्तेमाल क़रीब-क़रीब नहीं के बराबर होता है। अब कई स्तरों के अभिनय के साथ-साथ, इन सब सहयोगी सामग्रियों और प्रभावों का अभाव, अभिनेता की ज़िम्मेदारी और भी बढ़ा देता है, क्योंकि दर्शकों के ध्यान का पूरा केंद्र सिर्फ़ अभिनेता ही होते हैं।

कहानियों के मंचन में किसी भी प्रकार की मंचसज्जा न होने के कारण अभिनेताओं को ही इस कमी को भी पूरा करना होता है, कभी कटा-छँटा वृक्ष बनकर तो कभी खंबों की एक लम्बी क़तार बनकर। कभी अभिनेता कुर्सी-मेज़ बन जाते हैं, तो कभी एक चौराहा। मतलब यह कि कहानीकार, सूत्रधार, किरदार और टिप्पणीकार के साथ-साथ, अभिनेता मंच के उपकरण भी होते हैं, और गाहे-बगाहे ध्वनि-प्रभाव देनेवाले यंत्र भी। इसीलिए कहानी चाहे कितनी भी यथार्थवादी क्यों न हो, उसकी ब्लॉकिंग और प्रस्तुति-परिकल्पना एक विशिष्ट क़िस्म की शैलीबद्धता लिए होती है, जबकि भाव-भंगिमा और संवादों की अदायगी होती है यथार्थवादी ढंग से।

बाक़ी लोगों का तो पता नहीं, पर मुझे व्यक्तिगत तौर पर कहानी में अभिनय करना हमेशा ही काफ़ी रोमांचकारी लगा। एक ऐसा अनुभव, जिसमें हर बार आप कुछ नया सीखते हैं और इसीलिए मेरे अनुसार कहानियों के मंचन को, अभिनेता के प्रशिक्षण का एक अभिन्न अंग होना चाहिए। पर इसका यह अर्थ कदापि नहीं कि यह सिर्फ़ प्रशिक्षण का एक हिस्सा बनकर रह जाए, क्योंकि कहानियों का मंचन अपने आप में एक ऐसी नाट्य-विधा है, जिसका दर्शक भी उतना ही आनंद उठाते हैं जितना कि अभिनेता।

विजय कुमार

अंकुर जी ने सौ से ऊपर कहानियों का मंचन किया, जिनमें से क़रीब पच्चीस कहानियों को देखने का मौक़ा मिला; साथ ही तीन कहानियों में अभिनय करने का भी। **लौटना पहली बार** नाम से की गई प्रस्तुति में तीन कहानियाँ थीं—**गुलामी** (राजिंदर सिंह बेदी), **वापसी** (उषा प्रियंवदा) और **शटल** (नरेंद्र कोहली)। मंचन का तरीक़ा क्या रहेगा? इस बारे में मैं पहले से काफ़ी कुछ वाकिफ़ था कि कहानी का मंचप्रयोग नाटक के व्याकरण से बिल्कुल नहीं तो काफ़ी हद तक अलग होगा। इसमें कहानियों का रूपांतरण न करके जैसी कहानी है, उसको उसी रूप में प्रस्तुत करना तथा उसमें समाहित अर्थ व छुपी संभावनाओं को उगाहना होगा। ऐसे में वाचिकाभिनय की प्रधानता हो जाती है। हमारी विभिन्न लोकशैलियों में वाचिक पर ही ज़ोर रहता है। चाहे वह कथावाचन हो, आल्हा, पंडवानी, पाबूजी की पड़,

या बुजुर्गों द्वारा सुनाई गई कहानियाँ। कुछ में हाव-भाव व भंगिमाओं पर ज़्यादा ज़ोर हो जाता है या कलाकार (कथावाचक या गायक) अपनी विशिष्टताओं से उसमें बदलाव लाता है, पर प्रस्तुति में वाचिकाभिनय की प्रधानता रहती है।

ऐसे में अभिनेता की प्रधानता रहती है; बाकी चीज़ें गौण हो जाती हैं। कथा को लेकर अभिनेता अपने पूरे तंत्र के साथ दर्शकों के सामने उपस्थित हो जाता है। उसकी छोटी-छोटी ग़लतियाँ भी परिलक्षित होती हैं, साथ ही अभिनेता की सहजता व भाव-सघनता दर्शकों को पुलकित भी करती हैं; बशर्ते अभिनेता उन छोटे-छोटे लम्हों को पकड़ पाए। अपरिवर्तित रंगमंचीय चित्रों व प्रतीकों को शत-प्रतिशत मूर्त रूप देना ही अभिनेता के लिए चैलेंज हो जाता है।

अब बात यह आती है कि कहानी किस तरह की है? कुछ कहानियाँ नैरेटिव होती हैं, कुछ ज़्यादा ऐक्शन लिए तथा कुछ में संवादीय प्रसंग ज़्यादा होते हैं। कहानियों के परिवेश से भी प्रस्तुति व अभिनय के तरीक़े में काफ़ी फ़र्क़ पड़ जाता है। अमरकांत की **डिप्टी कलक्टरी** ग्रामीण परिवेश की सीधी-सादी, माँ-बाप-बेटे की कहानी है। इसमें काम करते वक़्त मेरे लिए उस सादगी को पकड़ पाना ही चैलेंज था। उस सहजता और सजगता की स्थिति में अपने को लाना, जहाँ से चरित्र का अंदाज़, हाव-भाव, भंगिमा, अपनाई गई मुद्रा व बातचीत करने का लहज़ा अभिनेता के ज़रिये सहज व सधे ढंग से दर्शकों तक पहुँच सके। ऐसा करना चरित्र की आत्मा के क़रीब पहुँचे बग़ैर बिल्कुल संभव नहीं था। पर यह कोई एक दिन या महीने का काम नहीं है। इसके लिए अपने प्रशिक्षण, पूर्व-प्रदर्शन व अच्छी प्रस्तुतियों की प्रक्रिया को याद करना बहुत ज़रूरी हो जाता है।

यहाँ कहानी में उपस्थित नैरेटर, जो कहानी के पात्रों, घटनाओं व पाठकों के बीच सेतुबंध का कार्य करता है और कहानी को आगे ले जाता है, मुझे हस्तक्षेप करता दिखा और उसने मुझे काफ़ी तंग किया। पाठकों के लिए तो वह ठीक है। कम शब्दों में कहानीकार अपनी बात भी कह देता है। साथ ही कहानी भी आगे बढ़ती जाती है। नैरेशन के ज़रिये ही कहानी में चरित्र के कुछ नए आयाम प्रकट होते हैं। पाठकों की कल्पनाशीलता में सारा विज़ुअल बनता रहता है। पर जब चरित्र सामने हो, दृश्य आपके समक्ष साक्षात हो, तो? मुश्किल यह आ रही थी कि नैरेशन में जो बात आगे आती थी, उसके ज़रिये अपने में बदलाव कैसे लाया जाए तथा चरित्र के हाव-भाव व चाल-चुहलता को पकड़ना कैसे हो? या तो भक्-भुक् (स्विच ऑन-स्विच ऑफ़) करें। पर परेशानी यह थी कि नैरेशन व संवाद में ब्लेंडिंग नहीं हो रही थी। संवाद-अदायगी का टोन अलग व नैरेशन का टोन अलग आता था। जब नैरेशन चलता तो कहानी में अवरोध पैदा होता; लगता कहानी रुक-सी रही है। इसके लिए मैंने चरित्र को पकड़े रहना ही उचित समझा। अगर नैरेशन में कहा जा रहा है कि उन्हें ऐसा महसूस हुआ, तो मैं इस भाव के साथ दर्शकों तक

नैरेशन पहुँचाऊँ कि मुझे ऐसा महसूस हुआ। साथ ही नैरेशन को सीधे-सीधे दर्शकों से शेयर न करके अपने साथी अभिनेता के साथ संवाद में परिणत करना या उसका आभास देना तथा नैरेशन को अपने लिए आत्मगत या स्वगत बनाना और कहानी सुनाना; चेष्टाहीन बनाना ज़रूरी लगा, ताकि अभिनय का प्रशिक्षण आड़े न आए। कई बार ऐसा होता है कि सब कुछ अच्छा होते हुए भी अभिनेता प्रदर्शन के दौरान जद्दोजहद करता दिखता है और वह बड़ी त्रासदायक स्थिति होती है। ऐसे में अभिनय की तकनीक आड़े आती है, जिससे अभिनेता की असहजता दर्शकों तक पहुँचती है। प्रदर्शन पर इसका विपरीत असर पड़ता है।

आज की स्थितियों में एक प्रैक्टिसिंग अभिनेता के लिए कहानी का रंगमंच ज़्यादा लाभप्रद है। यह ज़्यादा दमख़म की माँग करता है। आप हैं और दर्शक हैं, पर वे गिमिक्स नहीं हैं जिसके ज़रिये दर्शकों को बहा ले जाएँगे। 'थ्रू मिनिमम क्रिएट मैक्सिमम' की यह पॉलिसी मुझे अच्छी लगी। महानगरों में जहाँ साधन जुटा पाना ही मुख्य परेशानी होती है, वैसे में, ऐसा काम काफ़ी कारगर हो सकता है। इसके ज़रिये हम दर्शकों के बीच जा सकते हैं। ऐसे चैलेंज अभिनेताओं को मिलने चाहिए, इससे अभिनेता के बलाबल का मापन होता है। अगर वह इसमें असफल होता है तो वह आस्वाद भी उसे आगे ही ले जाएगा, ऐसी आशा है।

उपर्युक्त अनुभव मैंने सिर्फ़ आपके साथ बाँटा है; कोई दावा नहीं किया है।

सुरेंद्र शर्मा

अभिनेता होने के नाते मैं सोचता हूँ कि किसी अभिनेता को ऐसा कोई भी मौक़ा हाथ से नहीं जाने देना चाहिए जो मानसिक या शारीरिक स्तर पर उसकी क्षमताओं और अनुभवों को समृद्ध कर सके। इस समृद्धि के लिए उसे किसी भी क्रियात्मक अनुभव से गुज़रने को तैयार रहना चाहिए। क़रीब पंद्रह विविधतापूर्ण कहानियों में अभिनय कर चुकने के बाद मैं इस नतीजे पर पहुँचा हूँ कि कहानियों के रंगमंच पर अभिनय करते हुए अभिनेताओं को ऐसे बहुत सारे अवसर और अनुभव प्राप्त हो सकते हैं। मैं ऐसा इसलिए सोचता हूँ क्योंकि कहानियों में अभिनय करते वक़्त अभिनेता को दर्शकों के सामने उन दृश्य रूपों को प्रस्तुत करना होता है, जिनकी कल्पना पाठक कहानी पढ़ते समय अपने मनोजगत में करता है। अलग-अलग कहानी की प्रकृति भी अलग-अलग होती है। कोई प्रथम पुरुष में कही जाती है तो किसी का वर्णन द्वितीय पुरुष के रूप में होता है; कोई कहानी ऐसी होती है जिसे कथाकार स्वयं वर्णित करता है; फिर कुछ कहानियों में आंशिक रूप से संवाद भी हो सकते हैं। इस तरह कहानी की प्रकृति के अनुसार उसके साथ न्याय करने और उसे प्रस्तुत करने की ज़िम्मेदारी अभिनेताओं पर आती है।

एक ऐसी कहानी जो प्रथम पुरुष में कही गई है, व्यक्त करने वाले व्यक्ति के आत्म से ज़्यादा उसे इन्वॉल्व करती है। इसलिए इसमें अभिनेता का सरोकार और इन्वॉल्वमेंट भी उस कहानी से भिन्न तरह का होगा, जो द्वितीय पुरुष के रूप में कही गई है।

इसी तरह पूरी तौर पर नैरेटिव कहानी में अभिनेता को अपने नैरेशन के बल पर ही दर्शकों को ध्यानमग्न बनाए रखना पड़ता है। इसके लिए उसे अपने नैरेशन को भरसक ज़्यादा-से-ज़्यादा जीवंत बनाना पड़ता है; और इस प्रक्रिया में चेतन या अचेतन रूप से बहुत सारे अभ्यासों से गुज़रना पड़ता है। मसलन संभाषण, अभिव्यक्ति, अंतर्निहित पाठ (सब टेक्स्ट), विराम आदि-आदि। ऐसी कहानी में अभिनेता की सहायता करने वाली दूसरी चीज़ें मौजूद नहीं होतीं, और अभिनेता को अपनी एकमात्र संपत्ति और औज़ार—अपना शरीर; अपनी वाणी से ही लेखक के दृष्टिकोण को श्रोता-दर्शक के लिए रोचक और अर्थपूर्ण बनाना होता है। इस तरह की कहानी में अभिनेता को प्रत्येक दर्शक के साथ सीधा संवाद स्थापित करना होता है। उसे दर्शक को अपने सह-अभिनेता के रूप में कल्पित करना पड़ता है। उसे अपने दर्शकों में अपनी प्रत्येक क्रिया की मुकम्मल प्रतिक्रिया सुनिश्चित करनी पड़ती है। जब तक ऐसा नहीं हो पाता, तब तक संपूर्ण पारस्परिक संप्रेषण (कम्यूनियन) की स्थिति प्राप्त नहीं हो सकती।

इसी तरह ऐसी कहानी में, जिसमें वर्णन और संवाद दोनों मौजूद हों, अभिनेता को दो स्तरों पर समानांतर अपने को स्थापित करना और अभिनय को जीना पड़ता है। जब वह वर्णन कर रहा होता है तो उसे असंपृक्त, विवेकपूर्ण; साथ ही सरोकारों से युक्त परफ़ॉर्मर बनना पड़ता है; और अगर इस बीच कोई संवादयुक्त दृश्य आता है तो उसे उस चरित्र को जीना पड़ता है। ऐसी स्थिति में अभिनेता से सहज, स्वतःस्फूर्त गहरे लगाव की कड़ी माँग होती है, जिसे पाने के लिए उसे ध्यानमग्नता, सच्चाई और विश्वास की अनुभूति, कल्पनाशीलता, संवेगात्मक स्मृति, अंतर्निहित पाठ, चरित्रों के पारस्परिक संबंध, अनुकूलन (एडेप्टेशन), गति-लय आदि अभिनय की समस्त प्रक्रियाओं से गुज़रना पड़ता है। बल्कि यह कहना ज़्यादा सही होगा कि उसे अपने को निचोड़ने की अनुभव-प्रक्रिया से गुज़रना पड़ता है।

अंत में, मुख़्तसर शब्दों में मैं यही कहना चाहूँगा कि कहानी के रंगमंच पर अभिनय करना, न सिर्फ़ बेहद रोचक है, बल्कि चुनौतीपूर्ण भी है। अभिनेता को इस कार्य को अभिनय-कला के एक संपूर्ण अभ्यास के रूप में स्वीकार करना चाहिए।

हेमा सिंह

कहानी का मंचन; यह सुनकर पहले-पहल बहुत विचित्र और कुछ असंभव-सा

लगता है। पर रंगमंच को साहित्य से जोड़ने का यह एक रचनात्मक प्रयास है, जिसे देवेंद्र राज अंकुर पिछले कई वर्षों से करते आ रहे हैं। मुझे उनके साथ काम करने के कई सुअवसर मिले और उनके साथ किया गया नवीनतम काम **ख़ानाबदोश** (अजीत कौर की तीन कहानियों का मंचन) तो एक अनूठा और समृद्ध अनुभव बन गया।

कहानी सुनाने की एक सुदीर्घ परंपरा हमारे देश में रही है। लेकिन आज जब एक प्रशिक्षित अभिनेता मंच पर कहानी करना चाहता है तो कई सवाल उठ खड़े होते हैं। क्या रंगमंच पर लाने के लिए कहानी के अपने अस्तित्व को बदलना होगा? इसमें दृश्य-रचना, वेशभूषा, प्रकाश-योजना, संगीत आदि नाटकीय तत्त्वों का प्रयोग कैसे और किस अनुपात में किया जाए? क्या अभिनेता केवल कहानियों के भीतर दिए गए संवादों और वर्णन से ही चरित्र की छटाएँ दर्शकों को दिखा सकेगा? और अंततः क्या ये सब मिलकर दर्शकों को नाटक का भरपूर मज़ा दे सकेंगे? इन कुछ सवालों का सामना अंकुर जी, वागीश जी और मैंने **ख़ानाबदोश** की प्रस्तुति के दौरान किया।

एक निर्देशक के रूप में अंकुर जी अपने अभिनेताओं पर विश्वास रखकर, उन्हें खुली छूट देते हैं, लेकिन अदृश्य रूप से पूरी प्रस्तुति की बागडोर भी सँभाले रहते हैं। इस तरह वे अपने और अभिनेताओं के बीच आत्मीयता का एक ऐसा रिश्ता बनाते हैं, जो सृजनात्मक वातावरण पैदा कर, स्वतंत्रता से कुछ नया रचने का मौका देता हैं। अंकुर जी का मानना है कि रंगमंच अभिनेता का है और उसी की शक्ति पूरे नाटक को सँभाले रहती है। **ख़ानाबदोश** में यह बात और स्पष्ट होकर सामने आई, क्योंकि इसमें अभिनेताओं ने दृश्यबंध, प्रकाश, वेशभूषा, संगीत की सीमाओं से परे जाकर 'स्व' में विस्तार पाया। वे ही उसमें प्रमुख हैं। जो थोड़ी-बहुत चीजें मंच पर दिखती हैं, वे अपना कोई अस्तित्व नहीं रखतीं। ये तो वे चीज़ें हैं जिन्हें हमने पूर्वाभ्यास के दौरान मंच पर पाया और धीरे-धीरे वे भी हमारी रचनात्मकता का अंग हो गईं जैसे एक सीढ़ी, कुर्सी, मेज़, दो गिलास, पर्स आदि; और प्रकाश के नाम पर सिर्फ़ एक हेलोज़न लाइट। यह भी एक कारण रहा कि हम उसे स्थान की सीमाओं से परे जाकर कहीं भी कर सके। जैसे अंकुर जी के घर के आँगन, ठुमरी (कर्नाटक के एक गाँव) में खुले आकाश के नीचे कच्ची मिट्टी, उड्डीपी में एक मठ से लेकर देहरादून के बड़े प्रोसीनियम हाल में हमने इसे किया।

प्रारंभ में अंकुर जी ने मुझे और वागीश जी को कुछ कहानियाँ दीं और अपने लिए तीन कहानियाँ चुनने को कहा, जिसे केवल दो अभिनेता कर सकें। हमने मनपसंद कहानियाँ चुनीं और काम शुरू हो गया। पूर्वाभ्यास बहावलपुर हाउस के लॉन में या कभी अंकुर जी के घर में होते; रोज़ नहीं, बल्कि कुछ निश्चित दिनों पर। इस बीच हम घर पर कुछ काम करते और अंकुर जी उस पर अपने निर्देश

देते। कहानी का अपना अस्तित्व बनाए रखते हुए उसका नाट्य-रूपांतरण नहीं किया गया, न ही शब्द बदले गए; सिर्फ़ चरित्रों को उभारने के लिए कुछ वाक्य ऊपर-नीचे किए गए। कहानी में दुहराव को भी काटा-छाँटा गया। यह तो उसका ढाँचा था, पर असल मुद्दा था उस कहानी में अभिनय। असल में हर कहानी के कथ्य का अपना एक तेवर होता है, जिसके अनुसार ही अभिनेता को अपनी अभिनय-शैली विकसित करनी चाहिए। मेरे लिए **ख़ानाबदोश** में अभिनय एक चुनौती रहा; क्योंकि इन कहानियों में लेखिका एक सूत्रधार के रूप में कहानी शुरू कर बीच-बीच में चरित्र बनती रहती है; दूसरे पात्रों से बातचीत करती है। मेरे लिए यह आसान रहता कि एक बहुत निश्चित ठोस चरित्र-चित्रण करके एक ओर चरित्र को खड़ा कर दूँ और फिर बहुत अलग तरह से सूत्रधार की पंक्तियाँ कह दूँ। लेकिन ऐसा न कर हमने कोशिश की कि चरित्र से सूत्रधार और सूत्रधार से चरित्र बनने के बदलाव (ट्रांस्फॉर्मेशन) की रचनात्मक प्रक्रिया को दर्शक देख सकें। इसके लिए चरित्र और सूत्रधार के बीच एक बहुत ही सूक्ष्म विभाजन-रेखा रखी गई। वैसे, यह सब पूर्व निर्धारित नहीं था; बल्कि पूर्वाभ्यासों के दौरान ही विकसित हुआ।

दूसरे, जब हम कहानी या उपन्यास के साथ काम करते हैं, तो उसके एक महत्त्वपूर्ण अंग, यानी भाषा के साथ न्याय करना बहुत ज़रूरी होता है। एक नाटक की तरह **ख़ानाबदोश** में चरित्र के अनुसार लिखे गए संवाद या दृश्य नहीं थे, जिससे उनकी चारित्रिक विशेषताओं को दिखाया जा सके। इसलिए हर शब्द का महत्त्व और भी अधिक था। हर एक शब्द के अपने चित्र, वज़न, घात, लय और उसमें निहित संवेदना और अर्थ को किस दृष्टि से उभारा जाए, यह महत्त्वपूर्ण था।

यह नाट्य-रूपांतर नहीं था, पर इसमें नाट्य-विधा के कुछ कौशल का प्रयोग सूक्ष्मता से किया गया; जैसे ओमा, लेखिका की बीती ज़िंदगी का पात्र है। उसके लिए वागीश जी ने मंच पर स्थिर हो जाने की तकनीक, यानी फ़्रीज़ का प्रयोग किया। जब भी ओमा का ज़िक्र होता है, वह लेखिका के अतीत से निकलकर मंच पर आता है, उससे वार्तालाप करता है और ज़िक्र खत्म हो जाने पर मंच पर स्थिर हो जाता है। एक और दिलचस्प बात इसमें थी, चरित्रों की गतियों को निश्चित करना (ब्लॉकिंग)। पहली दो कहानियों में पात्र पूर्व-निर्धारित जगहों पर आते-जाते हैं। लेकिन अंतिम कहानी, लेखिका के जुनून और मानसिक भटकाव तक पहुँचती है। वहाँ पर मेरी सारी गतियाँ निश्चित नहीं हैं। मैं उसी वक़्त मंच पर उन्हें गढ़ती हूँ। यह एक तरह से आशु अभिनय का प्रयोग है, जो अभिनय को एक ताज़गी देता है। ऐसा इसलिए भी हो पाता है, क्योंकि प्रस्तुति में काल और स्थान की कोई सीमा नहीं है। मंच पर उपस्थित सामग्री अभिनय के द्वारा अपना अस्तित्व बदल लेती है; जैसे मंच पर रखी टेबल कभी रेस्त्रां तो कभी पॉल का घर तो कभी

लेखिका का घर बन जाती है।

लेकिन यह ज़रूरी नहीं कि अंकुर जी की कहानियों की हर प्रस्तुति इसी तरह की हो, क्योंकि यह तो कहानी का कथ्य ही बताता है कि उसकी प्रस्तुति क्या शक्ल लेगी। राष्ट्रीय नाट्य विद्यालय रंगमंडल के साथ जब अंकुर जी ने अज्ञेय के उपन्यास **अपने-अपने अजनबी** का मंचन किया तो उसमें हमने दृश्यबंध, प्रकाश, वेशभूषा आदि का प्रयोग किया था, क्योंकि हमें लगा किं कथ्य उसकी माँग करता है; जबकि **ख़ानाबदोश** करते समय हमें इन चीज़ों की ज़रूरत ही महसूस नहीं हुई। अंकुर जी की आगे आनेवाली प्रस्तुतियों में, इस बात की पूरी संभावना है कि हम अभिनय और शैली के कुछ नए आयाम देख सकें।

वास्तव में, 'कहानी का मंचन' अभिनेता के लिए, किसी भी नाटक से ज़्यादा, एक खुली चुनौती है; क्योंकि किसी को यह पता नहीं होता कि वह क्या शक्ल इख़्तियार करेगी; जबकि नाटक में हम एक हद तक जानते हैं कि वह क्या रूप लेगा। और इस चुनौती को स्वीकारने में ही सृजनात्मकता का आनंद है।

'कथा कोलाज : एक और दो' की प्रस्तुति
स्मारिका (1994),
राष्ट्रीय नाट्य विद्यालय, नई दिल्ली
(अमिताभ श्रीवास्तव की टिप्पणी को छोड़कर)

संवाद तीन

निर्देशक

पढ़ने की चीज़ को देखना

देवेंद्र राज अंकुर से दिनेश खन्ना की बातचीत
(1994)

प्रश्न : अंकुर जी, अब तक आपने रंगमंच में अलग-अलग प्रयोग करते हुए पिछले दो दशकों से कहानी और उपन्यास के मंचन को एक विशिष्ट पहचान दी है। साहित्य यथार्थ की अभिव्यक्ति है और अगर यूँ कहें तो अतिशयोक्ति न होगी कि साहित्य से समाज को समझने की हमें एक दृष्टि मिलती है। आपके इस विविध-आयामी कथा-मंचन का संसार क्या है और इसके साथ आपकी यह यात्रा कब और कैसे आरंभ हुई ?

उत्तर : यह तो आपने ठीक कहा कि साहित्य यथार्थ की अभिव्यक्ति है। मैं इसी बिंदु से अपनी बात शुरू करता हूँ कि हम साहित्य का चुनाव कर रहे हैं। पिछले दो दशकों से मैंने साहित्य की एक ऐसी विधा को लेकर काम किया है, जो मूलतः कभी सुनने की चीज़ रही होगी। फिर छापाखाना आया। अब उसे अकेले बैठकर पढ़ सकते हैं। लेकिन क्या उसे अपने उसी रूप में देखा भी जा सकता है ? शब्द-दर-शब्द, बिना उसमें कोई परिवर्तन करते हुए, मैंने अपने इस सारे काम को बहुत पहले 'कहानी का रंगमंच' शीर्षक दिया था।

इस विषय में मैंने 1972 में राष्ट्रीय नाट्य विद्यालय से निर्देशन में विशेषज्ञता लेने के बाद सोचना शुरू किया। मेरे पास साहित्य की एक अपनी पृष्ठभूमि थी। हिंदी में एम. ए. करते हुए सन् '60 के बाद की हिंदी कहानी पर एक लघु शोधप्रबंध लिखने की प्रक्रिया से गुज़र रहा था। फिर मैंने राष्ट्रीय नाट्य विद्यालय से प्रशिक्षण लिया तो एक नए विचार ने जन्म लिया कि साहित्य और रंगमंच का कौन-सा आपसी रिश्ता हो सकता है, ऐसे कौन-से मिलन-बिंदु हो सकते हैं, जिन्हें हम अपने काम से सामने ला पाएँ! इसी क्रम में मुझे कहानियों को उनके मूल रूप में मंचित करने की प्रेरणा मिली। अब सवाल यह है कि यह यथार्थ जो साहित्य में मौजूद है—चाहे कहानियों

में हो, चाहे उपन्यास में—वह मंचन में किस प्रकार दर्शक और अभिनेताओं के बीच से गुज़रता है। सीधे-सीधे देखें तो प्रदर्शनकारी कलाओं की जो पहली शुरुआत है, वह कहानी सुनने से ही हुई होगी कि एक व्यक्ति बैठकर सुना रहा है—चाहे पढ़ते हुए या बिना पढ़ते हुए—और बाक़ी सारे सुननेवाले उस कहानी का जो वस्तुजगत है, उसे अपनी कल्पना के स्तर पर अनुभूत कर रहे हैं। फिर एक अलग विकास कि जब एक पाठक छपी हुई कहानी को स्वयं पढ़ रहा है, तब भी पढ़ते वक़्त उसमें एक पूरा दृश्यजगत वह अनुभव कर रहा है।

अब चुनौती है कि हम न तो एक कहानी पढ़नेवाले वाचक की तरह कहानी को सुनाकर उसे प्रस्तुत कर रहे हैं और न यहाँ पाठक अकेले में कहानी ही पढ़ रहा है। यहाँ तो एक टीम है अभिनेताओं की, जो उस कहानी के, जिस-जिस तरह से वह घटित हो रही है, मंचन-प्रक्रिया की पुनर्रचना में सहभागी बनती है।

अब, कहानी का जो ढाँचा है, वह नाटक से बिल्कुल अलग है। हो सकता है, कोई ऐसी कहानी हो, जिसमें कोई संवाद न हो या कोई ऐसी कहानी, जिसमें कुछ संवाद हों और बाक़ी लगातार विवरण हों। अब समस्या यह है कि उन विवरणों में उपलब्ध यथार्थ की दुनिया को मंच पर कैसे दिखाएँ? मेरे लिए पहली शर्त होती है कि कहानी का अपना मूल कथ्य ही इस बात को तय करे कि उसमें बाहरी यथार्थ का कितना हिस्सा वहाँ रहना ज़रूरी है, और महज़ शब्दों पर ध्यान केंद्रित करके हम कितना यथार्थ को पैदा कर सकते हैं। मेरा मानना है कि अगर अभिनेता प्रशिक्षित है तो अपने संभाषण से, अपनी अभिनय-पद्धति से सब कुछ मंच पर रच सकता है, और तब भी वह दर्शक के लिए उतना ही जीवंत होगा। और, ये संभावनाएँ एक अच्छी प्रस्तुति में हमेशा उपस्थित रहती हैं। हम देखते हैं कि जब कहानी का एक-एक शब्द मौजूद है, तब वह यथार्थ अपने स्थूल रूप में मंच पर आ रहा है, चाहे अपने सूक्ष्म रूप में; लेकिन वह दर्शकों तक पहुँचेगा ही।

प्रश्न : आपका मानना है कि अभिनेता के अभिनय में, उसकी अभिनय-पद्धति में इतनी शक्ति है कि वह सारी लिखित अभिव्यक्ति को मंच पर व्यक्त कर सकता है। एक ख़ाली मंच, जहाँ सीन-सीनरी नहीं हैं वहाँ भी वह अपने हाव-भाव से उसे क्रिएट कर सकता है। तब कहानियों और उपन्यासों को मंचन के लिए चुनते समय क्या प्रेरणा रहती है?

उत्तर : हाँ, मैं अभिनेता की अभिव्यक्ति को प्राथमिकता देता हूँ। रही बात चुनाव की, तो मेरे लिए सबसे महत्त्वपूर्ण है कथ्य—चाहे वह कहानी में रखा गया

हो, चाहे उपन्यास में—फिर वह चाहे व्यक्ति और समाज के संबंधों पर हो, चाहे स्त्री-पुरुष संबंधों पर या फिर वह राजनैतिक कथ्य हो। प्रश्न यह है कि उस कथ्य को रचनाकार ने कितनी गहराई से हमारे सामने रखा है। अगर वह मुझे अंदर से झकझोरता नहीं, कोई सवाल करने के लिए उकसाता नहीं, तो उस स्थिति में मेरे लिए उस रचना को ले पाना मुश्किल लगता है। क्योंकि, अंततः साहित्य हमें क्यों आकर्षित करता है? अपने कथ्य की भूमि के कारण। आज तक कालजयी रचनाएँ, चाहे वह गोदान जैसी रचना हो या रेणु का **मैला आँचल**, क्यों याद हैं? अपने कथ्य ही के कारण। और अगर कथ्य मुझे प्रभावित कर रहा है तो विश्वास है कि वह मेरे दर्शकों को भी अपने साथ लेकर चल सकता है।

प्रश्न : कथ्य से प्रभावित होकर फिर उसका मंचन-स्वरूप कैसे तय करते हैं? उसके पीछे क्या तकनीक रहती है? क्योंकि बहुत-सी कहानियाँ कथ्य और शिल्प की दृष्टि से प्रभावशाली होते हुए भी मंचन के लिए चुनौती बन जाती हैं। इन्‍हें आप कैसे सुलझाते हैं?

उत्तर : मैं इस बारे में ज़्यादा चिंतित नहीं रहता, क्योंकि मंचन का स्वरूप तो मंच-प्रक्रिया में तय होता है। मुझे अब तक सौ से अधिक कहानियों और 12 उपन्यासों को मंचित करने का मौका मिला। फिर भी अगर कोई मुझसे पूछे कि आपका फ़ार्मूला क्या था, आपकी शैली क्या है तो इसे शायद बता पाना मुश्किल होगा; क्योंकि हर मंचन एक प्रक्रिया से गुज़रकर बनता है। नाटक के मंचन में तो मंचन की शैली काफ़ी हद तक तय रहती है। जैसे यथार्थवादी नाटक हैं, प्रकृतवादी नाटक हैं, संस्कृत नाटक हैं और फिर लोक नाटक हैं। लेकिन यहाँ तो जितने कहानीकार हैं, उतने ही फ़ॉर्म, उतनी ही शैलियाँ। फिर किस कहानी में कौन-सा तरीका अपनाया जाए? इसका चुनाव मंचन से पूर्व कैसे हो? मैं पिछले दो दशकों से कहानियों का मंचन कर रहा हूँ। अगर यह प्रयोग मुझे आकर्षित न कर रहा होता तो मैं उसे छोड़ चुका होता। फिर एक बात यह भी है कि अधिकतर प्रशिक्षित अभिनेताओं के बीच काम करने का संयोग मिला। इसलिए मंथन की रचना-प्रक्रिया में हम सभी लोग मिलकर काम करते हैं।

प्रश्न : कहानी का जो मूल स्वरूप है, उसमें आप मंचन के लिए कोई रद्दोबदल करने की ज़रूरत महसूस नहीं करते? कहानी जिस रूप में है उसे उसी रूप में मंच पर प्रस्तुत करते हैं; जबकि दूसरी ओर, कहानियों और उपन्यासों के नाट्य-रूपांतरण, नाट्य-आलेख पर भी प्रस्तुतियाँ सामने हैं, जिनसे एक नया नाट्य-आलेख सामने आया है?

उत्तर : देखिए, उपन्यासों और कहानियों के नाट्य-रूपांतरण तो हमेशा से होते रहे

हैं, पश्चिम में भी और भारत में भी। ब्रेष्ट ने गोर्की के **माँ** जैसे विख्यात उपन्यास को नाट्य-आलेख में प्रस्तुत किया। हमारे यहाँ **गोदान, महाभोज** जैसे उपन्यासों पर नाट्य-आलेख लिखकर मंचित किए गए। यह काम तो बहुत पहले से हो रहा है।

इस प्रक्रिया में नाट्य-विधा की शक्ति हमारी मदद करती है, पर हम नाट्य-आलेख की सीमा में भी बँधे होते हैं। अब ज़ाहिर है कि वह नाटक बनने जा रहा है तो उसको संवादों में होना है। हो सकता है सूत्रधार-जैसी युक्ति के माध्यम से कुछ और विवरण सामने आ जाएँ। फिर उसको समय और स्थान की अवधि में रखना होगा। रूपांतरण करते समय हमें आलेख के लिए एक दूसरे व्याकरण में काम करना होता है।

फ़िल्म के आलेख में तो कहानी एक कच्चे माल की तरह होती है, क्योंकि छोटी-से-छोटी डिटेल के विज़ुअल तैयार करने होते हैं; जबकि मेरे इस पूरे काम में, कहानी की मूल आत्मा, उसका मूल फ़ॉर्म, उसके मूल कथ्य को, अगर वैसा-का-वैसा रहने दिया जाए तो उसका अपना एक रंगमंचीय रूप उभरकर सामने आ सकता है। यह कहानी को सुनने और पढ़ने से अलग एक नया अनुभव होना चाहिए। मसलन, कहानी को देखना।

जो अभिनेता बार-बार मेरे साथ काम करते रहे हैं या कि अलग-अलग शहरों में जिन दर्शकों को इस पूरे काम को देखने का मौक़ा मिला है, उनसे भी मेरी इस विषय पर चर्चाएँ हुई हैं। अभिनेता भी यह महसूस करता है कि सचमुच इस पूरे काम में जो अनुभव है, वह एक नाटक में काम करने के अनुभव से भिन्न है। नाटक के चरित्र-जैसी निरंतरता कहानी की आवश्यक शर्त नहीं। अभी वह पात्र है; फिर अपने बारे में बात कर रहा है तो कभी प्रथम पुरुष बन जाता है और कभी अन्य पुरुष के बारे में बात करता है। इस तरह उसकी कोई तय भूमिका नहीं होती। वह स्थिति के अनुसार बदलती रहती है। इस तरह बार-बार भूमिका के अंदर जाने और भूमिका से बाहर आने पर ही पश्चिम में ब्रेष्ट ने अपना एक नया सिद्धांत स्थापित किया है। लेकिन मूल रूप से यह जो सारा अनुभव है, वह कहानियों के अपने अनुभव से जुड़ा है। ब्रेष्ट ने उसको वहीं से लिया है। उन्होंने पहले से प्रचलित उपन्यास, कहानियों में संगीत, गीत, कोरस, नैरेशन आदि को मिलाकर एक नया नाटक रच डाला है।

एक अनुभव; जैसे मन्नू भंडारी का उपन्यास **महाभोज**। इसका सबसे पहला मंचन मैंने ही रायपुर में किया था। उस वक़्त मैंने मन्नू जी को लिखा कि मैं आपके उपन्यास का मंचन कर रहा हूँ, तो उन्होंने मुझे जवाब दिया कि यह एक अच्छा संयोग है; मैं यहाँ पर इसका नाट्य-रूपांतरण कर रही

हूँ। अब आप उपन्यास और नाट्य-रूपांतरण दोनों को पढ़ें तो दोनों अलग-अलग स्वतंत्र रचनाएँ हैं। एक, जिसमें वह लिखी गई थी और दूसरा, उस उपन्यास के बहाने उसका नाट्य-रूपांतरण। अब यह तो निर्देशक पर भी निर्भर करता है कि वह किस शैली में उपन्यास और कहानी को कर रहा है। यूँ तो नाटक भी साहित्य की विधा है, लेकिन साहित्य में लिखने तक ही वह साहित्य की विधा है। इसी तरह कहानी, कविता, उपन्यास—तीनों शुद्ध साहित्यिक विधाएँ हैं; और नाटक प्रदर्शनकारी विधा है। मेरी कोशिश इस पूरे काम में उन विधाओं को लेने की है जिनके मूल में प्रदर्शन शामिल नहीं है। लेकिन क्या ये उस स्थिति में लाई जा सकती हैं, जहाँ वे दर्शक और अभिनेताओं के बीच एक अनुभव की यात्रा कर सकें। इसको सीधे-सीधे शब्दों में कहें तो कह सकते हैं कि पहली प्रक्रिया में कहानी या उपन्यास के बहाने एक नाटक का मंचन करना होता है, दूसरी प्रक्रिया में कहानी के बहाने कहानी का ही मंचन करना होता है।

प्रश्न : मूल संरचना को अगर परिवर्तित कर दिया तो फिर वह कहानी कहाँ रही और इसके विपरीत अगर उसका सीधा-सीधा मंचन कर दिया तो फिर वह पढ़ने या उसका अध्ययन करने से किस तरह अलग हुई? आखिर उसका पेच कहाँ है?

उत्तर : मेरा काम पढ़ने की चीज़ को देखने का अनुभव देना है। स्पेस खाली है, पर उसमें दृश्य निहित है। मेरी पहली कहानी-प्रस्तुति थी निर्मल वर्मा के **तीन एकांत**। अपनी प्रस्तुति देखने के बाद अपने एक लेख में उन्होंने एक बहुत अच्छी बात कही कि इन कहानियों का मंचन देखना मेरे लिए एक ऐसा अनुभव था जैसे मैं अपनी ही आवाज़ सुन रहा हूँ। लेकिन मानो वह मेरी आवाज़ होते हुए भी टेप-रिकॉर्डर से आ रही है, जो अपनी होते हुए भी अपनी नहीं जान पड़ती।

इसी तरह जब कन्नड़ उपन्यासकार यू. आर. अनंतमूर्ति ने अपने उपन्यास **संस्कार** का मंचन देखा तो उनकी निर्मल वर्मा जैसी ही प्रतिक्रिया थी कि यह मेरा है, फिर भी मेरा नहीं है; शब्द मेरे हैं, रचना मेरी है, लेकिन मैं उसे दूसरे अभिनेताओं के माध्यम से सुन रहा हूँ, पढ़ रहा हूँ। मैंने बांग्ला, ओड़िया, पंजाबी, कुमाऊँनी में भी कहानियों के मंचन किए हैं। सभी जगह दर्शकों ने इसे स्वीकार किया। जैसे बंगाल में मुझे प्रतिक्रिया मिली कि अब तक हमने थर्ड थिएटर तो सुना था, इसे हम क्या कहें, फोर्थ थिएटर या उससे भी आगे कुछ? क्योंकि यहाँ कहानी का एक-एक शब्द भी मौजूद है और अभिनेता सिर्फ़ पढ़ भी नहीं रहा है, वह लगातार अभिनय-प्रक्रिया से गुज़र रहा है। और, फिर वह पूरी तरह से नाटक भी नहीं है। हम इसे

एक प्रयोग कह सकते हैं, और यह उत्साहवर्द्धक भी है। इस तरह यह प्रयोग विश्व की सबसे प्राचीन परंपरा–कहानी कहने के साथ जुड़कर आधुनिक संदर्भों में सामने आ रहा है, बिना किसी बाहरी तामझाम के।

प्रश्न : इधर आपकी प्रस्तुतियों में रंगोपकरणों का उपयोग जैसे, कहना चाहिए कि दृश्यबंध, प्रकाश, वेशभूषा, पार्श्व-संगीत तक नदारद है; जबकि यह सब तो किसी प्रस्तुति की जेनुइन आवश्यकता होती है?

उत्तर : इसके बारे में बस मैं इतना ही कहूँगा कि एक तरह से मैंने पिछले बीस बरस में एक सरकुलर, एक गोलाकार यात्रा की है। अपने काम की शुरुआत में जब कहानियों का पहला मंचन मैंने किया था तो मंच पर शायद दो मेज़, दो बैंचों के अलावा कुछ भी नहीं था। कहानी की ज़रूरत मुझे मंच पर सामान लाने की प्रेरणा देती है। आमतौर पर मुझे मज़ा आता है कि एक सूना मंच हो। पार्श्व-संगीत की अगर ज़रूरत महसूस करता हूँ तो वह आएगा, नहीं तो ख़ामोशी भी संगीत की बात कह सकती है। मैं इस बात पर फिर ज़ोर दूँगा कि इस विधा का पूरा आनंद हम तभी अनुभव कर सकते हैं, जब इन चीज़ों से मुक्त हो जाएँ। जैसे **अपने-अपने अजनबी** में एक यथार्थवादी दृश्यबंध की ज़रूरत थी तो उसे वहाँ बनाया गया। मोहन राकेश की चारों कहानियाँ जब एकसाथ एक कहानी की तरह मंचित कीं तो उसमें आनेवाले बहुत-से लोकॉल्स के लिए एक ऐसा दृश्यबंध बनाया है, जिसमें सभी लोकॉल्स जहाँ जब चाहें क्रिएट कर सकें। यहाँ स्पेस खाली है, क्योंकि यहाँ कहानी के घटित होने के लिए स्पेस रखी गई है।

प्रश्न : एक ही लेखक की कहानियों को जोड़कर एक मुख्य कथा के रूप में प्रस्तुत करने का ख़याल आपको कैसे आया?

उत्तर : इस तरह के प्रयोग दिलचस्प रहे। मोहन राकेश, अजीत कौर और प्रेमचंद की कहानियों को लेकर मैंने ऐसे प्रयोग किए। कहानियों की एक-सी शैली और एक-से कथ्य ने मुझे यह प्रयोग करने की प्रेरणा दी। यहाँ विषय और समस्या एक होते हुए भी उसके कोण अलग-अलग थे। लेकिन मूल बिंदु फिर वही है कि उनका रूप-परिवर्तन नहीं करना। जैसे **प्रेमचंद का गाँव** प्रस्तुति में प्रेमचंद की ग्रामीण जीवन पर लिखी कहानियों को इस क्रम में रखा कि वे एक लंबी कहानी के मंचन का प्रयोग बन पड़ा। असल में यह प्रयोग कहानियों को एक ही कथ्य में पिरोकर पेश करने की कोशिश है।

प्रश्न : आपने कुछ कहानियों के मंचन में उनको शीर्षक भी तो दिए हैं। **महानगर : तीन संवाद**, **लौटना : बार-बार**...

उत्तर : ये भी थीमेटिक एक्सप्रेशन की प्रस्तुतियाँ हैं। यह **लौटना : बार-बार** नौ

कहानियों का एक कोलाज था, जिनका कथ्य एक ही है। अवकाशप्राप्त, दफ़्तरों से रिटायर्ड या फिर बूढ़े हो चले वे लोग जो वापस अपनी ज़िंदगी में लौट रहे हैं, जिससे वे काम के दौरान कटे हुए थे। इसमें प्रेमचंद की **बूढ़ी काकी**, भीष्म साहनी की **चीफ़ की दावत**, निर्मल वर्मा की **बीच बहस में**, अमरकांत की **दोपहर का भोजन**-जैसी कहानियों को लिया गया था। ये कहानियाँ ज़िंदगी का एक ही रंग लिए हुए थीं, पर इनके शेड अलग-अलग थे। इसलिए मुझे तो कभी-कभी बड़ा मज़ा आता है कि जिन धारावाहिकों की शुरुआत दूरदर्शन पर 1984 में हुई, वह धारावाहिक हम मंच पर अपने काम के माध्यम से न जाने बहुत पहले से करते चले आ रहे हैं। और फिर दर्शक भी एक ही शाम में एकसाथ कई लेखकों की कहानियों से साक्षात्कार कर लेता है। ऐसे में बहुत-सी ऐसी कहानियाँ भी सामने आती हैं, जिनको पाठकजगत इससे पहले नहीं जानता था। जैसे प्रेमचंद की **इस्तीफ़ा** और **आख़री हीला** या फिर रघुवीर सहाय की कहानियाँ।

प्रश्न : आपने अज्ञेय का **अपने-अपने अजनबी**, कामू का **आउट साइडर**, मन्नू भंडारी का **महाभोज**, मंजुल भगत का **अनारो**-जैसे चर्चित उपन्यासों को भी बिना उसका आलेख बदले किया है और उसमें दृश्यबंध भी संकेत-भर ही था। यह अनुभव कैसा रहा?

उत्तर : ये उपन्यास-प्रस्तुतियाँ सफल रही हैं। उपन्यासों को चुनते समय उनका सामाजिक वातावरण मेरे सामने था। **महाभोज** की प्रस्तुति में हमने मात्र चार हज़ार रूपए खर्च किए थे, जिसमें हाल का किराया भी शामिल था। इसमें सभी पात्रों ने एक-जैसी वेशभूषा पहनी थी। मंच पर क्या मौजूद होगा, क्या नहीं, इसका चुनाव मैं स्पेस और अभिनेताओं की मंडली के बीच तय करता हूँ। खाली स्पेस में अभिनेता स्वयं दृश्यों का निर्माण करते चलते हैं। रचना में अर्थ मौजूद है। नाटक की बात और है। अगर **आधे अधूरे** के केंद्र में एक मध्यमवर्गीय मकान है तो उसकी हालत नाटक का एक ज़रूरी हिस्सा है; और उसको वैसा ही वहाँ होना है। लेकिन कहानी में जो व्यक्त किया गया है, उसे मंच पर सजा दें तो वह मात्र इलस्ट्रेशन होगा, उसमें कोई कलात्मकता नहीं होगी। जो कहानी उपन्यास में वर्णित है, उसको मंच पर दिखाना मेरे लिए कारगर नहीं लगता। पीटर ब्रुक की किताब **एम्पटी स्पेस** भी कुछ ऐसी ही बात कहती है। मेरे मंच पर वह मेज़ और कुर्सी, जैसे इन परिस्थितियों में जहाँ एक दिन रखी हैं, दूसरे दिन सुविधानुसार उनकी जगह बदल भी सकती है। अभिनेता ने आलेख के अंदर एक अर्थ को अनुभूत किया है। अब वह उसकी प्रस्तुति करने जा

रहा है और दर्शक उसको देख रहा है और बीच में निर्देशक है, जो पूरी तैयारी के समय उसके साथ है। फिर बाक़ी जो रंगमंच के उपकरण हैं, वे अगर आते हैं तो आएँ, तब मुझे कोई दुविधा नहीं। मैं अगर सूरज की रोशनी में भी इनको करता तो उतने ही प्रभावशाली होते। मेरी प्रस्तुति में प्रकाश-योजना की एक अहम भूमिका है। सिर्फ़ विज़िबिल्टी के लिए रंगमंच को सीमाओं से मुक्त करके ही उसमें मोबाइल-एक्सप्रेशन ला सकते हैं। यहाँ एक अभिनेता है जो कहीं भी जाकर कहानी को मंचित कर सकता है। आज दूरदर्शन घर-घर पहुँच गया है, पर यह काम तो थिएटर बहुत पहले कर चुका है। आप अपने ड्राइंगरूम में बैठकर भी इन कहानियों का मंचन देख सकते हैं। यह मंच के साधनों पर बहुत निर्भर नहीं। हम एक नई शैली विकसित कर रहे हैं, जिसमें हमारे साथ हैं आधुनिक अभिनेता। इधर नए काम से विश्वास और भी ज़्यादा मज़बूत हुआ है।

प्रश्न : अभी हाल ही में मंचित रघुवीर सहाय, स्वदेश दीपक, अजीत कौर की कहानियाँ अपने कथन और शैली में एक अमूर्त भाव लिए हैं। आपने उस अमूर्त भाव को कैसे व्यक्त किया?

उत्तर : अभी जो कहानियाँ हुई हैं **किले में औरत** तथा **मेरे और नंगी औरत के बीच** या फिर **ख़ानाबदोश**। पहली दो कहानियों का चुनाव मैंने 76 में किया था। तब रघुवीर सहाय के साथ ही इनका चुनाव हुआ था। तब उनके साथ मंचन भी करने की बात हुई थी। असल में मैं कहानियों को लगातार चुनता रहा हूँ और फिर समय के साथ उनका मंचन करता रहता हूँ। हाँ, ये कहानियाँ अपनी शैली में जटिल हैं। ये एक स्तर पर अमूर्त भाव लिए हैं। मेरे लिए चैलेंज था कि एक अमूर्त शैली और भाववाले कथ्य को अगर दर्शक के सामने करने की प्रक्रिया आती है तो हम उसको कैसे सुलझाएँ? मेरे अभिनेताओं ने भी इसे खेलने के लिए अलग प्रतिभा का परिचय दिया और इसका रिसपांस हमें आश्चर्यजनक रूप से ज़्यादा अच्छा मिला, क्योंकि इसमें और ज़्यादा दर्शक की कल्पना के लिए विस्तार मिलता है, क्योंकि अमूर्त शैली होने पर भी मंच पर अभिनेता लगातार दर्शकों से इस भाव को शेयर करता चलता है। इसी निश्चय ने मुझे यह भाव व्यक्त करने में मदद की। मूल प्रश्न फिर वही है कि हम किसी भी फ़ॉर्म से आख़िर कहना क्या चाह रहे हैं? इसको लेकर दृष्टि साफ़ होनी चाहिए।

प्रश्न : कथामंचन में आप निर्देशक की क्या भूमिका मानते हैं?

उत्तर : देखिए, वैसे तो रंगमंच में ही निर्देशक की कभी कोई भूमिका नहीं थी, और मैं व्यक्तिगत रूप से मानता हूँ कि अगर कोई भूमिका है भी तो वह उत्प्रेरक की भूमिका हो सकती है, क्योंकि रंगमंच पूरी तरह से अभिनेता

का माध्यम है। आज रंगमंच में निर्देशक की भूमिका पर पुनर्विचार हो रहा है। इस दूसरी शैली को हम पुनर्रचना वाली शैली कहेंगे, जिसमें आलेख को हम पूरी तरह समझकर उस पर सहमत हो जाएँ। अगर हम यह मान लें कि अभिनेता पूरी तरह से प्रशिक्षित है तो निर्देशक की भूमिका विचार को समझाने और भूमिका को निखारने की हो जाती है। बहुत बार निर्देशक ही सर्वेसर्वा हो कर रह जाते हैं और अभिनेता मात्र कठपुतली। यह एक त्रासद स्थिति है।

प्रश्न : अपने रंगकर्म को कैसे परिभाषित करेंगे?

उत्तर : हम शहरों में काम करनेवाले रंगकर्मी हैं। मैं ऐसा कोई भ्रम नहीं पालता हूँ कि मैं पारंपरिक रंगमंच से जुड़ा हूँ। मैं और मेरे अभिनेता भी शहरों में रहनेवाले हैं। फिर महानगर में रहनेवाले नागरिक की परंपरा क्या हो सकती है? रही बात कहानियों के रंगमंच की, तो अपना मोटीवेशन है कि कोई किस हेतु मंचन कर रहा है? यह चर्चा में है, चलो यह कर लेते हैं; ऐसा न तो कभी मेरा विचार था, न है। मैं थिएटर और साहित्य के बीच की दूरी ख़त्म करते हुए उन्हें उनकी सीमाओं से निकालकर सीधे दर्शकों के सामने लाना चाहता हूँ। कहानियों के रंगमंच ने एक नया मुहावरा शहरी रंगमंच को दिया है।

प्रश्न : आधुनिक रंगमंच के नाम पर आज हमारे दर्शकों को क्या मिल रहा है?

उत्तर : आज का रंगमंच दर्शक से कोई सीधा रिश्ता नहीं बना पा रहा है, क्योंकि रंगमंच तो अपने व्याकरण में जटिल से जटिल होता चला जा रहा है, और उसको देखते हुए दर्शक रिलैक्स हो जाता है—अपनी सीट पर बैठे-बैठे उसका ध्यान कहीं और भटक जाता हैं। वह इधर-उधर थोड़ा कसमसाने लगता है। दूसरी ओर ऐसा रंगमंच उसे देखने को मिलता है जो बिना नाच-गानों की बैसाखी के यहाँ आ ही नहीं सकता। हम दर्शक की ईमानदारी को नज़रअंदाज़ नहीं कर सकते। रंगमंच से दर्शक का सीधा-सीधा रिश्ता बनना चाहिए। यह तभी बनेगा जब हम दर्शक की कल्पना के लिए भी जगह छोड़ें। उसे अपने से समझने का मौक़ा मिले। वह अभिनेता को सुनने आता है, और अभिनेता और दर्शक का रिश्ता सदियों पुराना है।

'कथा कोलाज : एक और दो' की प्रस्तुति
स्मारिका (1994),
राष्ट्रीय नाट्य विद्यालय, नई दिल्ली

यात्रा जारी है

अंकुर से जयदेव तनेजा की बातचीत (1996)

प्रश्न : पिछले इक्कीस वर्षों से आप नाटक के साथ-साथ अनवरत रूप से 'कहानी का रंगमंच' के क्षेत्र में काम कर रहे हैं। यह नाम भी शायद आप ही ने दिया था। यहाँ मुझे यह पूछना है कि 'कहानी का रंगमंच' की यह धारणा आपके दिमाग़ में कब, क्यों और कैसे आई?

उत्तर : आपने काफ़ी दिलचस्प सवाल पूछा है। अक्सर लोग पूछते रहे हैं कि इसका विचार कैसे आया? मुझे लगता है कि इसकी जड़ें कहीं मेरे शैक्षणिक संस्कारों में हैं। मैं साहित्य का विद्यार्थी था—विशेषतः हिंदी साहित्य का। मुझे सन् '60 के बाद की हिंदी कहानी पर काम करने का मौक़ा मिला तो उस दौरान बहुत-सी अच्छी, कालजयी, नई-पुरानी कहानियों से गुज़रना पड़ा। फिर एक दूसरा पड़ाव था राष्ट्रीय नाट्य विद्यालय में तीन वर्ष का प्रशिक्षण, निर्देशन का। वहाँ से निकलने के बाद इस सवाल का सामना किया कि अब आगे किस तरह का काम करना है? कैसे आगे बढ़ना है? तब कहीं दोनों पृष्ठभूमियों का एक मिलन-जैसा हुआ। सोचा कि क्या इन दोनों का संगम हो सकता है? तो इस विचार के तहत इस बीज ने जन्म लिया कि अब तक लोग कहानियों का नाट्य-रूपांतर करके उन्हें मंचित करते आ रहे हैं, तो अगर उन्हें बिना परिवर्तित किए, जिस रूप में वह लिखी गई है, उसी रूप में मंचित करने की कोशिश करें तो कैसा लगेगा? इसी बिंदु से काम की शुरुआत हुई।

प्रश्न : कथा-कथन, क़िस्सागोई या थोड़ा अलग हटकर देखें तो पंडवानी जैसे कहानी को नाटकीय ढंग से कहने के कई रूप हमारे यहाँ पहले से मौजूद हैं। क्या इस प्रयोग के बारे में सोचते हुए आपके चेतन या अवचेतन पर इनका कोई प्रभाव नहीं था?

उत्तर : जहाँ तक मुझे याद पड़ता है, उस समय प्रत्यक्षतः तो ऐसा कुछ भी नहीं था। बस कुछ नया या कहें एक अलग-सा विचार मन में आया और सोचा

कि क्यों न उसे करके देखा जाए? वैसे भी 'कहानी का रंगमंच' क़िस्सागोई, या पंडवानी से मिलता-जुलता लगने के बावजूद अपनी रचना-प्रक्रिया, प्रस्तुति और प्रभाव में इनसे काफ़ी भिन्न प्रकार की चीज़ है।

प्रश्न : ख़ैर, फ़िलहाल आप अपने उस पहले रंग-प्रयोग **तीन एकांत** के बारे में बताइए, जिससे इस परंपरा की शुरुआत हुई?

उत्तर : उससे पहले भी मैं इस दिशा में क़ाफी समय से सोच-विचार कर रहा था, किंतु कुछ ठोस हो नहीं पाया। इसीलिए 1975 में जब राष्ट्रीय नाट्य विद्यालय रंगमंडल के साथ प्रस्तुति करने की बात चली तो मैंने इस अवसर का लाभ उठाते हुए निर्मल वर्मा की तीन कहानियों को **तीन एकांत** के नाम से प्रस्तुत किया। प्रशिक्षित वरिष्ठ कलाकारों द्वारा नए और सादे ढंग से प्रस्तुत इन कहानियों को लोगों ने जिस खुले दिल से सराहा और स्वीकार किया, उससे हमारा उत्साहित होना स्वाभाविक ही था। लिहाज़ा जगह-जगह जाकर उसके प्रदर्शन किए—दिल्ली, मसूरी, लखनऊ—और फिर तो उसके बाद एक लंबा सिलसिला है, जिसमें अलग-अलग शहरों में जाकर काम किया। दिल्ली के बाद लखनऊ एक बहुत महत्त्वपूर्ण शहर रहा, जिसमें मेघदूत और लक्रीस संस्थाओं के साथ मैंने काफ़ी काम किया। फिर उसके बाद बनारस, गोरखपुर, रायपुर।

कालांतर में हिंदी के साथ-साथ फिर दूसरी भाषाएँ भी उसमें शामिल होती चली गईं। कलकत्ता में बंगाली कलाकारों के साथ बांग्ला कहानियों को लेकर, कन्नड़ में कन्नड़ अभिनेताओं के साथ कन्नड़ उपन्यास लेकर, मलयालम में मलयाली अभिनेताओं के साथ मलयालम रचना को लेकर, तमिल में तमिल अभिनेताओं के साथ, ओड़िया में... मतलब पिछले 21 बरसों में कुल मिलाकर कह सकते हैं कि मुझे आज के दिन तक 117 कहानियों को मंच पर लाने का मौक़ा मिला। फिर इसके साथ-साथ एक दूसरी कोशिश—1979 में मैंने उपन्यासों को भी उसी दिशा में जोड़ने की कोशिश की। अब तक तेरह उपन्यासों को मंच पर लाने का मौक़ा मिला, जिसमें हिंदी के साथ-साथ ओड़िया, तेलुगु, बांग्ला, कन्नड़-जैसी कई भाषाओं के उपन्यास हैं। यह एक कोशिश या तलाश है, जो अभी तक चल रही है।

प्रश्न : आपको याद होगा, **सारिका** के 1982 के किसी अंक में इस विषय पर एक परिचर्चा छपी थी। उसमें कुछ लोगों ने इसे रंगमंच की विकृति और चर्चित होने के लिए सिर्फ़ एक चौंकानेवाला प्रयोग मात्र कहा था, तो कुछेक ने आपकी गंभीरता और इस शैली के भविष्य के संदर्भ में काफ़ी आशंकाएँ भी व्यक्त की थीं। आज इस संदर्भ में आप क्या कहना चाहेंगे?

उत्तर : वैसे तो आपके प्रश्न और उन दिनों लगाए गए आक्षेपों का सही उत्तर पिछले दो दशकों में किया गया मेरा काम स्वयं ही दे देता है। फिर भी, इस संदर्भ में मैं यह बात ज़रूर कहना चाहूँगा कि उस वक़्त जो लोग इन शंकाओं को उठा रहे थे, बाद में उन्हीं लोगों ने इन्हीं स्रोतों से अपनी रचनात्मकता के लिए सामग्री ग्रहण की। आप देखेंगे कि सबसे ज़्यादा शंकाएँ उस वक़्त, मैं नाम लेकर भी बात कर सकता हूँ, राजिंदर नाथ-जैसे निर्देशक ने उठाई थीं। और यह एक दिलचस्प तथ्य है कि स्वयं उन्होंने ही बाद में कभी नाट्य-रूपातंरण के बहाने और कभी कहानियों के रूप में ही उन्हें किया। उन्होंने हरिशंकर परसाई ही नहीं, निर्मल वर्मा तक की कहानियों को उठाया। सत्यदेव दुबे-जैसे निर्देशक, जो ज़िंदगी-भर नाटक करते रहे, लौटकर आए तो 87 में उन्होंने भी **तीन एकांत** ही किया—मतलब 12 साल के बाद उसी रचना को उठाया। और भी कई लेखकों ने खुद अपनी रचनाओं को मंचित करने की भी कोशिश की।

प्रश्न : फिर भी, आपकी दृष्टि में इसकी कोई विशेष उपयोगिता या सार्थकता? क्या नए नाट्यालेखों के अभाव के कारण आप इस दिशा में मुड़े, या इसके पीछे कोई दूसरे रचनात्मक कारण भी थे?

उत्तर : लोग कहते हैं कि रंगमंच के लायक अच्छे नाट्य-आलेख नहीं हैं—मैं इसे नहीं मानता। ढूँढ़ने और करने की ज़रूरत है। मैंने स्वयं हिंदी के कई नए, मौलिक नाटक ढूँढ़े और किए हैं। फिर भी, इस बात से तो इनकार नहीं किया जा सकता कि विषय और शिल्प की दृष्टि से कथासाहित्य एक बड़ा भंडार है। इसके अलावा आज चारों तरफ तो यह बहस चल रही है कि सारी कलाएँ आपस में इतनी घुल-मिल गई हैं कि एक-दूसरे के बिना ज़िंदा रहना संभव ही नहीं है। तब, जब रंगकर्म के लिए आप दूसरे स्रोत से अपनी सामग्री उठाते हैं तो इसको लेकर इतनी आलोचना का कोई कारण मेरी समझ में नहीं आता। बल्कि यह तो हमारे लिए एक स्वागतयोग्य बिंदु होना चाहिए कि आज आपको आलेख के लिए भटकने की ज़रूरत नहीं है। और फिर इस माध्यम से हम कितने विशाल पाठक वर्ग से और दर्शक वर्ग से जुड़ते चले जा रहे हैं। मैं आपको यहाँ एक दिलचस्प किस्सा सुनाना चाहूँगा। श्रीराम सेंटर में अभी दो साल पहले मैंने राष्ट्रीय नाट्य विद्यालय के छात्रों के साथ तीन-तीन कहानियों की दो शामें प्रस्तुत की थीं—**कथाकोलाज : एक** और **कथाकोलाज : दो**। आपको याद होगा वहाँ पर एक बुक-शॉप थी, जिसको मिसेज आचार्या चलाया करती थीं। उन्होंने मुझे बताया कि 'अंकुर जी, मैं बड़ी खुश हूँ कि इन छह दिनों में जितनी कथासाहित्य की पुस्तकें मेरे यहाँ से बिकी हैं उतनी छह महीने में नहीं

बिकीं।' तो मुझे लगा कि इसका मतलब है, काम का नोटिस लिया जा रहा है। कुछ लोगों ने इसलिए किताबें खरीदीं कि हम यह दावा करते हैं कि बिना परिवर्तित किए हुए कहानी मंचित कर रहे हैं, ज़रा इसे पढ़कर तो देखें! कुछ लोग, नए करनेवाले, खरीदकर ले गए। तो यह एक पुस्तक-विक्रेता का रिमार्क था, जिससे मुझे बहुत उत्साह मिला कि अठारह-उन्नीस साल (मतलब 1994 में तब उन्नीस साल हो गए थे) के बाद भी इस काम की एक सार्थकता अभी बनी हुई है।

प्रश्न : आपके कहानी-चयन का प्रमुख आधार क्या है? कोई विशेष विचारधारा या प्रतिबद्धता?

उत्तर : इस संबंध में मेरा कोई पूर्वाग्रह नहीं है—न देश का, न लेखक का, न भाषा का, न विचार का, न रूप-विन्यास का। चुनने का सिर्फ़ एक ही आधार है कि आलेख अच्छा हो, गहरी संवेदना से जुड़ा हो, कथ्य गंभीर हो, जो सोचने पर मजबूर करे, सवाल उठाए और संरचना मंचन की दृष्टि से चुनौतीपूर्ण हो।

प्रश्न : आपने शुरुआत राष्ट्रीय नाट्य विद्यालय के व्यावसायिक रंगमंडल से की जहाँ सुविधाओं, पार्श्वकर्म और अभिनेताओं के स्तर पर देश में जो सर्वश्रेष्ठ हो सकता है, वह आपके डिस्पोज़ल पर था। शायद उस पहले प्रयास की सफलता और एक नए सार्थक रंगप्रयोग के रूप में उसकी व्यापक चर्चा का यह भी एक प्रमुख कारण रहा होगा। इसके बाद जब आप लखनऊ, बनारस या दूसरे अपेक्षाकृत छोटे शहरों में गए, जहाँ आपको उतनी सुविधाएँ उपलब्ध नहीं थीं और प्रशिक्षित अभिनेता भी उपलब्ध नहीं थे—तब आपको कैसा अनुभव हुआ और किस तरह की दिक़्क़तें आपको झेलनी पड़ीं?

उत्तर : हाँ, इस पूरी यात्रा में दोनों तरह के अनुभव हुए, जो एक दूसरे से अलग भी हैं और मिलते-जुलते भी हैं। जैसा आपने स्वयं ही ज़िक्र किया कि इस प्रयोग की शुरुआत राष्ट्रीय नाट्य विद्यालय से प्रशिक्षित रंगमंडल के कलाकारों के साथ हुई थी। लेकिन अगर आपको याद हो कि सारी सुविधाओं के होते हुए भी जिस रास्ते से वह प्रस्तुति तैयार हुई, उसमें एक ऐसी ताज़गी और एक ऐसी सादगी थी कि कहीं सिर्फ़ एक स्टूल है, कहीं दो मेज़ें हैं और कहीं शायद एक पलंग है, जिसके ऊपर कोई चादर भी नहीं है अर्थात् कहानी का रूपांतरण करके नाटक बनाने के बजाय उसे उसके मूल रूप में ज्यों-का-त्यों प्रस्तुत करने का आग्रह था। जिस तरह की कल्पना कहानी को पढ़ते समय पाठक के मन में खुली रहती है कि वह शब्दों को पढ़ रहा है और उसके माध्यम से उसकी कल्पना में एक दृश्य रूप ग्रहण कर रहा है, लगभग उसी रूप में उसे मंच पर पेश करने की कोशिश हमने

की थी। यानी जानबूझकर हमने सुविधाओं का इस्तेमाल नहीं किया। यहाँ से जाने के बाद दूसरी जगह पर काम करने का जब अवसर मिला तो वहाँ तो अपने आप में ऐसी परिस्थितियाँ मौजूद रहती हैं कि छोटी-छोटी संस्थाएँ हैं और आर्थिक साधन भी शायद उनके उतने नहीं हैं। इसलिए समस्या सुविधाओं की उतनी नहीं थी, जितनी दर्शकों को बाँध सकनेवाले सशक्त अभिनेताओं की। इस विषय में सोचता तो पहले भी था, लेकिन इन शौक़िया संस्थाओं के साथ काम करते हुए बड़ी तीव्रता से यह महसूस हुआ कि—ख़ासतौर से जो कथावाचन करनेवाले लोग हैं—एक व्यक्ति बैठा हुआ है और उसके सामने सिर्फ़ एक किताब है, जिससे वह कथावाचन करके सुना रहा है या बिना किताब के ही वह हमें कथा के बहाव में अपने साथ ले जाता है—मंच पर कुछ नहीं है, उसकी उपस्थिति के अलावा। तो अगर एक ऐसा अभिनेता, जो न तो शिक्षित है (हमारी अपनी आज की भाषा में) और न उसने कहीं से प्रशिक्षण लिया है, फिर भी उसमें इतनी क्षमताएँ और संभावनाएँ हैं कि वह कहानी के साथ-साथ सुननेवाले श्रोता या कि देखनेवाले दर्शक को अंत तक बाँधे रखता है, तो यह एक बड़ी बात है। जैसे हम लोकनाट्य परंपराओं में देखते हैं। पंडवानी में क्या है? मंच पर केवल एक अभिनेता (परफ़ॉर्मर) है और दो-तीन उसके संगत करनेवाले साज़िंदे हैं, फिर भी सब कुछ साकार हो जाता है। हमारा आज का अभिनेता, जो शिक्षित है, जिसकी साहित्य की संवेदना है, जो प्रशिक्षित भी है—चाहे राष्ट्रीय नाट्य विद्यालय से या चाहे और दूसरे रूप में—तो क्या उसमें इन संभावनाओं को उजागर नहीं किया जा सकता? इस रूप में मुझे लगा कि कहानी एक बहुत अच्छा माध्यम है, क्योंकि कहानी प्रथम पुरुष में है, तो कभी तृतीय पुरुष में शुरू हो गई, कितनी तरह की संभावनाएँ हैं, जो अभिनय को जांचने, परखने और खुद अपना विश्लेषण करने की संभावनाएँ पैदा कर रही हैं, एक आधुनिक अभिनेता के लिए। अपनी इस खोज या उपलब्धि का श्रेय मैं अपने से ज़्यादा उन अभिनेताओं को देना चाहूँगा जिन्होंने उसमें मेरे साथ तमाम रचनात्मक चुनौतियों को झेलते हुए काम किया और हिम्मत नहीं हारी। इससे मुझे एक बड़ी संख्या में काम करने का मौक़ा मिला। और पूरे देश में फैले जो दूसरे रंगकर्मी हैं, हम सबका अनुभव अंततः एक समान है।

प्रश्न : मंचन के लिहाज़ से नाटक और कहानी की प्रस्तुति-शैली में क्या अंतर है?

उत्तर : भारतीय और पाश्चात्य नाट्यशैलियों के जो प्रचलित रूप हमारे सामने हैं, उनका बना-बनाया ढाँचा भी उपस्थित है, इसलिए उन्हें करना आसान है।

पर कहानीकार की अलग-अलग कहानियों की शैलियाँ भिन्न-भिन्न हैं। नाटक और कहानी की प्रस्तुति-प्रक्रिया में काफ़ी अंतर है। नाटक की तैयारी में जो व्याकरण काम करता है, उसमें हम एक चरित्र-चित्रण बनाने की तरफ़ बढ़ते हैं और उसे बनाए रखते हैं—शुरु से आख़िर तक। कहानी की प्रस्तुति में उसको तोड़ना पड़ता है, बल्कि यहाँ शायद इसकी ज़रूरत ही नहीं है। कभी पल-भर में अभिनेता उसके पाठक हो जाते हैं, कभी व्याख्याता और कभी उस दृश्य में हिस्सा लेनेवाले चरित्र। इसलिए जो एक बनी-बनाई परिपाटी है अभिनय की, यहाँ तोड़कर उसके आगे जाने का एक रास्ता आज के अभिनेता को नज़र आता है। और यह संयोग नहीं है कि बड़े-से-बड़े अभिनेता एकल अभिनय की तरफ लौट रहे हैं। इन सारी कोशिशों के पीछे कहीं-न-कहीं इस काम का कोई-न-कोई योगदान ज़रूर होगा—ऐसा मुझे लगता है।

प्रश्न : बीस-पच्चीस साल पहले हमारे यहाँ यथार्थवादी क़िस्म का रंगमंच था और जिस शैली में आपने काम करना शुरू किया, उसमें अभिनेता को एक ही साथ, और बहुत ही कम वक़्त में एक से अधिक भूमिकाओं में उतरना पड़ता है। इन शौक़िया शहरी अभिनेताओं से जब आपका पहला सामना हुआ और आपने कल्पनाशील और प्रायः ग़ैर-यथार्थवादी अभिनय की माँग उनसे की तब उनकी प्रतिक्रिया क्या थी?

उत्तर : देखिए, सत्तर का जो दशक था, उसमें काफ़ी हद तक छोटे-छोटे शहरों में काम हो रहा था। लेकिन अगर आप इतिहास पर दृष्टि डालें तो सत्तर के दशक के आसपास राष्ट्रीय नाट्य विद्यालय से प्रशिक्षित और स्थापित निर्देशकों-अभिनेताओं और दूसरे शहरों के शौक़िया रंगकर्मियों के बीच काम को लेकर एक लेन-देन का सिलसिला शुरू हुआ। यह सुगबुगाहट सत्तर के दशक में शुरू हो गई थी। उसके साथ आप यह भी जोड़ सकते हैं कि उसी वक़्त भारतीय रंगशैली की तलाश का काम शुरू हो गया था, जिसमें लोकमंच की कोशिशें भी शामिल हैं। एक महत्त्वपूर्ण समय-बिंदु तो पहले से बनना शुरू हो गया था। एक नई रंगभाषा की तलाश की कोशिश, जिसमें **हयवदन** और **घासीराम कोतवाल** जैसे नाटक आ चुके थे, **बकरी** हो चुका था। यह सारी पृष्ठभूमि उस काम की है, चाहे वह दिल्ली था या लखनऊ अथवा कानपुर—इस तरह का काम कमोबेश शुरू हो चुका था—हरेक शहर में। यही नहीं, ग़ौर से देखें तो पाएँगे कि साहित्य के बहुत-से लोग एकदम उस वक़्त रंगकर्म से जुड़े—जैसे गिरिराज किशोर, सर्वेश्वरदयाल सक्सेना, मणि मधुकर इत्यादि। एक पूरी ज़मीन तैयार होनी शुरू हो गई थी। पृष्ठभूमि के बारे में आप जानना चाह रहे हैं तो इस बीच, मेरा व्यक्तिगत अनुभव

तो यह है कि अभिनेता और देखनेवालों के लिए उस वक़्त तक पृष्ठभूमि बन गई थी। और शायद यह अपने आप में एक कारण बना कि इसको लगातार करते रहना संभव हुआ और लोगों ने उसका खुले दिल से स्वागत किया। शायद यही कारण है कि अपने इस काम के दौरान मुझे या मेरे अभिनेताओं को कोई विशेष कठिनाई नहीं हुई। उनकी प्रतिक्रियाएँ प्रायः उत्साहपूर्ण ही रहीं।

प्रश्न : इन बीस वर्षों के दौरान इस शैली के स्वरूप और दर्शकों पर पड़नेवाले प्रभाव को लेकर आपने क्या महसूस किया? कैसी प्रतिक्रियाएँ आपको मिलीं?

उत्तर : मेरे पास ऐसी टिप्पणियों और प्रतिक्रियाओं का भंडार है। इसमें दर्शकों-समीक्षकों के अलावा स्वयं अभिनेताओं और कहानीकारों के अनुभव भी शामिल हैं। कुछ प्रबुद्ध प्रेक्षकों के अनुसार कहानियों की इन प्रस्तुतियों को देखते हुए, न तो ऐसा लगता है कि हम नाटक देख रहे हैं, न ऐसा लगता है कि फ़िल्म देख रहे हैं। कहीं यह इन दोनों के बीच का एक उभरता हुआ माध्यम-जैसा लगता है। कभी अनुभव होता है कि हम अभी पढ़ रहे हैं, या कि हम उसको सुन रहे हैं; और फिर साथ-साथ देख भी रहे हैं। कुल मिलाकर, जब ये तीनों तरह के अनुभव एकसाथ अनुभूत कर रहे होते हैं, तो यह एक ताज़ा, नया अनुभव होता है।

प्रश्न : लेकिन सवाल यह है कि यह अनुभूति नाटक के अनुभव से कहाँ और किस रूप में भिन्न है?

उत्तर : इसका शास्त्रीय उत्तर देना तो मेरे लिए मुश्किल है। मैं खुद लगातार इस सवाल से जूझता रहा हूँ। इस विषय में अभी निर्मल जी का एक दिलचस्प लेख मुझे पढ़ने को मिला—'कहानी : एक शुद्ध विधा'। मेरी भी यही जिज्ञासा रही है कि आख़िर शब्द तो वही हैं जो नाटक में आते हैं, पर उनकी कुछ अलग ही इयत्ता बनने लगती है। वही शब्द कहानी में आते हैं, कविता में आते हैं, उपन्यास में आते हैं, तब हम उनको दूसरे रूप में देखते हैं। तो वह क्या चीज़ है, जो एक विधा से दूसरी को अलग कर रही है? आप कह सकते हैं कि एक तो व्याकरण ही है। नाटक का हथियार है उसका संवादों में लिखा जाना। पर संवाद तो कहानी में भी होते हैं। तो क्या कहानी में आनेवाले संवाद शुद्ध अर्थ में नाटक के संवाद हैं? नाटक के संवादों से हम कुछ और अपेक्षाएँ करते हैं। अपने उस शुरुआती दौर में, मतलब 1975-77 के दौरान, हम खुद इस तरह के सवालों से जूझ रहे थे कि आख़िर वह क्या चीज़ है जो इस पूरे अनुभव को अलग कर रही है? वाद-विवाद करने के बजाय हमने सोचा कि उस पूरे काम के साथ—जिसे कहते हैं कि आप कूद पड़िए और देखते हैं उसके क्या नतीजे

निकलेंगे—जैसा सलूक हमने किया। नतीजे आप लोग निकालिए। सत्तर का दशक था ही बहुत महत्त्वपूर्ण समय, कितनी ही कोशिशें, अलग-अलग तरह से हो रही थीं। इसका भी लोगों ने एक कोशिश, एक प्रयोग के रूप में नोटिस लिया था।

प्रश्न : इस संदर्भ में मुझे याद आता है कि आपके एक मित्र नाटककार ने आपके काम पर प्रतिक्रिया व्यक्त करते हुए यह कहा था कि देवेंद्र ने परंपरा से कुछ भी नहीं लिया है। लेकिन मुझे ऐसा लगता है कि आपके काम में कुछ ऐसा है जो किसी-न-किसी रूप में निश्चय ही परंपरा से जुड़ता है। परंपरा, चाहे वह संस्कृत की शास्त्रीय रही हो, लोक की रही हो या फिर ब्रेष्ट के एलीनिएशन का प्रभाव भी उसे कह सकते हैं। इस विषय में स्वयं आप क्या सोचते हैं?

उत्तर : इस बारे में मैं इतना ज़रूर कहना चाहूँगा, जिसकी तरफ़ मैंने बहुत पहले एक बातचीत में कभी इशारा भी किया था, परंपरा को हम लोगों ने सिर्फ़ गाँवों या उस तरह के माहौल से जोड़कर एक बहुत ही छोटे खाँचे में बंद करके रख दिया है। अब आज, सवाल यह है कि हम लोग, जो शुरू से शहरों में रह रहे हैं, तो क्या हमारी अपनी कोई परंपरा नहीं होगी? इस रूप में 'कहानी का रंगमंच' उस तथाकथित 'परंपरा' से अलग है, क्योंकि इसमें शहरी अभिनेताओं के साथ आधुनिक साहित्य को ले कर काम हो रहा है। यहाँ एक भेद तो स्पष्टतः दिखाई पड़ता है कि हम वह सामग्री नहीं ले रहे हैं, जिसे लोक कलाकार इस्तेमाल कर रहे हैं। इसके बावजूद यदि यह काम परोक्षतः कहीं उस परंपरा से जुड़ रहा है, तो हमें बहुत खुशी है कि उस परंपरा से कोई सीधा रिश्ता बनाए बिना भी आखिर हम अपने तईं इस तरह की कोशिश कर रहे हैं।

ब्रेष्ट का सवाल काफ़ी रोचक है। जैसे, लोकगीतों को फ़िल्मों ने लिया, और उनके माध्यम से वही लोकगीत फिर हम तक पहुँचते हैं। हम इसे उस रूप में देख रहे हैं कि फ़िल्में हमें लोकगीतों तक पहुँचा रही हैं। ब्रेष्ट ने एलीनिएशन कहाँ से लिया? उसने इसे हमारी ही परंपराओं से लिया है। और, अगर हम रंगमंच की शुरुआत की बात करें तो इसकी शुरुआत ही कहानी सुनाने से हुई। नैरेशन और एलीनिएशन तो मूल रूप में मौजूद ही हैं। इस बात की तरफ़ मैं बार-बार इशारा करना चाह रहा हूँ कि कहानी-जैसी विधा में तो वह मौजूद रहा ही है और अब भी मौजूद है। चाहे आज कहानी के साथ हमारा रिश्ता सुनने-सुनाने का न होकर पढ़ने-पढ़ाने तक ही सीमित रह गया हो, लेकिन एलीनिएशन अर्थात् कोई एक तीसरा आदमी वहाँ मौजूद है जो आपको कहानी लिखकर सुना रहा

है, पढ़कर सुना रहा है या मौखिक रूप से सुना रहा है। लेकिन वह हर वक़्त वहाँ मौजूद है, जो ख़ुद उसका चरित्र नहीं है—चाहे हम कोई भी उसको नाम दे दें। चूँकि यह एलीनिएशन ब्रेष्ट के माध्यम से आया है, तो अब हम कहते हैं कि यह ब्रेष्ट का प्रभाव है। लेकिन, आप ब्रेष्ट के पूरे काम को देखें तो उसका हर नाटक एक उपन्यास या कहानी पर आधारित है, उसने किसी मौलिक नाटक की रचना की ही नहीं, चाहे वह **कॉकेशियन चाक सर्किल** हो, चाहे **मदर** अथवा **थ्री पैनी ऑपेरा** या कोई और।

प्रश्न : तो आपका मानना है कि ब्रेष्ट में एलीनिएशन का तत्त्व कथासाहित्य के आधार की वजह से ही आया है?

उत्तर : बिलकुल। अगर लोगों को मेरे काम में यह प्रभाव दिखाई पड़ रहा है तो बहुत अच्छी बात है। कहना सिर्फ़ यही है कि इस सबके होते हुए भी अगर कोई नयापन या कि कोई एक नया रास्ता या कोई एक नई तलाश इस काम में से नज़र आती है तो मुझे लगता है कि यह अपने आप में एक सार्थक कोशिश है।

प्रश्न : निश्चय ही यह एक महत्त्वपूर्ण बात है और परंपरा को जीवित रखने का तरीक़ा भी शायद यही है कि उसके साथ नए प्रयोग हों, लेकिन उससे वे प्रयोग अपनी परंपरा से टूट या छूट नहीं जाते। कहीं-न-कहीं जुड़े रहते हैं अपनी ज़मीन से, अपने इतिहास से, अपनी जड़ों से। आपने खुद कहा है कि ठीक उसी समय पारंपरिक रंगमंच का एक नया दौर शुरू हो रहा था।...

उत्तर : बिलकुल, देखिए, नृत्य के क्षेत्र में आज कथक में सर्वेश्वरदयाल सक्सेना की कविताओं को लेकर काम हो रहा है, जो अब तक कृष्ण और राधा की कहानियों पर ही आधारित रहा है। भरतनाट्यम् में भी ऐसी कोशिशें हो रही हैं, जो कि शुद्ध शास्त्रीय नृत्य है। हम सब इनको क्या कहें कि यह परंपरा से आगे जाने की कोशिशें हैं या परंपरा को बिल्कुल छोड़ने की कोशिश है अथवा परंपरा का ही हिस्सा है? लेकिन इसमें कोई शक नहीं कि परंपरा फिर आगे अगर प्रयोग की तरफ़ नहीं बढ़ती तो वह अपने आप में मृतप्राय होने लगती है।

प्रश्न : परंपरा और प्रयोग का यह रिश्ता तो शाश्वत और अटूट है ही। लेकिन आज के रंगमंच में ये प्रयोग किस रूप में हो रहे हैं?

उत्तर : आज रंगकर्म में लगातार कोशिश हो रही है कि पारंपरिक लोकनाट्य-रूपों को आधुनिक रंगमंच के साथ जोड़ा जाए, नहीं तो **हयवदन**, **घासीराम कोतवाल** और **बकरी** जैसे नाटक जो लिखे गए, इन कोशिशों का तो कोई अर्थ नहीं रह जाता। 'कहानी का रंगमंच' भी एक प्रयोग ही है। अनेक

रंगकर्मी आज नए-से-नए प्रयोग कर रहे हैं। आज का हिंदी रंगकर्म मुख्यतः है ही प्रयोगधर्मी रंगकर्म।

प्रश्न : आपने एक बार कहा था कि मैं थिएटर व साहित्य के मध्य की दूरी ख़त्म करके, उन्हें उनकी सीमाओं से निकालकर सीधे दर्शकों तक लाना चाहता हूँ। तो साहित्य और थिएटर की यह दूरी क्या है और इसे आप किस तरह से ख़त्म करते हैं या करना चाहते हैं?

उत्तर : मोटे तौर से, सीधे-सीधे एक दूरी तो यही है कि एक माध्यम पढ़ने तक सीमित है और दूसरा माध्यम देखने तक, अर्थात् थिएटर को हम देखकर अनुभूत करते हैं और साहित्य को पढ़कर। दूरी ख़त्म करने की बात का सीधा-सा अर्थ यही है कि जो पढ़नेवाला माध्यम है, उसको भी हम देखकर अनुभूत करने की शुरुआत कर रहे हैं।

प्रश्न : तो आपकी नज़र में नाटक क्या साहित्य का हिस्सा नहीं है?

उत्तर : निश्चित रूप से नाटक साहित्य का अंग है, लेकिन वह ललित कलाओं में भी तो आता है। एक प्रदर्शनकारी विधा के रूप में भी उसकी प्रतिष्ठा है। लिखा हुआ नाटक अपने आप में साहित्य का हिस्सा हो सकता है, लेकिन वह रंगकर्म का हिस्सा नहीं है। कहानीकार कहानी लिखता है, छपती है, छपती नहीं तो उसकी डायरियों में लिखी हुई है। वह उसको पढ़-सुन सकता है। अगर छपता है तो हम पाठक के रूप में उसको पढ़ लेते हैं। उसे पता भी नहीं होता कि किसने उसकी रचना पढ़ी। नाटक के साथ तो यह है कि विशेष समय में 500-700 या 1000 लोग स्वयं वहाँ बैठकर उसको एक साथ देखते हैं। इसलिए ऐसी कोशिश अगर उस विधा के साथ हो रही है कि जिसे व्यक्ति अपने अकेलेपन में पढ़ता है, उसको आप एक साथ बैठकर देखते हैं तो इन दोनों माध्यमों के बीच की दूरी क्या कम या ख़त्म नहीं होती? बस, यही हमारी कोशिश है। और अगर आप थोड़ा-बहुत इतिहास को पलटकर देखें तो यह दूरी सिर्फ़ मैंने ही ख़त्म करने की कोशिश नहीं की। मेरे बहुत-से सहकर्मी भी बार-बार अपनी प्रस्तुतियों के लिए साहित्य की तरफ़ लौटे हैं और साहित्यकार नाटक लिखने की तरफ़ तेज़ी से बढ़कर आए हैं। और, अब तो इस बात की ज़रूरत और भी ज़्यादा है। आप कुछ और नए निर्देशकों के काम पर नज़र डालें तो वहाँ चित्रकला, संगीत, नृत्य और रंगकला—इन सारी विधाओं को, मल्टी मीडिया कह लीजिए, मल्टी आर्ट्स या इंटरडिसिप्लिनेरी काम जो हो रहा है, उसकी पृष्ठभूमि के रूप में साहित्य या कहानी साहित्य और रंगकर्म का रिश्ता ही है। मुझे लगता है कि समानांतर रूप से पिछले बीस साल में इस तरह की कोशिशें शुरू हुई थीं, लेकिन तब इनके बारे में कहीं कोई

जानकारी हमें नहीं मिल रही थी। सब लोग अलग-अलग अकेले काम कर रहे थे। नृत्यकार अपनी दुनिया में था, चित्रकार अपनी दुनिया में और संगीतकार अपनी दुनिया में था। लेकिन आज सब लोग एक ही मंच पर आने के लिए तत्पर दिखाई दे रहे हैं। आप कह सकते हैं कि रंगकर्म में यह कोशिश मैंने शुरू की कि कम-से-कम दो विधाओं को तो एक साथ ले लें। कहानी लिखनेवाले और नाटक करनेवाले या कि नाटक देखनेवाले और कहानी पढ़नेवाले का फ़र्क तो मिटे। मैंने तब इसी बात की ओर संकेत किया था।

प्रश्न : इस प्रयोग में एक बुनियादी शर्त यह है कि साहित्य या कि भाषा और शब्द के प्रति निर्देशक और अभिनेता और किसी हद तक दर्शक में भी ज़बरदस्त समझ और संवेदनशीलता होनी चाहिए। जबकि इस दौर के दूसरे कामों में आप देखें तो शब्द का महत्त्व लगातार घटता गया है। आपके इस प्रयोग ने शब्द के महत्व को फिर से प्रतिष्ठित करने की कोशिश की है, परन्तु उच्चारण-दोष या कि शब्द को उसकी तमाम व्यंजनाओं और अर्थ-छायाओं के साथ ठीक-ठीक प्रस्तुत करने की पूरी क्षमता का अभाव हमारे अभिनेता की सबसे बड़ी कमज़ोरी है। इन परिस्थितियों में इतने दिनों तक आप मूलतः इस शब्दाश्रित रंगप्रयोग को कैसे चलाए रख सके या आगे किस रूप में आप इसका भविष्य देखते हैं?

उत्तर : मैं आपकी बात से पूरी तरह सहमत हूँ। कहानी के रंगमंच का यह सारा काम चूँकि आलेख की प्रतिष्ठा पर आधारित है, शब्द पर आश्रित है, इसलिए यह अभिनेता से और दर्शक से उस भाषा के प्रति पूरी संवेदना और समझ की अपेक्षा करता है। और इसमें भी कोई संदेह नहीं कि यह एक लंबी और कठिन साधना से ही हासिल होनेवाली उपलब्धि है। हमें यहाँ संगीतकारों से प्रेरणा लेनी होगी। जिस तरह का रियाज़ एक संगीतकार अपने घर बैठकर, अपने सुर को साधने में घंटों-घंटों लगातार करता है, उस तरह का धैर्य और उतना समय आज के अभिनेता को उसे देना चाहिए। देना पड़ेगा। रहा यह सवाल कि इस तरह की कोशिशों को आगे कैसे चलाया जा सकता है, तो इसके लिए पूर्वाभ्यासों में निर्देशकों को अभिनेताओं के साथ रंगभाषण और भाषा पर अधिक मेहनत करनी होगी। राष्ट्रीय नाट्य विद्यालय में रहते हुए भी अपने प्रशिक्षण में हम कोशिश करते हैं, लेकिन यहाँ एक दूसरी सीमा यह है कि इसमें अलग-अलग प्रांतों के भी छात्र आते हैं। पहले तो आप उन्हें हिंदी का ही व्याकरण सिखाइए, फिर हिंदी भाषा की बारीकियों की तरफ़ बढ़िए। मैं सोचता हूँ कि इस तरह की कोई बड़ी कोशिश किसी हद तक तभी हो सकती है जब हम खुद, नाट्य विद्यालय

से अलग, अपना एक ऐसा रंगमंडल बना पाएँ, जिसमें इस तरह के काम को लगातार करने का मौक़ा मिले। जैसे कभी-कभी मैं सोचता हूँ कि 'जयशंकर प्रसाद रंगमंडल' बनाकर मैं उनके सब नाटकों को करूँ; क्योंकि यह भी एक भ्रम है, जो फैल गया है या फैला दिया गया है कि प्रसाद अरंगमंचीय हैं, इसलिए उनके नाटक प्रायः मंचित नहीं हुए। मुझे अभी बहुत रोचक जानकारी मिली कि प्रसाद के नाटकों के लगभग 115 प्रोडक्शंस आज तक हुए हैं। यह पूरा ब्यौरा हमारे ही शोध करनेवाले लोगों ने एक जगह इकट्ठा करने की कोशिश की है। तो अपने आप में यह भ्रम टूटना चाहिए। जैसे किसी ज़माने में यह भ्रम था कि राष्ट्रीय नाट्य विद्यालय में सिर्फ़ पश्चिमी नाटक किए जाते हैं, पर अब तक के प्रदर्शनों का लेखा-जोखा परखा गया तो पता चला कि वास्तव में पश्चिमी नाटकों का प्रतिशत तो मौलिक या भारतीय नाटकों से बहुत कम है। यह सवाल तो रंगकर्म का सबसे अहम सवाल है कि भाषा और संवाद की इस समस्या से कैसे पार पाया जा सकता है? सचमुच हम सब लोगों को मिलकर बैठना होगा।

आज की तारीख़ में इसका कोई बना-बनाया हल मौजूद नहीं है कि भाषा को लेकर कैसे काम किया जाए? इस पर दो-तीन तरह के दृष्टिकोण हैं। एक ओर कारंत जैसे निर्देशक हैं जो कहते हैं कि भाषा-सुधार की बात रहने दीजिए, जिसका जो उच्चारण है, वो अगर उसी रूप में रंगमंच में आता है तो इससे एक विविधता ही आती है, भाषा की असीम संभावनाएँ खुलती हैं। दूसरी तरफ़ मेरी और आपकी राय है कि अगर वह शुद्ध ही नहीं बोली जा रही तो फिर उसकी कैसी अर्थछायाएँ हम दर्शक तक पहुँचा सकते हैं? तीसरा एक नज़रिया यह है कि इन दोनों के बीच में से कोई रास्ता तैयार किया जाए। ये सारी कोशिशें एकसाथ चल रही हैं और बहुत-से लोग इस दिशा में काम कर रहे हैं। कहीं-न-कहीं एक विडंबना भी है कि शायद हर आदमी की जो अपनी भाषा है, उसको लेकर वह कम संवेदनशील रहता है और दूसरी भाषा को लेकर, या तो अपनी सजगता के कारण अथवा अपनी अतिरिक्त कोशिश के कारण, वह ज़्यादा सावधान होता है। हम खुद राष्ट्रीय नाट्य विद्यालय का इतिहास उठाकर देखें तो उत्तरा बावकर जैसी अभिनेत्री, जिसकी मातृभाषा हिंदी है ही नहीं, ज़्यादा संवेदनशील और सजग हैं हिंदी को लेकर। इसका एक दूसरा पक्ष भी है, इसी से जुड़ा हुआ, जो शायद हिंदी में ही ज़्यादा है। एक अहिंदीभाषी अभिनेता-निर्देशक को लेकर हमारे एक वरिष्ठ समीक्षक ने कभी कहा भी था कि जिस तरह की हिंदी बोलते हुए वे पिछले दस-पंद्रह वर्षों से दिल्ली में हिंदी रंगकर्म कर

रहे हैं, अगर उन्होंने उसी तरह से अपनी मातृभाषा में वैसे संवादों को बोलकर रंगकर्म करने की कोशिश की होती तो उन्हें कब का खदेड़ दिया गया होता!

प्रश्न : क्या यह हम हिंदीभाषियों की कुछ ज़्यादा ही उदारता का परिणाम नहीं है कि भाषा और संवाद-संप्रेषण को लेकर यहाँ इतनी अराजकता है?

उत्तर : हाँ, यह हमारी उदारता ही है कि हम सबको सहज भाव से स्वीकार कर लेते हैं। शायद इसी का परिणाम है कि यह सब इसी तरह चलता आ रहा है। मुझे लगता है कि यह चलना नहीं चाहिए। जैसे कि प्रसाद जैसे नाटककारों के मंचित न होने का शायद यह भी एक कारण है कि उनकी भाषा से हमारा कोई सामना नहीं है। इसीलिए हम 'शार्टकट' तलाश करने की कोशिश करते हैं और पहले से ही उनको उठाकर अलग रख देते हैं कि यह तो बहुत मुश्किल है भाई! मुश्किल है तो आप सीखिए, अभिनेता के तौर पर यह आपका काम है। कल को अगर कोई उसी पर धारावाहिक बना रहा होगा तब हर आदमी उसके लिए तैयार हो जाता है। मैं तो इसे हिपोक्रेसी ही कहूँगा। इसका मतलब तो यही हुआ कि रंगमंच को आप गंभीरता से नहीं ले रहे और न उसके लिए पूरी मेहनत करने को तैयार हैं।

प्रश्न : शुरू में आपने कहा कि दिल्ली से बाहर जाकर आपने अन्य भाषाओं में भी कहानियाँ और उपन्यास किए। उन्हें आपने उन्हीं मूल भाषाओं में किया या हिंदी में किया?

उत्तर : नहीं, हिंदी के अलावा जिन भाषाओं का मैंने ज़िक्र किया, जैसे कन्नड़, बांग्ला, ओड़िया, मलयालम, तमिल, तेलुगु और पंजाबी—ये प्रस्तुतियाँ उनकी मूल भाषाओं में ही की गईं।

प्रश्न : इस तरह के काम में, जो कि मूलतः शब्दाश्रित है, निर्देशक की भूमिका क्या और कितनी रह जाती है, यदि वह उस भाषा को जानता ही नहीं है?

उत्तर : यहाँ आकर फिर उसी बात पर मैं दुबारा लौटता हूँ कि अंततः संप्रेषण, और वह भी प्रदर्शनकारी संप्रेषण, की भाषा में हम क्षेत्रविशेष की भाषा को लेकर इतना आग्रह न करें। चूँकि सुविधा के लिए अनुवाद आपके पास मौजूद रहता है, चाहे वह अंग्रेज़ी में हो या फिर ज़्यादातर हिंदी में ही हो। हम अपने उपयोग के लिए उसका हिंदी में एक अनुवाद (कामचलाऊ) करा लेते हैं। मेरे काम करने का तरीक़ा ऐसा है कि खुद अभिनेता को इस बात की काफ़ी सुविधा और स्वतंत्रता मिलती है कि वह रचनाओं का चुनाव खुद करे। यहाँ तक कि उसमें कौन-सी भूमिका वह कर रहा है, इसका चुनाव भी वह खुद ही करे। फिर भाषा कोई भी हो, बहुत कुछ उसकी

प्रक्रिया में ही चीज़ें तय होनी शुरू हो जाती हैं। इसीलिए मुझे यह कभी नहीं लगा कि एक दूसरी भाषा में काम करने में, सिवाय भाषा न जानने की एक व्यावहारिक कठिनाई के, जो कि है, कोई बड़ी समस्या पैदा होती है। इस दृष्टि से बड़े-बड़े निर्देशकों के काम को देखें तो लगातार 1970 से और अपनी मृत्युपर्यंत फ़्रिट्ज बैनेविट्ज ने अपना सारा काम हिंदुस्तान में किया। शुरू में उनको वे भाषाएँ नहीं आती थीं। उन्होंने लगातार उन भाषाओं को सीखा। उन्होंने हिंदी के अलावा कन्नड़ में, मराठी में, उर्दू में, बुंदेली में भी नाटक किए। मेरा मानना है कि यदि आप मूल नाटक या मूल रचना से जुड़े हुए हैं तो फिर वह किसी भी भाषा में हो, उस भाषा के अभिनेता से काम करवाने में, मुझे नहीं लगता कि कोई बड़ी दिक़्क़त आती है।

प्रश्न : जो उदाहरण आपने दिया, वह मूलतः प्रदर्शन और नाटक पर आश्रित है। उसमें और कहानी के प्रदर्शन में एक ख़ास फ़र्क यह है कि कहानी में जो कुछ भी दृश्यत्व है, वह शब्द से उभर रहा है। तो क्या कहानी का शब्द नाटक के शब्द से अधिक महत्त्वपूर्ण नहीं बन जाता, क्योंकि दृश्यत्व-प्रधान नाट्य-प्रदर्शनों के मुक़ाबले कहानी की प्रस्तुतियों में शब्द की भूमिका अलग ही नहीं, अधिक महत्त्वपूर्ण भी है?

उत्तर : हाँ, यह तो ठीक ही है। उस रूप में फिर यही है कि आपको उस शब्दाश्रित दृश्यत्व को उभारने में, एक अच्छा अनुवाद, जो उस रचना के ज़्यादा नज़दीक हो, काफ़ी मदद करता है। दूसरा ज़रिया उन अभिनेताओं की अपनी प्रक्रिया है कि अपनी ही भाषा के शब्दों को लेकर उसका वे क्या दृश्यत्व आपके लिए तैयार कर रहे हैं? आप उसको देखते हैं, अगर आपको लगता है कि वे सही रास्ते पर आगे बढ़ रहे हैं, तो आप उन चीज़ों की स्वीकृति उनको देते चलते हैं। अगर आपको लगता है कि नहीं, इसको दूसरे रूप में भी करके देखने से कुछ ज़्यादा अर्थध्वनियाँ निकलकर आ सकती हैं तो हम उसे कई तरह से करके देखते हैं। इस विषय में मुझे लगता है कि इसका कोई बँधा-बँधाया फ़ॉर्मूला नहीं है, तीन-चार तरह के विकल्पों को करके देखने के बाद फिर हम रचना के ज़्यादा नज़दीक पहुँचने लगते हैं।

प्रश्न : धर्मवीर भारती की रचना **बंद गली का आखिरी मकान** के बाद, सुना है, आजकल आप स्कूल के छात्रों के साथ भी कुछ कहानियाँ करनेवाले हैं?

उत्तर : हाँ, इस साल यह खुशी का मौक़ा है कि जिस राष्ट्रीय नाट्य विद्यालय से 1975 में इस काम की शुरुआत हुई थी, उसी में लौटकर हम इसकी इक्कीसवीं वर्षगाँठ मई 96 को अपने ही प्रेक्षागृह अभिमंच में अपने छात्रों के साथ की गई नई प्रस्तुतियों के साथ मनाने जा रहे हैं। मेरे लिए और

भी खुशी की बात यह है कि राष्ट्रीय नाट्य विद्यालय ने भी इस तरह के काम को स्वीकृति दी है। अपने छात्रों के साथ तीन वर्ष में एक बार नाटकेतर विधाओं को लेकर प्रशिक्षण देने का दायित्व उन्होंने मुझे सौंपा है। यह इस काम की एक नियमित शुरुआत है।

प्रश्न : बधाई! अब एक महत्त्वपूर्ण प्रश्न यह है कि कहानी का रंगमंच आप या कोई और यदि पढ़ाना चाहे तो उसके व्याकरण या शास्त्र या सिद्धांत या तत्त्वों के बारे में उसे किस तरह से विवेचित-विश्लेषित किया जा सकता है? अध्यापन की दृष्टि से विशेषतः वे तत्त्व कौन-से हैं, जो उसे नाटक के तत्त्वों से साफ़ तौर से अलग करते हों?

उत्तर : इसी दिशा में हम विद्यालय की ओर से एक पुस्तक का प्रकाशन करने जा रहे हैं। इसमें हमने रंगकर्म से जुड़े, अलग-अलग विधाओं के लोगों को आमंत्रित किया है, जो अपने सोच-विचार को हमारे पाठकों या हमारे छात्रों के लिए सामने लाएँ। दूसरा तरीक़ा, जिसकी कुछ झलक इस पुस्तक में मिलेगी, कि हम कुछ कहानियों या उपन्यास के अंशों को निर्देशकीय संकेतों के साथ छाप रहे हैं। फिर तीसरा, एक पूरी कहानी—पढ़ने से लेकर किस तरह अंतिम रूप से वह मंच पर एक नया रूप ग्रहण करती है, इसका विश्लेषणात्मक रूप में पूरा लेखा-जोखा भी इस पुस्तक का महत्त्वपूर्ण हिस्सा है। इसके साथ-साथ हमने ऐसे वरिष्ठ आलोचकों को आमंत्रित किया है, जिन्होंने लगातार इस काम को देखा है—1975 से लेकर आज की तारीख़ तक—किसी ने 75 प्रतिशत, किसी ने 50 प्रतिशत, किसी ने 40 प्रतिशत। मतलब, इन तीनों आलोचकों ने इस पूरे काम को अलग-अलग समय पर अलग-अलग जगह पर जाकर देखने की कोशिश की। मुझे खुशी है कि उन लोगों ने कुछ सिद्धांत बनाने की भी कोशिश की है। ज़ाहिर है कि पहले तो काम होगा, उसके बाद उसके सिद्धांत बनेंगे। इसीलिए मैंने कहा कि 21 साल के काम के बाद अब इसी दिशा में, पहली बार, एक पुस्तक के रूप में सारे काम को समेटने की एक कोशिश की जा रही है। उसके पीछे उद्देश्य यही है कि अगर कल को इस विषय को पढ़ाई का हिस्सा बनाएँ—अभी तक तो जैसे हमने इसे करने का हिस्सा ही बनाया है—तब किन मुद्दों पर बात की जाए? आज एक संस्कृत नाटक को पढ़ाने की तो बहुत आसान प्रक्रिया है। हमारे पास तीन तत्त्व हैं—वस्तु, नेता और रस। पश्चिमी नाटक को भी हम पढ़ा सकते हैं, एक आधुनिक नाटक को भी किसी हद तक पढ़ा सकते हैं, मगर इस तरह के काम—जैसे कविता, उपन्यास, कहानी को लेकर जिस तरह का काम हुआ है, तो अब वह समय आ गया है, जब इनके सिद्धांत-शास्त्र को रचने की तैयारी होनी

चाहिए। और मुझे लगता है कि यह एक छोटा-सा क़दम इस रूप में अगर एक शुरुआती बिंदु बन सके तो यह एक बहुत अच्छी कोशिश होगी।

प्रश्न : यह तो ख़ैर, एक अच्छी शुरुआत है ही। लेकिन थोड़ी देर के लिए नाटक को पुरुष और कहानी को स्त्री मानकर देखें तो दोनों के रूप-रंग, आकार-प्रकार और स्वभाव में काफी अंतर है। कहानी का रंगमंच में रूप, कलेवर और लय का यह फ़र्क क्या-क्या सुविधा-असुविधा पैदा करता है?

उत्तर : जैसा कि मैंने शायद शुरू में कहा भी था किं नाटक में चरित्रांकन के कई आयाम होते हैं, बड़ा विस्तार होता है। अभिनेता को भी चरित्र को विकसित करने का पूरा अवसर मिलता है, लेकिन कहानी में एक निश्चित बिंदु पर अभिनेता खड़ा होता है और उसे अपने भीतर के किसी भाव या विचार को एक विस्फोट की तरह या बहुत हल्के-हल्के बाहर निकालना होता है। यह अभिनेता की अपनी दिक़्क़त है। नाटक के मुक़ाबले यहाँ उसके सामने ज़्यादा बड़ी चुनौती होती है।

प्रश्न : इसके अलावा मेरे विचार से कहानी के प्रस्तुतीकरण में तकनीकी दृष्टि से जो सबसे पहली, महत्त्वपूर्ण और बुनियादी दिक़्क़त आती है, शायद वह नैरेशन को लेकर है। रूपांतरण में इसका सबसे आसान तरीक़ा या फ़ार्मूला-सा बना हुआ था कि आप कोई सूत्रधार या वाचक बना दीजिए। लेकिन आपके प्रयोग में यह सुविधा नहीं है, या है भी तो शायद एक-आध जगह ही आपने कहीं उसका इस्तेमाल किया है, नहीं तो उन चरित्रों के द्वारा ही कई-कई रूपों में कई तरह से उसका प्रयोग करके इस समस्या को हल करने की कोशिश की गई है। अपने अनुभव के आधार पर आप बताएँ कि इन अलग-अलग रूपों का प्रयोग कैसे, कब और किन कारणों से किया?

उत्तर : देखिए, सबसे ज़्यादा रोचक तथ्य तो यह है, और आपकी बातों से मैं पूरी तरह सहमत हूँ कि सबसे बड़ी समस्या कहानी को मंच पर प्रस्तुत करने में उसका नैरेशन पक्ष ही है। संवाद तो अपने आप में एक दृश्य बनाते ही हैं। यदि कोई स्मृति का दृश्य कहानी में है और उसमें बोला हुआ कोई शब्द नहीं है मूल कहानी में। वह तो पात्र को याद आ रहा है। सवाल यह है कि मंच पर उसे अगर बोला जा रहा है तो कौन बोल रहा है? अगर हम उसको बोल रहे हैं तो उस स्मृति में जो घटित हो रहा है, वह दर्शकों तक कैसे पहुँचे? इसके लिए बहुत सुविधाजनक युक्तियाँ मौजूद हैं। आप चाहें तो उसको फ़िल्म के दृश्य में ले लें, चाहे स्लाइड में ले लें, चाहे रिकार्डेड वॉयस में ले लें, बहुत-से रास्ते मौजूद हैं। लेकिन इन सबसे अलग, जैसी मैंने कोशिश की—पात्रों का स्मृति को याद करना। आवाज़हीन

होते हुए भी उसमें एक आवाज़ रहती है, जो हमारे अंदर कहीं घटित हो रहा है। अंग्रेज़ी में इसके लिए एक शब्द है–'लाऊड थिंकिंग', अर्थात् ज़ोर-ज़ोर से सोचना। यह क्या है? कहीं हम इसे आवाज़ की ही तर्ज़ में परिभाषित करते हैं तो इसका एक सीधा रास्ता निकला और इसने अभिनेताओं के लिए भी दो तरह की संभावनाओं को उजागर किया। एक तो वह वर्तमान में भी मौजूद हो और दूसरे पीछे भी लौट जाए। वह चरित्र भी हो और उसी वक़्त अपने ही ऊपर टिप्पणी भी कर रहा हो। इसीलिए ज़्यादातर अगर तीसरे पुरुष में कहानी लिखी गई है तो मुझे बहुत कम ज़रूरत पड़ी कि मैं उसको परिवर्तित करके प्रथम पुरुष में लाऊँ। यह अनुभव कुछ-कुछ ऐसा है जैसे कई ब.र हम दर्पण के सामने खड़े होकर अपने आपसे ही संवाद करते हैं। यह जो कुछ कहना है, यह किससे कहना है? तीसरे व्यक्ति के रूप में मैं बोल रहा हूँ, अपने आपसे बातचीत कर रहा हूँ। फिर हम लोगों ने बहुत-सी अलग-अलग तरह की कोशिशें करके भी देखा। पहले से कोई बना-बनाया रास्ता शायद आज भी नहीं है। उन कहानियों में कोई मुश्किल नहीं पड़ती, जो बहुत ज़्यादा प्रथम एुरुष में लिखी गई हैं। ज़्यादा दिक़्क़त है जो कि तीसरे पुरुष में लिखी हुई हैं और जहाँ पर मूलतः लेखक की उपस्थिति बहुत अहम है। वह लेखक सूत्रधार के रूप में मुझे स्वीकार्य नहीं है, क्योंकि तब आप उसका एक बहुत आसान रास्ता ढूँढ़ लेते हैं। उस लेखक के अस्तित्व को, जैसे एक आलोचक ने कभी इशारा भी किया है, अलग-अलग रूपों में विभाजित कर देते हैं। दो अभिनेताओं के बीच–जैसे मैं आपसे बातचीत कर रहा हूँ–बातचीत करते-करते मैंने उसी कहानी का नैरेशन सुनाने की तरह संवाद के रूप में बोलकर आपसे शेयर कर लिया। फिर तीसरी कोशिश यह है कि सीधे-सीधे अपने ही बारे में थर्ड पर्सन के रूप में अभिनेता ने सुनाया और उसके बाद जो भी दृश्य है, उसमें वह पात्र खुद हिस्सा लेने लगा। यह भी एक कोशिश है। कहने का अर्थ यह कि उस नैरेशन के कितनी ही तरह के ट्रीटमेंट हो सकते हैं। और, कहीं इस पर भी निर्भर करता है कि आपके पास अभिनेता कितने हैं। आप पहले से ही यह तय करके जाते हैं कि आप प्रस्तुति करने जा रहे हैं और रचना के हिसाब से तो पचास लोगों की ज़रूरत है। मगर आपके पास उस संस्था में सिर्फ़ पाँच ही अभिनेता हैं। तो इस तरह की व्यावहारिक कठिनाइयाँ भी कई बार यह तय करती हैं कि उस नैरेशन के साथ क्या सलूक होगा?

प्रश्न : कोई उदाहरण?

उत्तर : आप **महाभोज** की प्रस्तुति को देखें। हम लोगों के पास केवल दस ही

अभिनेताओं की टीम थी। तो समस्या उठी कि उसका तमाम नैरेशन, उसके तमाम चरित्र, उसके तमाम संवाद कैसे बाँटे जाएँ? तो उसका रास्ता कुछ नुक्कड़ नाटक की शैली में से निकला कि सबके वस्त्र एक-से हों। कोई भी अभिनेता, एक-दो मूल अभिनेताओं को छोड़कर, कोई भी चरित्र बन सकता है और मुख्य अभिनेता भी अपने चरित्र के साथ-साथ नैरेशन का भी हिस्सा है, जब वह अपने सीन में नहीं है। एक समूह-टिप्पणीकार के रूप में वे आते हैं। इससे अपने आप में एक नया रूप उभरकर आया। इसीलिए बार-बार मुझे लगता है कि शायद यही इस काम की स्वतंत्रता है कि आप अपनी कल्पना से नए-से-नए ढंग खोज सकते हैं।

प्रश्न : और बने-बनाए रास्ते का न होना शायद इसकी सबसे बड़ी चुनौती भी है?

उत्तर : हाँ, चैलेंज भी है कि वे संभावनाएँ अभी तक चुकी नहीं हैं। इसी वज़ह से उनसे टक्कर लेने में मज़ा आता है। क्योंकि हर बार एक नई ही कहानी होती है, इसलिए उसकी चुनौती भी नई होती है। उन्हें करने के अनंत रास्ते हैं। उनमें अभी भी हम पैठ रहे हैं और आनेवाली प्रस्तुति हो सकता है कि कुछ और ही नया रास्ता सुझा दे। डेनमार्क में एक समारोह हो रहा है। अभी हम लोगों को उसका आमंत्रण मिला है। इसे एक तरह से उसी स्वीकृति का हिस्सा हम कह सकते हैं। हांस क्रिश्चियन ऐंडरसन डेनमार्क का एक लेखक है। उसकी एक कहानी **टिन का नन्हा सिपाही** को उन्होंने अलग-अलग देशों के रंगकर्मियों के पास भेजा है। सब लोग उस एक ही कहानी को अपने-अपने ढंग से पेश करेंगे। कहानी को कहानी के रूप में हम यहाँ से लेकर जा रहे हैं, तो कोई उसे नाटक के रूप में करेगा, कोई किसी और रूप में।

प्रश्न : अच्छा! यह प्रयोग तो काफ़ी दिलचस्प रहेगा?

उत्तर : जी हाँ। आठ अलग-अलग देशों का एक समारोह होगा—एक ही रचना की भिन्न-भिन्न प्रस्तुतियों को लेकर! मैं उत्साहित हूँ कि एक विदेशी भूमि पर इस काम को लोगों के साथ शेअर करने का मौका मिलेगा। देखने को मिलेगा कि दूसरे लोगों ने उसी कहानी का तकनीकी रूप से क्या इस्तेमाल किया? तो ये कोशिशें लगातार, बदस्तूर जारी रहेंगी।

प्रश्न : सभी जानते हैं कि नाटक की प्रस्तुति के लिए दृश्यबंध, मंच-उपकरण, वस्त्र-विन्यास, रूपसज्जा, संगीत, नृत्य—ये तमाम चीज़ें उसे कहीं-न-कहीं समृद्ध करती हैं, आकर्षक और रोचक बनाती हैं। लेकिन आपने शुरू से ही एक मितव्ययिता का रास्ता चुना है और क्रमशः किसी-न-किसी तरह से इन तमाम चीज़ों से मुक्ति पाने का रास्ता आप ढूँढ़ रहे हैं। कई प्रस्तुतियाँ

ऐसी हुईं कि जिनमें किसी भी चीज़ की ज़रूरत नहीं थी। तो पहला प्रश्न यह कि इन तमाम चीज़ों से मुक्त होकर क्या आपका रंगमंच, यानी 'कहानी का रंगमंच' दर्शक के लिए बहुत दिनों तक उतना और वैसा ही मनोरंजक बना रह सकता है, जैसा कि एक सामान्य नाटक होता है?

उत्तर : देखिए, इसमें तो कोई संदेह नहीं कि किसी भी प्रदर्शनकारी कला को, और यह आज से नहीं, रंगमंच और प्रायः सभी कलाओं की शुरुआत से ही है कि अनुरंजन तो उसे करना ही है। फिर उसके बाद वह एक शिक्षा देने का काम करती है या कर सकती है। **नाट्यशास्त्र** भी कहता है और सभी लोगों ने इसको स्वीकार किया है। ब्रेष्ट ने भी। मैं स्वयं इस बात का पक्षधर हूँ, और उस तरह के प्रयोगों के हक़ में बिलकुल नहीं हूँ कि जो दर्शक के साथ सीधे-सीधे संप्रेषण न करें। मेरा उस तरह के रंगमंच से कोई लगाव नहीं जो सिर्फ़ एक व्यक्ति का प्रयोग होकर रह जाए, विशेषतः निर्देशक का प्रयोग, और उसको देखनेवाले लोग मौजूद ही न हों। जैसे कि हमारे यहाँ की कला-फ़िल्मों के साथ हुआ। यहाँ पहली शर्त यह है कि अभिनेता का भी उसमें विश्वास होना चाहिए। जिस मितव्ययिता की बात आपने उठाई, अपनी प्रस्तुति-प्रक्रियाओं का अनुभव अगर मैं सुनाऊँ तो आपको यह जानकर शायद हैरानी होगी कि उसका आग्रह मेरा अपनी ओर से कम रहा, स्वयं अभिनेताओं की ओर से ही अक्सर यह कहा गया कि इसमें हमें किसी चीज़ की कोई ज़रूरत नहीं है। उन्होंने हर चीज़ से सोचने की शुरुआत की और जिन चीज़ों की ज़रूरत नहीं लगी, उन्हें छोड़ते गए। मेरे काम करने का तो तरीक़ा या कहें मूल-मंत्र ही यह है कि चलो, करके देखते हैं। दृश्यबंध की ज़रूरत है, प्रकाश की ज़रूरत है, यहाँ तक कि नृत्य की भी ज़रूरत है तो वह आएगा। हम लोगों की प्रस्तुति-प्रक्रिया का अगर आप अध्ययन करें तो ऐसा नहीं है कि जो कुछ आप अंतिम समय पर देख रहे हैं, उसी रूप में हमने शुरू भी किया होगा।

प्रश्न : अपनी इस प्रस्तुति-प्रक्रिया को कोई उदाहरण देकर समझाएँ।

उत्तर : क्यों नहीं। जैसे अपने यहाँ छात्रों के साथ काम करने का सबसे रोचक पक्ष ही यह है कि विद्यालय में सब कुछ मौजूद है। **कथा कोलाज : एक** और **कथा कोलाज : दो** में पूर्वाभ्यास के शुरू में ही छात्रों ने कहा कि सब कुछ होना चाहिए। तो मैंने कहा—बहुत अच्छी बात है, हम सब कुछ के साथ ही इसको करेंगे। लगभग दस दिनों के बाद उन्होंने पूर्वाभ्यास-प्रदर्शन आयोजित किया, जो मेरी प्रक्रिया का एक ज़रूरी हिस्सा है। उन दस दिनों के बाद, आपको सुनकर यह रुचिकर लगेगा कि उन्होंने स्वयं सब कुछ त्याग दिया। उन्हें स्वयं महसूस हुआ कि इसमें ये सब चल

ही नहीं सकता। अभी मैं यहाँ खड़ा हूँ, अभी नैरेशन से पता नहीं कहाँ पहुँच जाता हूँ। चाहे मैं मूव करता हूँ कि नहीं करता हूँ। तो मैं किस चीज़ में इसको फ़िट कर दूँ? मुझे तो इसमें किसी संगीत की भी ज़रूरत नहीं लगी थी। फिर भी ख़ैर, हमने संगीत को एक तरह से शामिल कर लिया। इसके लिए कारंत जी को आमंत्रित किया तो उन्होंने प्रस्तुति तैयार होने के बाद, इसको देखकर कि वे क्या संगीत बजा सकते थे, जिस रूप में उन्होंने उसको किया कि स्वयं उसे पारदर्शी संगीत का नाम दे दिया है। इस रूप में भी हमने उसमें संगीत को जोड़ा। सचमुच यह अनुभव मेरे लिए भी एक विस्मयकारी अनुभव था कि प्रशिक्षित अभिनेताओं को, जिनके बारे में कहा जाता है कि उनको आदत पड़ जाती है चीज़ों के साथ खेलने की, ख़ाली-ख़ाली मंच बहुत ही बोर लगता है, कि वे साधनों, सुविधाओं के बिना कुछ कर ही नहीं सकते—स्वयं उन्होंने सादगी का आग्रह किया। सादगी और मितव्ययिता ही इस प्रस्तुति की ज़रूरत थी। आप देखें तो दूसरे माध्यमों में नृत्यकार के पास क्या सुविधा है? वह अकेला मंच पर खड़े होकर दर्शकों को बाँधे रखने में समर्थ होता है। आप कह सकते हैं कि उसके पास मुद्राएँ हैं, वेशभूषा है, रूपसज्जा है, उसका संगीत है ये सब उसके माध्यम के उपादान हैं। इसी तरह हमारे माध्यम में भी उपादान हैं। ये तो बाहरी उपादान हैं, जिनका आपने ज़िक्र किया। अंततः हमारे माध्यम का उपादान अभिनेता है, उसकी आवाज़ है, उसका शरीर है और उसकी संवेदना है। यहीं से मूल शुरुआत होती है। हम रंगमंच में से चाहे बाक़ी सब चीज़ें काट दें, लेकिन क्या कोई ऐसे रंगमंच की कल्पना कर सकता है जो अभिनेता की उपस्थिति को नकार दे? उसके बिना तो हो ही नहीं सकता। ये जो पूरी चीज़े हैं—उनको काटने की शुरुआत, उनको छोड़ने की शुरुआत स्वयं अभिनेताओं की पहल पर हुई है।

प्रश्न : लेकिन जब रंगमंडल के साथ आपने अज्ञेय का उपन्यास **अपने-अपने अजनबी** किया था तब तो उसमें...

उत्तर : जी हाँ, सभी कुछ था। इसलिए कि स्वयं अभिनेताओं ने कहा था कि सब कुछ चाहिए, और उसी तरह किया भी गया। परंतु प्रस्तुति के बाद उन्होंने स्वयं स्वीकार किया कि हम लोगों का चुनाव ग़लत था। और आप जानते हैं कि वह प्रस्तुति सफल नहीं हुई थी। पर ये तो प्रयोग हैं। कई बार सफल होते हैं, कई बार असफल। इसके विपरीत **ख़ानाबदोश**-जैसी प्रस्तुति है, जो अब भी चल रही है। उसमें दो प्रशिक्षित अभिनेता काम कर रहे थे। उनके पास बरसों-बरसों का राष्ट्रीय नाट्य विद्यालय रंगमंडल का अनुभव था। शायद पहली बार रंगमंडल से बाहर निकलकर अपनी कोई

महत्त्वपूर्ण प्रस्तुति वे कर रहे थे। और आप इस बात को स्वीकार नहीं करेंगे कि हम लोगों ने, जिस दिन प्रदर्शन करना था (राष्ट्रीय नाट्य विद्यालय में पहला प्रदर्शन किया था) उसी दिन हाल में घुसकर उसका पहला पूर्वाभ्यास किया था। इससे पहले हम लोग उसको लगातार बैठकर पढ़ते रहे, आलेख को माँजते रहे। सोचते-विचारते रहे कि भाषा को किस रूप में, किस क्रम में रखना है। ब्लॉकिंग वगैरह पर हमने कोई ध्यान ही नहीं दिया था। एक के बाद एक, इतने वर्षों और प्रयोगों के अनुभव के बाद मैं उस निर्देशक के इस कमेंट से स्वयं को सहमत पाता हूँ, जिसने कहा है कि ब्लॉकिंग तो एक नेगेटिव एलीमेंट है, क्योंकि इससे हम अभिनेता के दिमाग़ को ही ब्लॉक करना शुरू कर देते हैं।

प्रश्न : तब क्या आपके रंगमंच में निर्देशक का काम आलेख की व्याख्या कर देना-भर है? इससे क्या प्रस्तुति में एक तरह की अराजकता पैदा नहीं होगी?

उत्तर : नहीं, ऐसा नहीं है। मैं यह मानता हूँ कि अगर आलेख के ऊपर आपकी पूरी मास्टरी है तो फिर आप उसको किसी भी रूप में खेलें, दर्शक तक उसका संप्रेक्षण कर ले जाएँगे। इसको मैं एक दूसरे रूप में कहना चाहूँगा। अक्सर यह सवाल उठाया जाता है कि रचना का जो अर्थ है, उस पर काम करनेवाले लोग उसके बारे में बहुत ज़्यादा सोचते नहीं हैं। मेरा कहना यह है कि रचना से भी ज़्यादा अर्थ हमारे अपने अंदर होना चाहिए। तब हम उस रचना में से क्या अर्थ ग्रहण कर रहे हैं, वह खुद-ब-खुद तय होता चला जाएगा। नहीं तो फिर एक नाटक या किसी भी रचना की एक तरह की ही प्रस्तुति हो जाएगी और उसके बाद वह ख़त्म हो जाएगा। आप इतिहास पलटकर देखें तो **हैमलेट** की 'टु बी ऑर नॉट टु बी'-जैसी एक पंक्ति का वास्तव में क्या अर्थ होना चाहिए, पाँच सौ प्रस्तुतियाँ होने के बाद भी यह तय नहीं है। तो यह जो स्वतंत्रता है अर्थ की, व्याख्या की, यह नाटक के मुक़ाबले कथासाहित्य में तो और भी ज़्यादा है। स्वतंत्रता का अर्थ अराजकता नहीं है। लगातार ऐसे संस्थानों के साथ काम करने का मौक़ा मिला है, जहाँ सब कुछ मौजूद है। लेकिन मज़ेदार बात तो यह है कि जहाँ सब कुछ मौजूद है, वहाँ सब कुछ छोड़कर काम करने का ज़्यादा मज़ा है, बजाय इसके कि जहाँ कुछ मौजूद ही नहीं है। वहाँ अगर आप कुछ भी नहीं लेकर काम कर रहे हैं तो यह वहाँ की विवशता है। व्रत रखने और भूखे रहनेवाले का फ़र्क़ है, इसमें।

प्रश्न : दृश्यबंध, रूपविन्यास, वस्त्राभूषण, संगीत और पार्श्व-ध्वनियों को छोड़ते जाने की प्रक्रिया में क्या प्रकाश को भी छोड़ा जा सकता है?

उत्तर : अगर आप मेरी आख़िरी प्रस्तुति **ख़ानाबदोश** देखें तो पाएँगे कि उसमें

प्रकाश भी छूट गया है। इधर मैंने अपनी कुछ प्रस्तुतियाँ सूरज की रोशनी में भी की हैं। और मुझे नहीं लगता कि अब प्रकाश भी कोई ज़रूरी तत्त्व के रूप में मौजूद रह गया है। ख़ानाबदोश में तो प्रकाश का महत्त्व सिर्फ़ इतना ही रह गया है कि ऐसी रोशनी, जिसमें जो कुछ घटित हो रहा है, वह बस दिखाई देता रहे। प्रस्तुति शुरू होने पर हम लाइट को ऑन करते हैं और उसके बाद जब वह ख़त्म होती है, तब उसको ऑफ़ करते हैं। सिर्फ़ दो ट्यूब्ज़ पर पूरी प्रस्तुति चलती है।

प्रश्न : कुछेक वरिष्ठ समीक्षकों का कहना है कि कहानी का रंगमंच कभी भी नाटक के रंगमंच की तरह से मूल रंगकार्य नहीं हो सकता, इसे केवल स्वाद बदलने या ज़ायक़ा बदलने की तरह बीच-बीच में ही किया जा सकता है, और इसका इतना ही महत्त्व रहेगा। आप इस बात से कितने और कहाँ तक सहमत हैं?

उत्तर : देखिए, हमने तो कभी इस तरह के दावे नहीं पेश किए कि हम इसको पूर्ण रंगमंच बना देंगे और यही एकमात्र भविष्य का रंगमंच हो जाएगा। ये सारी आलोचनाएँ और प्रत्यालोचनाएँ उठती रही हैं। सवाल यह है कि रंगमंच का कितना बड़ा क्षेत्र है और उसमें तरह-तरह की चीज़ें हो रही हैं और होती रहनी चाहिए। एक निर्देशक ने कहा भी था कि रंगमंच का दिल बहुत बड़ा है। तो उसमें यह भी है, नुक्कड़ नाटक भी है। यह तो कोई सवाल नहीं कि इसको मानकर बैठ जाएँ कि इससे मूल रंगमंच तो बन नहीं रहा और काम करना बंद कर दें आप। इसको दूसरी तरह से देखें कि रंगकर्म कितनी अलग-अलग दिशाओं में आज बढ़ रहा है। अपनी परंपरा में रंगकर्म सही मायनों में दशमुखी, अथवा जितनी भी आप उसकी दिशाएँ ले लीजिए, माना जाता रहा है। अगर यह न होता तब तो फिर इतने सारे जो रूप उसके दिखाई पड़ते हैं, पाँच हज़ार साल, सात हज़ार साल, दस हज़ार साल के इतिहास में, उनमें से कुछ भी नहीं दिखाई पड़ता। अपने-अपने समय पर, अपनी-अपनी ज़रूरत के हिसाब से, अपने-अपने लोगों के बीच हर तरह के काम का अपना महत्त्व रहा है। और इन आलोचनाओं के बावजूद पिछले बीस-इक्कीस वर्षों में लोगों की दिलचस्पी इस काम के प्रति बढ़ी ही है, कम तो नहीं हुई।

प्रश्न : मुझे एक और बात लगती है। आज हमारा हिंदी रंगकर्म जिस बिंदु पर खड़ा है, वहाँ एक ओर धारावाहिकों और मीडिया की चुनौती है तो दूसरी ओर बढ़ती महँगाई के साथ-साथ प्रस्तुति के ख़र्च भी बेतहाशा बढ़ गए हैं। इसके अलावा ग्लैमर, भव्यता और स्पेक्टेकल की दृष्टि से हमारा रंगमंच फ़िल्मों और टी.वी. का मुक़ाबला कभी नहीं कर सकता। इसलिए उसे कोई

अपना अलग और निजी रास्ता ढूँढ़ना ही पड़ेगा। यथार्थवाद और उसके संकलन-त्रय जैसे कठोर बंधनों से मुक्त हुए बिना न तो हम भारतीय रंग-परंपरा से ही जुड़ सकते हैं और न कोई नया रास्ता ही खोज सकते हैं। तब क्या आपको नहीं लगता कि सादगी, काव्यात्मक कल्पनाशीलता, जीवंत अभिनय, अनुभव की अंतरंगता और लचीलेपन के गुणों पर आश्रित कहानी का यह रंगमंच हमारे रंगकर्म की मूल धारा को भी कोई दिशा-निर्देश दे सकता है?

उत्तर : यह तो आप मेरी ही बात को पुष्ट कर रहे हैं। इस संदर्भ में मैं एक और दिलचस्प बात यह कहना चाहता हूँ कि धारावाहिकों की शुरुआत आज दूरदर्शन में हो रही है। आप हमारे काम को उठाकर देखें कि यह शुरुआत मैंने अपने काम में अप्रत्यक्ष रूप से न जाने कब से कर दी थी। एक ही थीम की कहानियों को एक साथ, एक ही शाम में आप देख रहे हैं। कभी एक ही कहानीकार की तीन कहानियों में, कभी अलग-अलग कहानीकारों की। अब, जब मैं उसी तरह का काम वहाँ देखता हूँ तो मुझे लगता है कि मैं रंगमंच में यही काम कब से करता आ रहा था। आज तो सचमुच आपने यह सवाल उठा ही दिया कि शताब्दी ख़त्म होने को है, चार-पाँच बरस में, इस वक़्त रंगमंच एक संक्रमण काल से गुज़र रहा है तो उसके अंदर से कोई-न-कोई विकल्प उभरकर आने के संकेत मिल रहे हैं। उसमें अगर इस काम का भी अपना कुछ असर या योगदान होता है तो यही इसकी उपयोगिता है। इस दिशा में अगर इसने एक हल्की-सी आहट या खटखटाहट भी पैदा की है, तो यह भी कम नहीं है।

प्रश्न : तो क्या हम मान लें कि रास्ता यहीं से या इसी के आसपास से निकलना चाहिए और यह भी कि आज के ज़माने में न्यूनतम साधनों से अधिकतम अभिव्यक्ति का कोई रास्ता ही रंगमंच का रास्ता हो सकता है, और तभी उसे शायद ज़िंदा भी रखा जा सकता है?

उत्तर : हाँ, मैं आपसे पूरी तरह से सहमत हूँ। हम, इस बातचीत का यह जो अंतिम बिंदु है, यहीं रेखांकित कर सकते हैं कि कहानी के रंगमंच ने उस मितव्ययिता की तरफ़ पिछले बीस सालों में जो यात्रा तय की है, अगर वह रंगकर्मियों को कोई रास्ता दिखा सकती है तो यही उसकी अपनी पहचान, देन और सार्थकता होगी।

संवाद चार

समीक्षक

एकांत के आलेख

कमल कपूर

जब कोई कहानी का नाट्य-रूपांतर देखने निकलता है तो वह कुछ तो शंकालु होता है और कुछ आशान्वित। शंका यह कि क्या कहानी-जैसे मुक्त साहित्य-रूप को प्रभावी तरीक़े से नाटक में बाँधा जा सकता है और उससे कौन-सा कलात्मक उद्देश्य सिद्ध होगा? आशा-औत्सुक्य का कारण साहसपूर्ण नवीन प्रयोग है, क्योंकि इससे कथासाहित्य और रंगमंच दोनों की समृद्धि की संभावनाएँ बनती हैं।

राष्ट्रीय नाट्य विद्यालय रंगमंडल के लिए निर्मल वर्मा की तीन कहानियों की **तीन एकांत** शीर्षक से देवेंद्र राज अंकुर द्वारा की गई नाट्य-प्रस्तुति ने शंकाएँ दूर कर आशा-संभावनाओं को बल दिया। कथासाहित्य को सीधे रंगमंच पर लाने का राजधानी में किया गया यह प्रयोग संभवतः पहला था। मंचित की जानेवाली कहानियाँ मूलतः तीन ऐसे चरित्रों के एकालाप हैं, जो अपने-अपने जीवन-अनुभवों का चिंतन करते हैं, नतीजतन यह सबके जीवन-अनुभव का चिंतन बन जाता है। उनके चिंतन की गति ऊर्ध्वगामी है, वह वैयक्तिक से सार्विक पीड़ा की ओर संचरित होती है। उनका चिंतन किसी अन्य व्यक्ति के साथ वास्तविक और स्थायी संबंध स्थापित करने की अपनी असमर्थता की मूल स्थिति को लेकर शुरू होता है। लेकिन चिंतन-प्रक्रिया से गुज़रते हुए वे अपने निजी अकेलेपन की अनुभूति को लाँघ जाते हैं और आदमी के सार्विक एकाकीपन में अपने को घुला देते हैं।

क़ैदे-हयात

धूप का एक टुकड़ा, डेढ़ इंच ऊपर और **वीकएंड** के चरित-नायक संवेदनशील और बौद्धिकता से परिपूर्ण ऐसे व्यक्ति हैं, जो अपने-अपने अकेलेपन में एक ऐसी दुनिया से संघर्ष कर रहे हैं, जिसे न तो वे नियंत्रित कर सकते हैं, न ही जिसे पूरी तरह समझ सकते हैं। वे उसी धातु के बने हैं, जिससे कलाकार बनते हैं। उनकी विचार-प्रक्रियाएँ, चिंतन-पर्यवेक्षण-चिंतन की सरणि पर चलती हैं। इन एकाकी चरित्रों की प्रस्तुतियों में, चाहे स्थूल या सांकेतिक तौर पर, यदि दूसरे चरित्र आते

भी हैं तो वे चरित-नायकों की स्वगतोक्तियों के प्रति उदासीन रहते हैं और जब वे ज़रा संलग्न भी होते हैं (बिना एक शब्द बोले) तो वह बेमानी होता है, क्योंकि वे उनके एकाकीपन को कम करने के बजाय उसे बढ़ा ही देते हैं। ये एकाकी चरित्र न सिर्फ़ अपनी चेतना के क़ैदी होते हैं, बल्कि उस स्पेस के भी क़ैदी होते हैं ज़ो मानव-जाति के लिए कठोर सीमाओं से सँकरा कर दिया गया है। फिर उनकी एकांतिकता महानता से वंचित भी नहीं है। जैसा रिल्के एक युवा कवि को लिखे अपने पत्र में कहता है—"क्या महानता से रहित कोई एकांतिकता हो भी सकती है? एकांतिकता तो एक ही होती है और वह महान होती है, उसे धारण करना कोई आसान काम नहीं। और फिर ऐसे हर एकाकी व्यक्ति के जीवन में ऐसी घड़ियाँ भी आती हैं जब वह खुशी-खुशी अपने एकाकीपन को किसी भी तरह के समागम से बदलने को तैयार हो जाता है, वह कितना सस्ता, कितना निषेधात्मक है, कोई परवाह नहीं, पहले आने वाले के साथ ज़रा-सा तार मिलते ही, अयोग्यतम के साथ भी...। लेकिन शायद ये वही घड़ियाँ होती हैं जब एकाकीपन और भी बढ़ने लगता है। इसका बढ़ना उसी तरह पीड़ादायक होता है, जैसे लड़कों का बढ़ना; उसी तरह उदासीभरा होता है, जैसे वसंत ऋतु की शुरुआत।"

इन कहानियों को रंगमंच पर लाकर जो शुरुआत की गई उसका महत्त्व हालाँकि निर्विवाद है, फिर भी यह पूछने का मन तो करता ही है कि जिन कहानियों में सभी नाट्य-तत्त्व पहले से मौजूद हों, उन्हें रंगमंच पर प्रस्तुत कर देना ही क्या अपने आप में कोई उपलब्धि है? देवेंद्र राज ने जो कुछ किया, वह सिर्फ़ यही कि उन्होंने इन कहानियों को ज्यों-का-त्यों, अभिनेताओं तथा दूसरे रंगोपकरणों, वेशभूषा, दृश्यसज्जा आदि के साथ रंगमंच पर प्रस्तुत कर दिया (इनका प्रयोग बेहद मितव्ययिता और सुरुचिपूर्ण था)। कोई आधारभूत परिवर्तन नहीं, नया कुछ जोड़ा नहीं, कोई सर्जनात्मक नवोन्मेष भी नहीं। आलेख का चुनाव ऐसा कि अंतिम कहानी **वीकएंड** में ज़रा-से पुनर्विन्यास के अलावा और किसी में कोई गुंजाइश नहीं थी। **डेढ़ इंच ऊपर** के अभिनेता विवेक ने सहजता से कहा, "मैंने तो कहानी को नाटक की ही तरह लिया।" देवेंद्र राज अंकुर और निर्मल वर्मा दोनों ही यह स्वीकारते हैं कि नाट्य के सभी तत्त्व इन कहानियों में पहले से ही मौजूद थे।

फिर सैम्युएल बेकेट के एकपात्री **हैप्पी टाइम्स**-जैसे नाटकों और इन तीन कहानियों की प्रस्तुतियों में फ़र्क़ कहाँ है? इसमें चुनौती किस बात की है? निर्मल वर्मा को सचमुच अच्छी और नवोन्मेषकारी कहानी लिखने के लिए, देवेंद्र राज को उसे रंगमंच पर प्रस्तुत करने के लिए, अभिनेताओं (सबा ज़ैदी, विवेक, सुरेखा सीकरी) को एकल अभिनय की चुनौती पर खरा उतरने के लिए—इस तरह सभी सहयोगियों को उनके काम का श्रेय देते हुए भी इसी नतीजे पर पहुँचना पड़ता है कि कहानियों का चुनाव अच्छा और सफलता की गारंटी देनेवाला था, इसलिए

इनकी प्रस्तुति में कोई ख़ास चुनौती कहीं निहित नहीं थी। देवेंन्द्र राज खुद भी इस बात को समझते हैं। उनकी भावी योजना हिंदी की सौ ऐसी कहानियों को लेकर नाट्य-प्रयोग करने की है, जो अपने पारंपरिक अर्थों में ही कहानियाँ हों, ताकि साहित्य को रंगमंच-माध्यम द्वारा रूपायित किया जा सके। कल्पना की जा सकती है कि इस तरह श्रेष्ठ कथासाहित्य को एक लोकप्रिय, प्रत्यक्ष और आत्मीय माध्यम द्वारा प्रस्तुत कर सकना संभव हो सकेगा।

नई दिशाएँ

रंगमंच में प्रत्यक्ष और आत्मीय तत्त्वों की उपस्थिति, और बेहद मुक्त माध्यम होने पर भी, कहानी में उनका अभाव, यही दोनों के सम्मिलन के मुख्य आकर्षण हैं और इससे कहानी और रंगमंच दोनों को नई दिशाएँ मिलती हैं। इस संदर्भ में मैंने जब निर्मल वर्मा से पूछा कि अपनी इन कहानियों के प्रस्तुतीकरण से उन्हें क्या मिला तो उन्होंने बहुत रोचक और सार्थक जवाब दिया, "जो कुछ मैंने अपने निजी कमरे की एकांतिकता में लिखा था, उसे बहुत-से लोगों की उपस्थिति में अभिनीत होते देखकर मुझे बच्चों-जैसा सच्चा आनंद मिला।"

अगर हम बहुत पीछे, साहित्य के शुरुआती दौर में, जाएँ तो मिलेगा कि भाषिक माध्यम से कलात्मक अभिव्यक्ति का सर्वोपरि रूप प्रस्तुतिपरक था; फिर वह चाहे कहानी हो, कविता हो या नाटक हो। इससे हमें संकेत मिलता है कि कथासाहित्य अंततः कहानी सुनाने की ही कला है, जो अब हमारे युग की अनिवार्यताओं और सीमाओं के कारण लिखी और छापी जाती है। यही सीमाएँ कहानी विधा के और अधिक विकास के लिए भी उत्तरदायी हैं। बहुत रोचक होने पर भी हम इस विषय को अभी यहीं छोड़ें और अपने को उस तरह की कहानियों तक ही सीमित रखें जो मुद्रित साहित्य की सीमाओं के बावजूद अब भी प्रदर्शनकारी संभावनाएँ समेटे हुए हैं। हमें उन कहानियों को छोड़कर, जो स्वतः ही नाट्य के मूल तत्त्व सँजोए हुए हैं, और जिन्हें आसानी से मंचित किया जा सकता है, उन्हें उठाना होगा जो सिर्फ़ कहानी-भर हैं, कहानी की मूलभूत विशिष्टताओं के साथ, और फिर भी अभिनेय हैं। ऐसी क़हानी में सिर्फ़ एक अभिनेता नहीं होगा, जो एक चरित्र की भूमिका ग्रहण कर उसे अभिनीत करे, बल्कि एक ऐसा डिमांस्ट्रेटर होगा, एक ऐसा कथावाचक होगा जो नाट्य तकनीकों का इस्तेमाल करते हुए कहानी के सभी चरित्रों के साथ उसे रंगमंच पर प्रस्तुत करेगा।

चार्ल्स डिकेंस के प्रस्तुतकर्ता एमिलाइन विलियंस और डाइलन टॉमस की याद आ रही है। उसकी दर्शक-श्रोताओं की भावमग्नता उस अकेले अभिनेता के दर्शक की भावमग्नता-जैसी नहीं, जो अपनी निश्चित भूमिका से कभी मुक्त नहीं हो पाता। यह तो एक ऐसे कलाकार, एक तरह के सर्वद्रष्टा कथावाचक (नैरेटर) के प्रति

भावमग्नता है, जो वर्णन करता है, वृत्तांत सुनाता है और अपने ही व्यक्तित्व की मूल धातु का इस्तेमाल करते हुए कहानी के चरित्रों का अभिनय करता है। अपने ही देश की बात करें तो पु.ल.देशपांडे और तृप्ति मित्र की याद आती है। ये कलाकार अभिनय नहीं करते, बल्कि पारंपरिक कथावाचकों की तरह डिमांस्ट्रेट करते हैं। अभिनय और डिमांस्ट्रेशन के बीच के महीन फ़र्क़ में ही भावमग्नता और भावात्मक दूरी की पूरी सौंदर्यशास्त्रीय समस्या निहित है। डिमांस्ट्रेशन में अभिनेता और दर्शक दोनों के लिए वस्तुनिष्ठता (आब्जेक्टिविटी) कुछ ज़्यादा रहती है। नाट्यीकृत कथासाहित्य के विकास के लिए इस तत्त्व का महत्त्व भारतीय नाट्य-परंपरा के चरित्र के अनुसार ही है, जिसमें भावात्मक दूरी की अवधारणा ब्रेष्ट से भी आधुनिक और विकसित है।

शायद देवेंद्र राज या फिर कोई दूसरा नाट्यकर्मी, जो इस नई चीज़ की महत्त्वपूर्ण शुरुआत (अंततः तो हर नई चीज़, पुरानी चीज़ का पुनरान्वेषण मात्र है) को आगे बढ़ाना चाहेगा, वह प्रत्यक्ष कहानी सुनाने की जीवंत कला (जो अब लगभग मरणासन्न है) को पुनर्जीवित भी करेगा। निर्मल वर्मा की कहानियों का यह नाट्य-प्रयोग एक बड़ी चीज़ की छोटी-सी, लेकिन महत्त्वपूर्ण शुरुआत साबित हो सकती है।

'हिंदुस्तान टाइम्स', 9 नवंबर, 1975
(अनुवाद : कुँवरजी अग्रवाल)

आधुनिक कहानी का दृश्यकाव्य

कुँवरजी अग्रवाल

देवेंद्र राज अंकुर कहानियों को पिछले बाइस वर्षों से लगातार रंगमंच पर प्रस्तुत करते रहे हैं और इसके लिए उन्होंने अपनी एक ख़ास शैली, एक विशिष्ट नाट्य-विन्यास ईजाद किया है, जो नाट्य के सौंदर्यशास्त्र की उर्वरा भूमि से अपना प्राणरस अर्जित करता है। आधुनिक कथाकारों की शताधिक सशक्त कहानियों को उनके सूक्ष्मतम संवेदनों के साथ उन्होंने न सिर्फ़ पूरी मार्मिकता से प्रस्तुत किया है, बल्कि बहुविध नाट्य-बिंबों की अनवरत सर्जना से समन्वित कर उनकी अर्थवत्ता के आयामों का विस्तार भी किया है। अंकुर द्वारा कहानियों की प्रस्तुति को देखना अनुभव के एक ऐसे अनोखे लोक से गुज़रना है, जिसमें साहित्य और नाट्य दोनों की ऊर्जाएँ समानांतर रूपाकार रचती जाती हैं।।

अंकुर ने इसे 'कहानी का रंगमंच' कहा। लोगों ने भी इस नाम को स्वीकार लिया। लेकिन आज जब मैं यह सब लिखने बैठा हूँ तो मुझे इसमें कुछ अधूरा, कुछ अपर्याप्त-सा लग रहा है और प्राचीन आचार्यों का 'दृश्यकाव्य' किंचित नए अर्थों की पर्तें खोल रहा है। नाट्य के लिए संस्कृत का 'दृश्यकाव्य' अभिधान साभिप्राय है और यह उसके सौंदर्य-दर्शन की ओर इंगित करता है। संस्कृत की आचार्य-परंपरा के अनुसार 'काव्य' साहित्य का समानार्थी है और इसमें स्फुट काव्य, महाकाव्य, कथा, आख्यायिका और नाटक भी सम्मिलित है। बल्कि नाटक काव्य का सर्वोपरि रूप है, इसीलिए कहा गया 'काव्येषु नाटकं रम्यं'। 'दृश्य' शब्द लाक्षणिक है और इसमें नाट्य-प्रस्तुति के सभी अंग सम्मिलित हैं। इस तरह 'दृश्यकाव्य' एक ऐसा कला-रूप है, जिसमें 'नाट्य-प्रस्तुति' और साहित्य दोनों का वज़न बराबर है और दोनों समानांतर यात्रा करते हैं। बल्कि ऐतिहासिक और शास्त्रीय दोनों ही दृष्टियों से नाट्य का संपूर्ण संसार काव्यार्थ को प्रकाशित करने के लिए ही रचा गया है।

इधर अंकुर भी कहानियों की अपनी प्रस्तुतियों में साहित्यिक (भाषिक) स्वरूप की अधिकतम रक्षा के साथ ही नाट्य की अभिव्यंजना-शक्तियों के साथ उसका

समन्वय कर अनुभूतियों का दृश्यकाव्य रचते हैं।

कथावाचन-गायन की भारतीय नाट्य-परंपरा

भारतीय नाट्य के आरंभिक विकास की अवस्थाएँ यद्यपि अनेक रहस्यों के आवरण से ढँकी हुई हैं, तथापि पारंपरिक संस्कृत साहित्य और लोक साहित्य में यत्र-तत्र ऐसे उल्लेख मिलते रहते हैं, जिनसे कुछ अनुमान लगाए जा सकते हैं। ऐसा एक अत्यंत प्राचीन संकेत आदिकवि वाल्मीकि के संदर्भ में मिलता है। मैथुनरत क्रौंच पक्षी को बहेलिये के बाण से बिद्ध होते देख वाल्मीकि के कंठ से सहसा एक श्लोक फूट पड़ा :

मा निषाद प्रतिष्ठां त्वमगमः शाश्वती समाः।
यत्क्रौंचमिथुनादेकमवधीः काममोहितम्।।

चार चरणोंवाले इस अनुष्टुप संस्कृत छंद के आविष्कार के लिए उनके समकालीन ऋषियों ने वाल्मीकि की भूरि-भूरि प्रशंसा की और उनसे इस छंद में राम के चरित को काव्यबद्ध करने का आग्रह किया। चार चरणोंवाले इस छंद में ऐसी क्या विशेषता थी जिसने तत्कालीन भारत के बौद्धिक जगत में इतने उत्तेजनापूर्ण उत्साह का संचार कर दिया कि उन्होंने वाल्मीकि को आदिकवि का दर्जा दे दिया और उनसे सुनियोजित रूप से राम का चरित—**रामायण**—रचने का आग्रह किया। यह सब गहरे अनुसंधान का विषय है। मैं अपने अध्ययन-क्रम में जिस नतीजे पर पहुँचा हूँ, वह कुछ इस प्रकार है :

यह वह युग था जब पाणिनि द्वारा संस्कारित और अनुशासित होकर संस्कृत भाषा का परिनिष्ठित रूप पूरे आर्यावर्त में फैलकर विविध क्षेत्रों में प्रयुक्त हो रहा था। लेकिन एक आकर्षक और महत्त्वपूर्ण क्षेत्र अब भी इस भाषा के लिए दुष्कर बना हुआ था। उस समय प्राकृत भाषाओं में तालयुक्त पदन्यास सहित अभिनय करते हुए कथागायन की एक ऐसी प्रणाली प्रचलित थी, जिससे दर्शक-श्रोता अभिभूत हो उठते थे। पदन्यास के साथ चलनेवाले ऐसे छंद प्राकृत भाषाओं में मौजूद थे, लेकिन संस्कृत में ऐसा कोई छंद तब तक आविष्कृत नहीं हो सका था। इसीलिए वाल्मीकि ने जब अकस्मात् ही ऐसा छंद खोज लिया तो सभी चमत्कृत हो उठे; और तत्कालीन समाज-व्यवस्था और नैतिक आदर्शों को स्थापित, प्रचारित करनेवाले कथाकाव्य **रामायण** का प्रणयन इस छंद में किया गया। स्वयं वाल्मीकि ने लव और कुश (**नाट्यशास्त्र** के कुशीलव से तुलनीय) को प्रशिक्षित कर अभिनय के साथ राजसभा में अपनी रचना की प्रथम प्रस्तुति की। इस प्रकार कथा-वर्णन (नैरेशन) के नाट्य का संस्कृत में प्रथम प्रादुर्भाव हुआ। आगे चलकर संस्कृत ने सीधे-सादे कथागायन के इस नाट्य का अर्थप्रकृतियों, अर्थोपक्षेपकों, कार्यावस्थाओं, संधियों और संध्यंगोंवाले जटिल नाट्यरूपों (विविध रूपकों-उपरूपकों) में विकास

कर लिया। लेकिन प्राकृतों के कथागायन की नाट्य-परंपरा अबाध रूप से निरंतर आगे बढ़ती रही और अपभ्रंशों, अवहट्टों से गुज़रकर आधुनिक आर्य और आर्येतर भाषाओं तक पहुँच गई। आज हमें भारत-भर में पारंपरिक या लोकनाट्यों के जो सैकड़ों रूप उपलब्ध हो रहे हैं, उनमें से अधिकांश उसी परंपरा से विकसित हुए हैं।

इस तरह कथा-वर्णन-गायन वाली नाट्य-परंपरा की जड़ें भारत की मिट्टी की गहराई में दूर-दूर तक फैली हुई हैं। आधुनिक कहानी का दृश्यकाव्य कहीं-न-कहीं उस परंपरा से जुड़ता ज़रूर है, लेकिन वह उसका संपूर्ण समकालीन रूपांतरण है।

कहानी का दृश्यकाव्य : स्वरूप-संधान के सूत्र

कहानी का यह दृश्यकाव्य वस्तुतः है क्या? इसे कैसे व्याख्यायित या परिभाषित करें? विविध रूपाकारों, सौंदर्य-दर्शनों, जीवन-मूल्योंवाले सैकड़ों तरह के समकालीन नाट्यसाहित्य और अनेक तरह के शैलीकरणों से युक्त प्रस्तुतियों द्वारा समकालीन नाट्य-निर्देशकों की निजी नाट्य-मुहावरों की लगातार तलाश के बीच कहानी के दृश्यकाव्य की जगह क्या है? क्या यह अंकुर की निजी नाट्यशैली मात्र है, जिसके रहस्य-सूत्र उनकी मुट्ठी में बंद हैं या उसके किन्हीं ऐसे सार्विक आधारों को भी खोजा जा सकता है, जिन्हें लेकर अन्य नाट्य-सर्जक मौलिक सृष्टि कर सकें? वे कौन-से कलामूल्य हैं, जिनके संदर्भ में कहानी के दृश्यकाव्य को परखा जा सकता है? ये और ऐसे ही दूसरे बहुत-से प्रश्न हैं जो कहानी के दृश्यकाव्य के गहरे विश्लेषण की माँग करते हैं।

पढ़ने और बोलने-सुनने की भाषा का फ़र्क़

आधुनिक कहानी पाठकों के लिए लिखी जाती है, जो छपे हुए अक्षर-प्रतीकों से एकांतिक संबंध स्थापित कर, कल्पना के धरातल पर, संकेतित बिंबों की पुनर्सर्जना करते हुए अनुभूति-लोक की एक यात्रा करते हैं। बेशक, कहानीकार का माध्यम भाषा है और उसी से लेखक-पाठक के बीच रिश्ता क़ायम होता है। अब यह भाषा तो अपने मूल रूप में बोलने और सुनने की ही चीज़ है; पढ़ने और गुनने की चीज़ के रूप में उसका इस्तेमाल तो विकास-क्रम में बहुत बाद की घटना है। इसीलिए साहित्य भी एक बहुत लंबे वक़्त तक मौखिक ही बना रहा, अर्थात् उसका रसास्वादन सुनकर ही किया जाता रहा। इस बोलने और सुननेवाली भाषा को अपने माध्यम के रूप में साहित्य लगातार विकसित करता गया, अर्थात् उसे सैकड़ों तरह के छंदों और अलंकारों से सजाया गया, शब्दों के वज़न, उनकी खनक और गमक के अनुसार उनका क्रम-विन्यास किया गया, बोलने की गतियों के अनुसार वाक्यों की रचना और यतियों के नियम निर्धारित हुए, आदि-आदि। मौखिक साहित्य की

भाषा का एक विराट सौंदर्यशास्त्र ही खड़ा हो गया।

जब छापे की सुविधा व्यापक रूप से उपलब्ध हो गई, साक्षरता और शिक्षा का काफ़ी प्रचार-प्रसार हो गया और पुस्तकें हज़ारों की संख्या में अपने पाठकों तक पहुँचने लगीं, तब भी काफ़ी समय तक साहित्यिक भाषा का पुराना अनुशासन क़ायम रहा और पढ़ने के साथ ही पाठक साहित्य का मौखिक पाठ करने को भी प्रवृत्त होता रहा ताकि वह अपनी ही बोली गई आवाज़ में उसे सुनकर ध्वन्यात्मक स्तर पर भी रसास्वादन कर सके। लेकिन धीरे-धीरे बोलने और सुननेवाली भाषा को किताब में पढ़ने की भाषा के रूप में भी इस्तेमाल की निरर्थकता का अनुभव लेखकों को होने लगा, खासतौर पर गद्य में। फिर वे बड़े अध्यवसाय से उससे मुक्त होकर एक ऐसी भाषा के विकास में लग गए, जो चुपचाप पढ़ने की एकांतिक प्रक्रिया की मानसिक गतियों के अनुसार अपनी व्याकरणिक व्यवस्था निर्धारित करती थी; बल्कि विचारों, भावों, वर्णनों और घटनाओं आदि का क्रम-विन्यास भी उसी प्रक्रिया के तहत करने की कोशिशें होने लगीं। इस तरह सभी विकसित भाषाओं में मौन पठन के समर्थ गद्यों का विकास हुआ, जो बाहरी सजावटों से मुक्त होकर मानसिक तरंगों की लय पर चलती हैं।

आधुनिक हिंदी के साहित्यिक गद्य को इस विकास-प्रक्रिया की मंज़िलें जल्दी-जल्दी तय करनी थीं। दूसरी ओर उसे तमाम तरह की क्षेत्रीयताओं से मुक्त कर परिनिष्ठित (स्टैंडर्ड) बनाने का कड़ा दबाव भी काम कर रहा था। फलस्वरूप साहित्यिक गद्य का एक ऐसा रूप बनने लगा जो निर्वैयक्तिक, नीरस, रंगहीन, किसी सार्थक लय से वंचित और निष्प्राण था। ऐसी भाषा सर्जनात्मक लेखन के लिए अनुर्वर, पढ़ने में अरोचक और सुनने में उबाऊ लगती थी। ऐसी भाषा में यथार्थ की उलझी हुई सूक्ष्म जटिलताओं को पकड़ना और परिवेश-वातावरण को प्रतिबिंबित करना भी असंभव था। इसीलिए इसकी प्रतिक्रिया आंचलिकता के आंदोलन में दिखाई पड़ी और विविधता से समृद्ध हिंदी की क्षेत्रीय बोलियाँ अपने पूरे जीवंत और सहज-स्वाभाविक अंदाज़ में अपनी सांस्कृतिक समृद्धि के साथ साहित्य में आने लगीं। बोलचाल की भाषा के लय-छंद की सूक्ष्मताओं के साथ उसे साहित्य-सर्जन की प्रक्रिया में इस तरह इस्तेमाल करने की कोशिशें की जाने लगीं कि अपने परिवेश की पृष्ठभूमि से उगते हुए मनुष्य का बिंब मन की गहराइयों में उतरने लगा। इस तरह साहित्य ने अपने माध्यम—'भाषा' को उसके सहज मौखिक रूप में पुनः आविष्कृत कर लिया।

लेकिन यह आंचलिक भाषा हिंदी के सार्विक परिनिष्ठित रूप को विसंगत करने लगी। व्यापक हिंदी क्षेत्र की दर्जनों बोलियाँ साहित्य में प्रवेश कर उसे अन्य अंचलों के पाठकों के लिए दुरूह बनाने लगीं, जिसकी तार्किक परिणति सार्विक हिंदी को आंचलिक हिंदी की विविधताओं में विखंडित कर देना होता।

इस ख़तरे को सुधी साहित्यकारों ने तुरंत पहचान लिया और इससे निबटने के लिए भाषा पर और गहरा काम शुरू कर दिया। अब वे बोलियों को परिनिष्ठित हिंदी में ही रूपांतरित करने की कोशिश करने लगे। वे उनकी ध्वनि-लय, वाक्य-विन्यास, अभिव्यक्ति-अंदाज़, मुहावरों और कुछ ख़ास शब्दों को भी परिनिष्ठित हिंदी के साँचे में ढालने लगे। इस तरह, ख़ासतौर से कविता और कथा-साहित्य में, एक ऐसी हिंदी निखर आई जो बोलने और सुननेवाली भाषा के छंद-लय की सूक्ष्मताओं को पकड़ने में समर्थ थी।

इस प्रकार आधुनिक्र कहानी की भाषा को एक बार फिर वह क्षमता प्राप्त हो गई, जिससे उसके मौखिक पाठ को पूरी अर्थवत्ता से समन्वित कर प्रभावोत्पादक बनाया जा सके। हिंदी नाटक के संवादों की भाषा में यह क्षमता अब भी दुर्लभ है।

आधुनिक कहानी : वाचन से नाटक तक : संभावनाओं की तलाश

आधुनिक कहानी के वाचन को सुनने का मेरा सिलसिला पचास के दशक से शुरू होता है, जब मैं बनारस की साहित्यिक गोष्ठियों में जाया करता था। युवा कहानीकार अपनी कहानियों का पाठ करते और फिर उन पर बहसें होतीं। कुछ कहानीकार अटक-अटककर धीरे-धीरे पढ़ते, लेकिन कुछ ऐसे पढ़ते कि समाँ बँध जाता। हम कहानी की भाव-धारा में डूबने-उतराने लगते। एक बार इंद्रप्रसाद गुप्त ने एक रहस्य कथा ऐसे सुनाई कि रोंगटे खड़े हो गए। द्विजेंद्रनाथ मिश्र 'निर्गुण' को अपनी कहानी प्रायः ज़बानी याद होती, जिसे वे पूरी नाटकीयता से सुनाते।

कहानी का वाचन श्रोताओं की उपस्थिति में किसी अभिनेता द्वारा भी किया जा सकता है, जैसा अभी राष्ट्रीय नाट्य विद्यालय के अभिमंच प्रेक्षागृह में देखने-सुनने को मिला। नसीरुद्दीन शाह ने प्रेमचंद की **बड़े भाई साहब** कहानी सुनाई और पंकज कपूर ने **दुपहरिया** नामक अपनी ही लिखी कहानी का पाठ किया।

दर्शक-श्रोताओं की उपस्थिति में स्वयं कहानीकार या अभिनेता द्वारा कहानी का वाचन नाट्य-विधा के ही घेरे में आ जाता है, क्योंकि यहाँ नाट्य के दो मूलभूत आवश्यक उपादान—दर्शक और अभिनेता (कहानीकार भी तब अभिनेता बन जाता है) मौजूद होते हैं। इतना ही नहीं, यहाँ लिखित कहानी का एक तरह से पुनर्विन्यास (रिस्ट्रक्चरिंग) भी होता है, जो श्रोता-दर्शकों की चेतना पर असर डालता हुआ कहानी के अर्थों को प्रभावित करता है। ज़ाहिर है, यह पुनर्विन्यास वाचक के व्यक्तित्व, उसकी अभिनयात्मक मुद्राओं, आवाज़ की गतियों और यतियों, उसकी क्रियाओं, दर्शक-श्रोताओं की सामूहिक उपस्थिति, दृश्य-श्रव्य माहौल आदि के धरातल पर होता है। कहानी का बाह्य भाषा-शरीर भले ही ज्यों-का-त्यों बना रहता हो।

एक दूसरा बहुप्रचलित तरीक़ा कहानी के आधार पर नाटक लिखकर मंचित

करना है। यहाँ कहानी कच्चे माल का काम करती है, जिसे लेकर कोई नया नाटक लिखा जाता है। यह तरीक़ा तर्कसम्मत है और इससे कभी-कभी बड़े अच्छे नतीजे भी निकले हैं। लेकिन अक्सर इसे बहुत आसान समझ लिया जाता है और दूसरे-तीसरे दर्जे के लेखक चुटकी बजाते कर डालते हैं। फिर ज़्यादातर इसे नाटक के बँधे-बँधाए रूढ़ यथार्थवादी ढाँचे में किया जाता है, जिससे नाट्य-कल्पना की नई संभावनाओं की दिशाएँ नहीं खुल पातीं। इसमें कहानी का पुनर्विन्यास दो धरातलों पर होता है—एक तो कहानी के आधार पर नाटक लिखते समय; दूसरे, इस लिखित नाटक को मंचित करते वक़्त।

इन दोनों ध्रुवों के बीच एक तीसरा तरीक़ा है, जिसके आविष्कारक देवेंद्र राज अंकुर हैं। इसमें न तो कहानी के आधार पर कोई नया नाट्यालेख तैयार किया जाता है, न ही कोई एक या एकाधिक अभिनेता पूरी कहानी रटकर या पढ़कर सुनाते हैं। इसमें कहानी के मूल रूप को ही इस प्रकार ग्रहण किया जाता है, जैसे किसी नाट्यालेख को; और फिर निर्देशक, अभिनेता-समूह तथा अन्य मंचशिल्पी मिलकर कहानी का 'दृश्यकाव्य' रचते हैं।

प्रायः कहा जाता है, अंकुर कहानी को ज्यों-का-त्यों मंच पर प्रस्तुत करते हैं और दर्शक को कहानी देखने और पढ़ने का अनुभव एक साथ प्राप्त होता है। यह एक मिथक भर है। दरअसल, यही बात प्रकारांतर से नाट्यालेख की प्रस्तुति के विषय में भी कही जा सकती है।

जिस प्रकार कोई निर्देशक, अभिनेता और अन्य मंचशिल्पियों को लेकर नाट्यालेख को प्रस्तुति के रूप में पुनर्विन्यस्त करता है, उसी प्रकार अंकुर ने कहानी को भी सीधे ही नाट्य-प्रस्तुति के रूप में पुनर्विन्यस्त करने का एक मौलिक तरीक़ा ढूँढ़ निकाला है, जो बेहद कल्पनाशील, नवनवोन्मेषशाली, अर्थगर्भित और चित्ताकर्षक है। इस सिलसिले में उन्होंने नाट्याभिव्यक्ति के कुछ नए क्षेत्रों की ज़मीन तोड़ी है।

इसके मर्म को समझने के लिए अंकुर की कहानी-प्रस्तुति-प्रक्रिया के सिलसिले को पकड़ने की कोशिश से शुरू करें।

यों तो अंकुर कहानियों के नियमित पाठक हैं, लेकिन जब कोई प्रस्तुति करनी होती है तब वे तीन-चार सप्ताह तक लगातार नए सिरे से पढ़ना शुरू करते हैं और दस-बीस कहानियाँ मार्मिकता, व्यंग्य, समकालीन प्रासंगिकता और कलात्मकता आदि की दृष्टि से चुन लेते हैं। फिर संभावित उपलब्ध अभिनेताओं के बीच एक-एक कर उन कहानियों का पाठ शुरू होता है। यह दौर तीन-चार सत्रों में पूरा होता है और अभिनेता स्वेच्छा से अपनी मनपसंद कहानियाँ चुन लेते हैं। अंकुर इस चुनाव में कोई दखलंदाज़ी नहीं करते। इस तरह चुनी गई कहानियाँ वे होती हैं जो अभिनेताओं की संवेदना और कल्पनाशीलता को उत्तेजित करती हैं और जिनमें

वे अपनी क्षमताओं की अभिव्यक्ति की संभावनाएँ देखते हैं। इस तरह अभिनेताओं में शुरू में ही अपने काम के प्रति एक गहरा लगाव पैदा हो जाता है।

कहानियाँ चुन लेने के बाद अभिनेताओं के एक-एक समूह को उनकी पसंद के अनुसार अलग-अलग एक-एक कहानी दे दी जाती है। सामान्यतया तो यह सहज ही हो जाता है, लेकिन यदि समायोजन में कोई समस्या पैदा होती है तो निर्देशक हस्तक्षेप करता है। यहाँ नाटकों की कास्टिंग-जैसी कोई बात नहीं होती, फिर भी कहानी के किसी एक या एकाधिक मुख्य पात्रों के लिए अभिनेता निश्चित हो जाते हैं। छोटे-छोटे कई पात्रों का अभिनय एक-दो अभिनेता मिलकर करते हैं। इसमें भी आवश्यकता पड़ने पर निर्देशक सहायता करता है।

इस प्रारंभिक तैयारी के बाद कहानी को दृश्यकाव्य में रूपांतरित करने की मुख्य प्रक्रिया शुरू होती है। अभिनेताओं से कहा जाता है कि वे अपनी-अपनी कहानी को किस प्रकार रूपायित करेंगे, इसकी कल्पना वे स्वयं करें और तदनुसार अभिनय करने की कोशिश करें। लेकिन इसकी कुछ पूर्व-शर्तें हैं। कहानी के आधार पर कोई नाट्यालेख तैयार नहीं किया जाएगा। सामान्यतया अलग से कोई वाचक नहीं होगा। लेकिन आवश्यक होने पर एकाधिक वाचक का नियोजन किया भी जा सकता है—कुछ इस तरह कि वे प्रस्तुति की बुनावट में घुल-मिल जाएँ। कहानी के क्रम-विन्यास में कोई परिवर्तन नहीं किया जाएगा। वृत्तांतकथन (नैरेशन) को निकाला नहीं जाएगा, बल्कि उसे कल्पनाशील अभिनय के साथ प्रस्तुत किया जाएगा। अभिनेता अपनी ओर से कुछ जोड़ेंगे नहीं; आशुसर्जन (इंप्रोवाइज़ेशन) के रूप में कुछ शब्द, वाक्य-खंड या एक-दो वाक्य कहीं-कहीं जोड़े जा सकते हैं। कहानी के कुछ अंश संपादित कर निकाले भी जा सकते हैं, लेकिन इससे कहानी की मुख्य भावधारा और उसके प्रभाव को क्षति नहीं पहुँचनी चाहिए। अभिनेताओं की चुनौती कहानी में छिपी नाट्य-क्रियाओं को ढूँढ़ निकालना और वृत्तांतकथन के साथ कल्पनाशील समायोजन करते हुए उनका अभिनय करना है।

अंकुर प्रायः एक सप्ताह का समय देकर इन सब कामों के लिए अभिनेताओं को स्वतंत्र छोड़ देते हैं। हाँ, परामर्श के लिए वे उपलब्ध रहते हैं, ताकि उनकी कल्पना को उकसाने में मदद कर सकें।

इस तरह अंकुर कहानियों के साथ एक ऐसा सर्जनात्मक परिवेश रचते हैं, जिसमें अभिनेता मुक्त होकर क्रियाशील हो सकें और आशुसर्जन करें। अभिनेताओं के लिए यह अनुभव बिलकुल नया होता है। मुख्य-धारा (मेनस्ट्रीम) के नाटकों की प्रस्तुति में प्रायः निर्देशक नाटक का अध्ययन कर, पूरी प्रस्तुति की एक रूपरेखा तैयार करता है, उसके अभिनयात्मक रूपायन की एक डिज़ाइन तैयार करता है और उसी डिज़ाइन के अनुसार अभिनेताओं का चयन करता है। फिर अपनी उसी पूर्व-कल्पना को लेकर अभिनेताओं की गतियों और नाट्य-क्रियाओं को निर्धारित

करता है और अभिनेताओं से उनका अभ्यास कराता है (ब्लॉकिंग)। अभिनेताओं की संवेगात्मक अनुभूति और अभिव्यक्ति के अभिनय को भी निर्देशक अपनी ही कल्पना के अनुसार देखना चाहता है और इसके लिए वह तरह-तरह की व्याख्याएँ करता और डिमांस्ट्रेशन भी देता है। इस तरह अभिनेता की अपनी कल्पनाशीलता और सर्जनात्मकता का दायरा बहुत छोटा हो जाता है और उसकी ऊर्जा का बहुत बड़ा क्षेत्र प्रसुप्त रह जाता है।

इसलिए अंकुर जब अभिनेताओं को सर्जनात्मक कल्पना के मुक्त परिवेश में रखते हैं तो उनकी दशा कुछ वैसी ही होती है, जैसी लंबे अरसे तक पिंजड़े में क़ैद तोते को मुक्त कर देने पर होती है। वे कहानी के साथ उसी तरह बरतने की कोशिश करते हैं, जैसे नाटकों के साथ बरतते रहे हैं। लेकिन फिर धीरे-धीरे उन्हें अपनी मुक्ति का अहसास होने लगता है, उनकी कल्पना के पंख फड़फड़ाने लगते हैं और वे सर्जनात्मकता के आकाश में परवाज़ भरने के लिए तैयार हो जाते हैं।

अभिनेताओं द्वारा कहानी की तैयारी की प्रक्रिया में एक और महत्त्वपूर्ण बात घटित होती है, जो सामान्यतया मुख्य धारा के नाटकों की तैयारी में नहीं हो पाती। कहानी को नाट्य-प्रस्तुति की शक्ल देने में अभिनेता मिल-जुलकर काम करते हैं। अपने विचारों, कल्पनाओं और डिज़ाइनों का परस्पर आदान-प्रदान करते हैं और प्रयत्न और भूल (ट्रायल ऐंड एरर) की अन्वेषणात्मक पद्धति अपनाते हैं। इस तरह उनमें सामूहिक सर्जनात्मकता की भावना, क्षमता और आदत का विकास होता है, जो श्रेष्ठ नाट्य-सृष्टि की एक आवश्यक पूर्व-शर्त है।

इस प्रकार लगभग एक सप्ताह की कलात्मक जद्दोजहद के बाद अभिनेता कहानी की नाट्य-प्रस्तुति का एक ढाँचा तैयार कर लेते हैं। इसे अंकुर निर्देशक के रूप में अकेले नहीं देखते, बल्कि अपने कुछ मित्र नाट्यकर्मियों को भी दर्शकों के रूप में आमंत्रित करते हैं, ताकि वह सिर्फ़ तकनीकी डिमांस्ट्रेशन न रहकर नाट्य-प्रस्तुति की सर्जनात्मक ज़मीन पर आ जाए और अभिनेता उस समय भी अपनी कल्पनाशीलता का इस्तेमाल करने के लिए प्रेरित हों। अंकुर कहानियों के अपने पूरे रिहर्सलों में लगातार इस विधि का इस्तेमाल करने की कोशिश करते हैं, ताकि अभिनेताओं की सर्जनात्मक ऊर्जा निरंतर सक्रिय बनी रहे। अभिनेताओं की कल्पनाशीलता और आशुसर्जन को बढ़ावा देने के लिए वे उन्हें प्रतिदिन रिहर्सलों में नई अभिव्यक्तियाँ तलाश करने को प्रोत्साहित करते रहते हैं। इससे उनमें इतनी गतिशील ऊर्जा का संचार हो जाता है कि न सिर्फ़ प्रतिदिन के रिहर्सलों में विविधता दिखाई पड़ती है, बल्कि पूर्ण प्रस्तुतियों में भी प्रतिदिन नई ताज़गी सामने आती है।

कभी-कभी इस स्वतंत्रता का नतीजा कल्पना की उच्छृंखलता और कलात्मक

अराजकता के रूप में भी सामने आता है। तब अंकुर बड़ी सावधानी से उन्हें आत्मसंयम और कलात्मक अनुशासन का मार्ग दिखाते हैं, ताकि अभिव्यक्ति में पैनापन आ सके। इसमें वे इस बात का बराबर ध्यान रखते हैं कि अभिनेताओं पर कुछ थोपा न जाए।

इसके बाद रिहर्सलों और गहन निर्देशन का सिलसिला शुरू होता है। अंकुर रिहर्सलों के बीच बहुत कम हस्तक्षेप करते हैं। आद्यंत पूर्वाभ्यास की समाप्ति पर वे अभिनेताओं को एकत्र कर कुछ समीक्षाएँ करते हैं और सुझाव देते हैं, जिन्हें अभिनेता हृदयंगम कर लेते हैं और आगामी पूर्वाभ्यासों में उन्हें रूपायित करने की कोशिश करते हैं।

अंकुर के निर्देशन की पद्धति में और भी सूक्ष्मताएँ और मनोवैज्ञानिकता है। वह अपने अभिनेताओं के साथ सहज मानवीय, मैत्रीपूर्ण रिश्ता कायम करते हैं, जिससे निर्देशक के प्रति प्रायः हर अभिनेता संवेदनशील हो उठता है और उसकी ग्रहणशीलता बढ़ जाती है। तब अंकुर अभिनेताओं के साथ आकस्मिक मुलाक़ातों में प्रच्छन्न टिप्पणियों, चुटकियों, मज़ाकों और मशविरों में कुछ ऐसे निर्देश देते हैं जो उनके मर्म तक उतर जाते हैं और उनके अनुकूल नतीजे उनके कामों में दिखाई पड़ते हैं।

अंकुर की यह अनूठी निर्देशन-प्रक्रिया कहानी के दृश्यकाव्य-जैसी अपूर्व नाट्य-विधा की सार्थक सर्जना के लिए तो आवश्यक है ही, अभिनेताओं के लिए इसका शैक्षणिक मूल्य भी कम नहीं। इसमें उनको सर्जनात्मकता और कलात्मक प्रौढ़ता के विकास का एक नया रास्ता मिलता है।

कहानी के दृश्यकाव्य का स्वरूप

अंकुर द्वारा कहानी की नाट्य-प्रस्तुति के स्वरूप को निर्धारित करना काफ़ी मुश्किल काम है, क्योंकि वह प्रत्येक कहानी की विषयवस्तु, भावधारा और शिल्प-शैली के अनुसार बदलता रहता है। लेकिन सरलीकरण का ख़तरा उठाते हुए उसके कुछ सामान्य लक्षणों का विवेचन किया जा सकता है, जिससे उसे समझने और उसका मूल्यांकन करने में कुछ सहायता मिल सके।

अंकुर द्वारा प्रस्तुत कहानी के दृश्यकाव्य का पहला और सबसे महत्त्वपूर्ण लक्षण कहानीकार द्वारा प्रस्तुत कथा-वर्णन या वृत्तांतकथन (नैरेशन) के तेवर को यथासंभव बनाए रखना है और यह नाट्य-क्रिया के गहन क्षणों में भी प्रायः किसी-न-किसी रूप में सूक्ष्मता से मौजूद रहता है। इसके लिए वे कहानी के क्रम-विन्यास को ज्यों-का-त्यों बनाए रखते हैं। कभी-कभी रंगमंच पर नाट्य-क्रिया की भौतिक प्रस्तुति कहानी की कुछ घटनाओं की पूर्वापरता को बदलने की माँग करती हैं; लेकिन अंकुर उससे प्रायः परहेज़ ही करते हैं।

वृत्तांतकथन अतीत की घटनाओं का विवरण है—जो कुछ हो चुका है, उसकी रपट। लेकिन नाटक में तो दर्शकों को ऐसा प्रतीत होना चाहिए जैसे सभी कुछ अभी-अभी, नाट्यदर्शन की समयावधि में ही, घटित हो रहा है। फिर यह वृत्तांतकथन (नैरेशन) नाटक या दृश्यकाव्य कैसे बन पाता है? इस अंतर्विरोध को अभिनेता अपनी सदेह तात्कालिक उपस्थिति से दूर करता है। अपने सामने अभिनेता को देखना और सुनना एक तात्कालिक अनुभव है, और यही नाटकत्व का प्राण है।

अंकुर की प्रस्तुति-शैली का एक महत्त्वपूर्ण लक्षण वृत्तांतकथन या नैरेशन के साथ उनका विशिष्ट निजी बर्ताव है। वे वृत्तांतकथन की एकरसता को तोड़कर उसे अद्भुत गतिशीलता, भावप्रवणता, दृश्यमयता और नाटकीयता प्रदान करते हैं। इसके लिए वे वृत्तांतकथन को अनेक इकाइयों में बाँटकर अभिनेताओं के बीच उनका बड़ा कुशल वितरण करते हैं : जिन्हें कभी तो अभिनेता परस्पर एक-दूसरे को संबोधित कर संवादों की तरह बोलते हैं और कभी दर्शकों की आँखों में आँखें डालकर उनसे आत्मीयता स्थापित करते हुए अपने राज़ खोलते हैं। कभी चरित्राभिनय करते हुए अपने ही विषय में अन्य पुरुष की तरह बोलते हैं तो कभी एक चरित्र की मौजूदगी में दूसरा चरित्र उसके बर्ताव या चरित्र की गुत्थियों का खुलासा करता है। कभी गहन संवेगात्मक क्षणों में नाट्य-क्रियाएँ करते हुए पात्र वृत्तांतकथन भी कर जाते हैं। कभी जब एक अभिनेता नैरेशन कर रहा होता है तो अन्य पात्र उसमें निहित घटनाओं का चित्रण करते हुए उसका भाव-परिवेश रचते हैं। वृत्तांतकथन को रोचक और भरा-पूरा बनाने के लिए अंकुर की एक सूझ उसे क्रीड़ात्मक गतियों से जोड़ना है; जैसे, ताश खेलना, रस्सी कूदना, व्यायाम करना, मेकअप करना आदि-आदि। ये क्रीड़ापरक क्रियाएँ यद्यपि कहानी से सीधे नहीं निकलतीं, फिर भी वे उसके परिवेश या चरित्रांकन को समृद्ध करती हुई वृत्तांतकथन को रोचक बनाती हैं। इन स्थितियों में कभी-कभी नैरेशन में ऐसी सांकेतिकता और अर्थगर्भिता निकल आती है, जो सामान्यतया कहानी के पाठकों को प्राप्त नहीं हो पाती।

कहानी के दृश्यकाव्य में संवाद भी होते हैं, लेकिन ठीक उसी तरह नहीं, जैसे नाटकों में। ये संवाद कहानी से ही प्राप्त होते हैं, लेकिन सीधे क्रमिक रूप से उपलब्ध नहीं होते; उन्हें अन्वेषित करना पड़ता है। हिंदी की आरंभिक कहानियों में संवाद काफ़ी संख्या में हुआ करते थे; बल्कि बहुत-सी कहानियों का अधिकांश नाटक की ही तरह संवादों के सहारे आगे बढ़ता था। प्रेमचंद की बहुत-सी कहानियों में अच्छे संवाद मौजूद हैं। प्रसाद की कुछ कहानियों में तीखे नाटकीय संवाद हैं। लेकिन समकालीन कहानियों में संवाद की अवधारणा बिल्कुल बदल गई है। अंकुर कहानी चुनने में संवादों की प्रधानता को कोई महत्त्व नहीं देते। वे आद्यंत वर्णनात्मक कहानी में भी संवाद अन्वेषित कर लेते हैं, लेकिन कहीं अपनी ओर से बनाकर

उन्हें थोपते नहीं। वस्तुतः, वृत्तांतकथन या नैरेशन भी एक तरह का संवाद ही है, और जब कहानी का नैरेटर प्रथम पुरुष में हो तो बात और अधिक बन जाती है। कहानी के चरित्रों के मन में उठनेवाले भाव-विचार-तरंगों का शाब्दिक वर्णन, आत्मविश्लेषण, अपने को ही कठघरे में खड़ा कर आंतरिक एकालाप—ये सब कहानी की प्रस्तुति में प्रभावशाली संवाद का आकार ग्रहण कर लेते हैं।

नाट्य-क्रियाओं की दृष्टि से कुछ कहानियाँ बहुत संपन्न होती हैं। उनमें नाटकीय तत्त्व बड़ी कुशलता से सँजोए होते हैं। वे वस्तुतः कहानी का रूप धरे नाटक ही होते हैं। ऐसी कहानियाँ रंगमंच पर बहुत सफलता से अभिनीत हो जाती हैं। हालाँकि अनभ्यस्त निर्देशक के लिए ऐसी कहानियों को तुरंत पहचान पाना उतना आसान नहीं है, फिर भी अंकुर ऐसी कहानियों की खोज में कदापि नहीं रहते। अब अगर उनकी चयनित कहानियों में एक-दो ऐसी कहानियाँ आ ही जाती हैं, तो वे बिल्कुल दूसरे कारणों से। ज़्यादातर कहानियों में नाट्य-क्रियाएँ सीधे, साफ़ दिखाई नहीं पड़तीं, पर वे उनमें निहित ज़रूर रहती हैं—कभी-कभी एक शब्द में, कभी एक वाक्य में तो कभी कहानी की प्रत्यक्ष या अप्रत्यक्ष घटनाओं में। अंकुर चयनपूर्वक इनका तो रंगमंच पर पुनर्विन्यास करते ही हैं, वे ऐसी नाट्य-क्रियाओं का भी अन्वेषण करते हैं, जो रंगमंच पर अभिनेताओं की स्थितियों, क्रियाओं, गतियों और देह-भाषा से रूपाकार ग्रहण करती हैं। इनसे कहानियों में रंगत उभरती है और वे भरी-भरी लगने लगती हैं।

अभिनय की दृष्टि से भी अंकुर की प्रस्तुतियाँ मुख्य धारा के नाटकों से काफ़ी अलग होती हैं। एक तो वे हर एक कहानी के लिए यथासंभव कम-से-कम अभिनेताओं का इस्तेमाल करते हैं, इसलिए एक-एक अभिनेता को कई-कई चरित्रों का अभिनय करना पड़ता है। कहानी के कुछ चरित्रों का तो अभिनय भी नहीं होता। उनकी उपस्थिति और क्रियाओं को सिर्फ़ शब्दों द्वारा या अन्य अभिनीत चरित्रों की प्रतिक्रियाओं द्वारा जतला दिया जाता है। कुछ कहानियों में एक-दो चरित्रों के लिए अभिनेता निश्चित कर दिए जाते हैं, लेकिन उन्हें भी वृत्तांतकथन या नैरेशन तो करना ही पड़ता है। इसलिए मुख्य धारा के नाटकों की तरह यहाँ गहरा चरित्राभिनय संभव नहीं; यहाँ तो सांकेतिक रूप से ही चरित्रों की रूपरेखा, उनकी अनुभूतियाँ और संवेग प्रस्तुत करने पड़ते हैं, जो अपनी विश्वसनीयता और संक्रमणशीलता के लिए अभिनेताओं से और भी कड़ी मांग करते हैं। उन्हें अपने अंदर एक ख़ास तरह की क्षिप्र सक्रियता और संचरणशीलता विकसित करनी पड़ती है। इसके अलावा उन्हें एक और गहरे स्तर पर कार्य करना पड़ता है। उन्हें कहानीकार की ही तरह यथार्थ के भोक्ता या आत्मीय निकटता के साक्षी की भूमिका ग्रहण करने की तैयारी करनी पड़ती है; ताकि वे पूरी कहानी को इस तरह बयान कर सकें, मानो यह उन्हीं के अनुभवों की प्रामाणिक कहानी है, कि दर्शक-श्रोता

उसमें पूरा यक़ीन कर सकते हैं। इन सबके लिए अभिनेताओं को अपनी सर्जनात्मक क्षमताओं की तलाश नए सिरे से करनी पड़ती है, जिसका सबसे सुखद नतीजा अभिनय में अपूर्व ताज़गी लेकर प्रकट होता है।

अपनी कहानियों की प्रस्तुति के लिए अंकुर रंगमंच का इस्तेमाल अभिनय के लिए एक ख़ाली जगह के रूप में ही करना ज़्यादा पसंद करते हैं, ताकि अभिनेता और शब्द निर्बाध बिंबों की शृंखला बनाते रह सकें। अभिनेताओं का विशेष आग्रह या कहानी की कुछ ख़ास माँग होने पर, वे कुछ सांकेतिक दृश्यसज्जा या कुछ मंच-उपकरणों के प्रयोग की अनुमति दे देते हैं, फिर उन्हें यथासंभव निर्विशिष्ट भी कर देते हैं; ताकि बदलती हुई स्थितियों के अनुकूल वे बदले हुए आधार-बिंब का काम दे सकें। अंकुर की प्रस्तुतियाँ साधनों की मितव्ययिता और सादगी लिए होती हैं। रंगमंचीय गिमिक्स को वे अपनी रचनाओं में भरसक आने ही नहीं देते। इसीलिए कहानी के दृश्यकाव्य में अभिनेता की अभिव्यंजना-शक्ति और कहानीकार के शब्द ही अभिव्यक्ति के मुख्य आधार रह जाते हैं। इन्हें लेकर अंकुर जिस नाट्य को सिरजते हैं, उसका आकार भी सिद्धांततः उसी तरह का बनना चाहिए जैसा कहानी का हो; क्योंकि वे भी उसी या उन्हीं नैरेटरों के नज़रिये से, उन्हीं धरातलों पर कहानी को प्रस्तुत करने की कोशिश करते हैं। लेकिन इसमें मुख्य समस्या शब्दों से बननेवाले सूक्ष्म बिंबों को रंगमंच के माध्यम से उपलब्ध बिंबों के साथ प्रभावपूर्ण तरीके से अंतर्गुंफित करने में खड़ी होती है; क्योंकि कहानीकार अपनी रचना-प्रक्रिया में इस ओर कोई ध्यान नहीं देता, जबकि श्रेष्ठ सर्जनशील नाट्य-लेखक की सफलता का सबसे बड़ा आधार यही सूक्ष्म समन्वय है। दरअसल, पढ़ते समय पाठकों की कल्पना में शब्द-जैसा बर्ताव करते हैं, कोई ज़रूरी नहीं कि रंगमंच पर भी वे वैसा ही करें। रंगमंच पर उनका बर्ताव अक्सर बिल्कुल नया और अप्रत्याशित मोड़ लेने लगता है। अंकुर की प्रस्तुतियों और रिहर्सलों में इन्हें लक्ष्य करना मेरे लिए बड़ा रोचक और चमत्कृत कर देनेवाला अनुभव रहा है। इससे भी अधिक रहस्यमय अनुभव यह लक्ष्य करना रहा है कि रंगमंचीय ज़रूरतों से पूरी तरह बेख़बर कहानीकार कभी-कभी उन शब्दों, वाक्यों और उस पूरी भाषा-संरचना को कैसे सिरज लेता है, जो रंगमंच के बेहद अनुकूल होती है और कभी-कभी अच्छे नाटककार की भी पकड़ में नहीं आती। शायद इसका एक कारण जीवन के सूक्ष्मतम यथार्थ के प्रति गहरी संवेदनशीलता और उसे शब्दों में रूपायित करने की भाषिक क्षमता में कहीं निहित है, क्योंकि अंततः साहित्य और थिएटर दोनों का लक्ष्य तो एक ही है—जीवन के सूक्ष्मतम अंतर्विरोधों का ऐसा एहसास कराना कि हम बेहतर जीवन-लक्ष्यों की ओर मुख़ातिब हो सकें। इसीलिए अंकुर द्वारा प्रस्तुत कहानी की दृश्यकाव्य-प्रस्तुतियों में साहित्य और नाट्य कुछ इस तरह घुले-मिले हैं कि रसानुभूति का एक सर्वथा नया लोक मन में कौंधता रहा है।

अब कुछ कहानियाँ साधारण नाटक-भर बनकर रह गईं या कुछ वह भी नहीं बन पाईं तो यह स्वाभाविक है; क्योंकि अंकुर बाईस वर्षों से सब तरह की कहानियों को रंगमंच पर लाने का एक विराट प्रयोग कर रहे हैं, और ऐसे प्रयोग में असफलताओं की संख्या कोई माने नहीं रखती। महत्त्व है प्रयोग के लक्ष्य और हर सफल या असफल प्रयोग से मिलनेवाले दिशा-संकेतों को दर्ज करने का; ताकि आगामी प्रयोग और भी पैना और लक्ष्य-केंद्रित हो सके। रंगमंच और साहित्य, दोनों के लिए यह दुर्भाग्य की बात है कि हम ऐसी कोई समीक्षा-प्रणाली विकसित नहीं कर सके, जो इन दिशा-संकेतों को दर्ज कर उनका विश्लेषण कर सकती।

कहानी में नाटक की तलाश

नेमिचंद्र जैन

हिंदी रंगकर्म में एक नया शब्द, बल्कि शायद एक नया नाट्यरूप, पिछले पंद्रह-बीस बरस से उभरा है—'कहानी का रंगमंच'। यह कुछ अटपटा लगता है, क्योंकि आख़िर हर नाटक में कोई-न-कोई कहानी तो होती ही है, कहानी का रंगमंच अलग से कहने की क्या ज़रूरत? क्या उसका कोई अलग वजूद हो सकता है? कहानी न हो तो नाटक या रंगमंच होगा कैसे? इसलिए एक तरह की दोहरावट है किसी भी रंगकार्य को कहानी का रंगमंच कहने में। फिर भी इस बात से इनकार नहीं किया जा सकता कि कहानी के रंगमंच ने अपनी एक अलग पहचान पिछले कुछ वर्षों में बना ली है। दरअसल, हिंदी रंगमंच की एक ख़ास स्थिति के कारण ऐसा हुआ। देश की अन्य भाषाओं में कहानी का रंगमंच अलग से मौजूद नहीं है। हिंदी में उसकी जगह इसलिए बनी कि चार महानगरों और कई बड़े-बड़े राज्यों में फैले हुए हिंदी-रंगजगत में शौक़िया और उत्साही रंगकर्मी तो बेशुमार थे, पर उनकी ज़रूरतें पूरी करने के लिए काफ़ी नाटक नहीं थे। इस व्यापक, फैले हुए रंगजगत का काम उनके अपने मौलिक और अनूदित नाटकों से पूरा नहीं हो रहा था और कल्पनाशील निर्देशक नए-नए रास्ते खोज रहे थे। ऐसे में ही कहानियों को सीधे खेलने की कोशिश देवेंद्र राज अंकुर ने शुरू की। इसके पहले कहानियों के नाट्यांतर होते रहे थे, पर अब कहानी को, कोई नाट्यरूप दिए बिना ही, ज्यों-का-त्यों मंच पर प्रस्तुत किया जाने लगा।

ज़ाहिर है, इस प्रयोग में सबसे बड़ी चुनौती यह थी कि कहानी में पात्रों के आपसी संवादों या उनके आंतरिक सोच-विचार को तो मंच पर आसानी से प्रस्तुत कर सकते हैं, पर जो विवरण या वर्णन होते हैं; या तमाम दूसरी चीज़ें होती हैं, उनको नाटकीय रूप कैसे दिया जाए? इसमें शायद भारतीय रंग-परंपरा की एक पुरानी विशेषता काम आई या हो सकता है, अंकुर को अलग से यह सूझी है। हमारे बहुत-से पारंपरिक नाटकों में एक वाचक होता है, जो कहानी को जोड़ता है, उसके ऊपर टिप्पणी भी करता है, और ज़रूरत पड़ने पर छोटी-बड़ी भूमिका भी

निभा लेता है। इस तरह का पात्र कहानियों के प्रस्तुतीकरण में भी लाया जा सकता है। संभवतः, अंकुर ने इसी का उपयोग किया। विवरण की, टिप्पणी की ज़रूरत होती है कहानी को आगे बढ़ाने के लिए, या पात्रों की अलग-अलग स्थितियों को जोड़ने के लिए; ज़रूरत पड़ने पर अलग-अलग स्थानों को, अलग-अलग संदर्भों को जोड़ने के लिए।

सबसे पहले, शायद 1975 में, निर्मल वर्मा की तीन कहानियाँ प्रस्तुत की गई थीं—संभवतः वे ही जो **तीन एकांत** नाम से एक नाटक के रूप में छप भी गई हैं। निर्मल वर्मा सूक्ष्म मानसिकता को दिखानेवाले कथाकार हैं। उनकी कहानियों में बाहरी घटना या कि जिसे कार्य-व्यापार कहा जा सकता है, वह बहुत कम है। निर्मल वर्मा मानसिक जगत में होनेवाली हल्की-सी लहरों को बहुत बारीकी से पकड़ते हैं। इसलिए उस समय लगा कि कहानी को सीधे प्रस्तुत करने के प्रयोग में निर्मल वर्मा जैसे मुख्यतः मानसिक जगत के रचनाकार को चुनना शायद दुस्साहस का काम है। पर वह पहला प्रयास ही बहुत कामयाब रहा और उन कहानियों के भीतर जो संवेदना है, उसमें जो एक तरह की अमूर्तता है, भावों की, विचारों की जो टकराहट है, वह बहुत सहज भाव से उस प्रस्तुति में संप्रेषित हो सकी। वे तीनों ही उनकी विख्यात कहानियाँ हैं : **डेढ़ इंच ऊपर, धूप का एक टुकड़ा** और **वीकएंड**। इन कहानियों का परिवेश अलग-अलग तरह का है, हालाँकि अनुभव के स्तर पर वे एक ही बात कह रही हैं, जो **तीन एकांत** नाम से भी ज़ाहिर होती है।

इस सफलता के बाद कहानियों को सीधे प्रस्तुत करने के प्रयास बढ़ गए। कहानियों के अलग-अलग स्तरों को, अलग-अलग रूपों को पकड़ने की कोशिश की गई उसमें जो विवरण या वर्णन के नाटकीय उपयोग की समस्या थी, उसे भी कई तरह से सुलझाया गया। पात्र स्वयं ही वर्णनकार या वाचक बना, या ऐसा भी किया गया कि एक ही कहानी में अलग-अलग पात्र अलग-अलग स्थितियों के वाचक बने। इस तरह विवरण की समस्या का बहुत ही नाटकीय और प्रभावी हल निकल आया। इस प्रयास की सफलता से स्वयं अंकुर तो लगातार नई-नई कहानियाँ मंच पर प्रस्तुत करते ही रहे हैं, और भी कई लोगों ने इसकी संभावनाओं को खोजने, रंगकर्म के इस तरीके को अपनाने की कोशिश की है।

इस प्रयोग की दो-तीन बातें बहुत महत्त्वपूर्ण हैं। सबसे पहले तो यह कि कोई स्थूल, मोटी बात कहनेवाले, या चालू मुहावरे में चालू ढंग की बातें कहनेवाले नाटकों को खेलने की बजाय, अगर कहानियों का चुनाव किया जाता है तो श्रेष्ठ साहित्य का एक बड़ा क्षेत्र निर्देशक के सामने खुल जाता है। इससे ऐसी रचनाएँ सुलभ हो जाती हैं जो सचमुच जीवन की गहरी समझ की, अनुभूति की, हमारे आज के यथार्थ की विडंबनाओं को घेरा करती हैं। उनको प्रस्तुत करके एक सार्थक अनुभव

के नाटकीय रूप को लोगों तक पहुँचाया जा सकता है। इस तरह कहानियों के प्रस्तुतीकरण से सृजनात्मक लेखन का बहुत सार्थक हिस्सा एकाएक रंगमंच में खिंच आया। यह इसी से ज़ाहिर है कि पिछले पंद्रह-बीस बरसों में, 1975 से लगाकर अब तक, जिन कहानीकारों की रचनाएँ प्रस्तुत हुई उनमें निर्मल वर्मा तो हैं ही, उनके अलावा प्रेमचंद, भीष्म साहनी, मन्नू भंडारी, कृष्ण बलदेव वैद, विजयदान देथा, हरिशंकर परसाई, मोहन राकेश आदि अनेक ऐसे नाम हैं, जो इस दौर के बहुत ही विशिष्ट रचनाकार हैं। साहित्य के क्षेत्र में, कथालेखन के क्षेत्र में, इन लोगों का बड़ा योगदान है। इन्होंने कई स्तरों पर जीवन की विडंबनाओं को, संघर्षों को, आज के आदमी की हालत को दिखानेवाली स्थितियों को अपनी कहानियों में उजागर किया है, और उन अनुभवों को इन कहानियों के माध्यम से नाटक के दर्शकों तक लाया जा सकता है। यह बहुत बड़ा काम है कि इतने अच्छे, श्रेष्ठ, महत्त्वपूर्ण सर्जनात्मक साहित्य को रंगमंच से जोड़ा गया। सीधे-सीधे नाटक-लेखन में यह बहुत कम हो पाया। हम जानते हैं कि पिछले बीस-पच्चीस साल में हिंदी में उत्कृष्ट स्तर के ऐसे नाटक बहुत कम लिखे गए, जिनमें जीवन की गहरी समझ हो, अनुभूति की तीव्रता हो, सूक्ष्मता हो और सर्जनात्मक अनुशासन हो। इस दृष्टि से श्रेष्ठ कहानियों का प्रस्तुतीकरण बहुत सार्थक नवीनता है।

दूसरे, कहानियों में विविधता की बहुत गुंजाइश है। थोड़े-से परिश्रम से ही अलग-अलग कथ्य की, अलग-अलग शैली की, अलग-अलग भाव दशा की, अलग-अलग सामाजिक परिवेश की कहानियाँ चुनी जा सकती हैं। ऐसी विविधता नाटक में बहुत आसानी से नहीं मिल सकती। कथाओं का जो विराट और विपुल साहित्य-संसार हमारे सामने है, इसमें कथ्य का बड़ा विस्तार है। अनेक तरह के अनुभव को कहानियों के माध्यम से रंगमंच पर लाया जा सकता है और उसे दर्शकों तक पहुँचाया जा सकता है।

कहानियों के चुनाव की एक अन्य उपलब्धि प्रस्तुति के स्तर पर महत्त्वपूर्ण है। कहानी के प्रस्तुतीकरण में सादगी की ज़रूरत है, टीम-टाम की नहीं। कहानी में साधारणतः थोड़े पात्र होते हैं। उसमें थोड़ी बातें होती हैं, पर वे सूक्ष्मता से, गहराई से, पूरी सघनता से रखी जाती हैं। उसको प्रस्तुत करने के लिए बड़ा आडंबर नहीं चाहिए। थोड़े-से लोगों, थोड़ी-सी चीज़ों, यानी बहुत कम साधनों से कहानी की कथावस्तु या भाव-स्थिति प्रस्तुत हो जाती है। अनेक कहानियों के प्रस्तुतीकरण में दृश्यसज्जा के लिए एक-दो स्टूल, या बेंच से या इनके बिना भी काम चल जाता है। कहानी के रंगमंच की यह सादगी एक बड़ी खूबी है। ख़ासतौर पर हिंदी रंगमंच में, जहाँ अधिकांश रंगकर्मी शौक़िया हैं, और जिनके सामने साधनों की समस्या बड़ी तीव्र है, वहाँ कहानियों का प्रस्तुतीकरण एक बड़ी सुविधा है।

अभिनेता के लिए, उसकी कल्पना के लिए भी इसमें एक नई तरह की चुनौती

है। कहानी के प्रस्तुतीकरण में उसे दो काम लगातार करने पड़ते हैं। एक तो वह कोई पात्र होता है, और दूसरे, अक्सर उसे स्वयं ही नैरेटर या वाचक भी बनना होता है। इन दो कामों को सही ढंग से निभाने के लिए अभिनेता को कुछ ज़्यादा तैयारी करनी होगी। इसलिए इसमें अभिनेता के अपने आत्म-शिक्षण की, अपने कौशल को निखारने की, सूक्ष्म बनाने की, नुकीला बनाने की, गुंजाइश भी है और ज़रूरत भी। इस तरह कहानियों के प्रस्तुतीकरण में अभिनेता के लिए चुनौती भी है और उपलब्धि भी। कहानियों में छोटी-छोटी भूमिकाएँ होती हैं, बड़ी या लंबी भूमिकाएँ नहीं। पर छोटी भूमिकाओं में स्थिति या भाव का बहुत सघन बिंदु होता है, जिसे रूपायित करने की कोशिश अभिनेता को करनी होती है। एक और तरह की चुनौती यह है कि बड़ी भूमिका, एक बड़े नाटक में, एक जगह से शुरू होकर किसी दूसरी जगह पर पहुँचती है। इसमें विकास की, बढ़ने की, फैलते जाने की संभावनाएँ एक दूसरी तरह के कौशल की माँग करती हैं। पर कहानी में तुरंत आपको एक ऐसे बिंदु पर आना होता है, जिसके लिए कार्यव्यापार में पहले से कोई तैयारी नहीं है। उस सघन बिंदु पर तुरंत पहुँचना, अभिनय के तंत्र को इतना तैयार करना, उसको इतना संवेदनशील बना सकना, अभिनेता की सृजनात्मकता के बिना संभव नहीं है। यह स्वाभाविक है कि इस बीच लगातार कहानियाँ खेली गई हैं और उसमें करनेवालों और देखनेवालों, दोनों को संतोष भी हुआ है।

यहाँ इस बात का ज़िक्र किया जा सकता है कि सिर्फ़ कहानियाँ ही नहीं, कई उपन्यास भी इसी तरह से सीधे नाट्यांतर किये बिना प्रस्तुत किए गए हैं। जैसे, मन्नू भंडारी का **महाभोज**, काशीनाथ सिंह का **अपना मोर्चा** या कि अज्ञेय का **अपने-अपने अजनबी** को इसी शैली में पेश किया गया। संभव द्वारा **महाभोज** को कहानी की शैली में और रा. ना. वि. रंगमंडल द्वारा बड़े फलक पर यथार्थवादी शैली में प्रस्तुत करने में बहुत फ़र्क़ तो है ही; पर कई बार लगा कि जैसी सघनता संभव की प्रस्तुति में आ सकी, वैसी उस बड़ी टीम-टामवाली प्रस्तुति में, उतनी सहजता से नहीं आ पाई। बेशक, अमाल अल्लाना के निर्देशन में रंगमंडल की प्रस्तुति में गहरी विडंबना, और हमारे समाज के विघटन और भ्रष्टता की ओर पतन को बड़े पैमाने पर रूपायित किया गया है; पर देवेंद्र राज अंकुर के निर्देशन में संभव की प्रस्तुति में एक तरह की अंतरंगता थी और बहुत कम साधनों में, सहज भाव से, उसका मुख्य कथ्य प्रस्तुत हुआ। बहरहाल, कहानी के रंगमंच की सार्थकता उपन्यासों को दिखाने में उतनी नहीं है, जितनी छोटी कहानियों के माध्यम से इस दौर के सार्थक सृजनात्मक लेखन में मौजूद अनुभव को दर्शकों तक पहुँचाने में है।

इन सब उपलब्धियों के बावजूद, यह बात अपनी जगह सही है कि कहानी का रंगमंच नाटक के रंगमंच का स्थानापन्न नहीं हो सकता। आज के दौर में एक

हद तक वह कुछ ज़रूरतें तो पूरी करता है; पर एक या अधिक कहानियाँ एक वास्तविक नाटक की जगह नहीं ले सकतीं। कहानी का रंगमंच एक नए आस्वाद के लिए, ज़ायका बदलने के लिए तो ठीक है, पर इसे ही रंगकार्य का एकमात्र या प्रमुख रूप मानना एक तरह का सरलीकरण है। उदाहरण के लिए, कई तरह के नाटक करते-करते कभी-कभी कविता को भी मंच पर प्रस्तुत किया जाता है; कई कविताओं को गूँथकर, या कि लंबे काव्य को ही, मंच पर पेश करने की कोशिश की जाती है। पर ऐसा कभी-कभी ही किया जा सकता है; लगातार नियमित रंगकार्य वह नहीं बन सकता। इसी तरह कहानी का रंगमंच भी लगातार किया ज़ानेवाला रंगकार्य नहीं हो सकता। मुमकिन है कि कोई मंडली केवल कहानियाँ खेलना ही तय करें, पर वह टिकाऊ काम नहीं होगा। थोड़ी देर बाद उसमें एकरसता आ जाएगी और एक ही तरह की चीज़ें, एक ही शिल्प में, एक ही ढंग से होती हुई जान पड़ेंगी।

एक और बात भी है। नाटक जीवन के बड़े फलक को उकेरता है। यानी वह कोशिश करता है कि पूरे जीवन का आईना बन सके। उसका फैलाव बड़ा होने के कारण उसमें अनेक चरित्र आ सकते हैं, या कम पात्र भी बहुत बड़े या गहरे यथार्थ को पकड़ने की कोशिश कर सकते हैं। दूसरे शब्दों में, उसमें कई आयाम हो सकते हैं, कई स्तर हो सकते हैं; पर कहानी तो अपने स्वभाव से ही सीमित यथार्थ या अनुभव की रचना होती है, जैसे एकांकी। एकांकी भी छोटी-सी बात को प्रभावी ढंग से कहता है। उसी तरह कहानी भी, बड़े उपन्यास की तुलना में, एक छोटे-से अनुभव को, जीवन-यात्रा के एक बिंदु को पकड़ने की कोशिश करती है। कई कहानियाँ बहुत गहरी भी होती हैं, पर आमतौर पर कहानी जीवन के प्रवाह में से एक छोटी-सी बात को पकड़कर उसकी सार्थकता को रेखांकित करती है। उपन्यास का स्थानापन्न कहानी नहीं हो सकती। इसी तरह से बड़े नाटक की जगह एकांकी या कहानी नहीं ले सकती।

कई बार तात्कालिक सफलता के उत्साह में हम इन सब बातों को भूलने लगते हैं। जैसे, कुछ लोग नुक्कड़ नाटक के बड़े भक्त हैं। उनको लगता है नुक्कड़ नाटक ही असली नाटक है। वही जनता का नाटक है। पर वास्तव में तो जो हमारी ज़िंदगी के दुख-दर्द को कहे, हमारा आईना बने, वही नाटक जनता का नाटक है। इसके लिए उसका नुक्कड़ पर होना ही ज़रूरी नहीं है। वह कहीं भी, बड़े सभागार में भी, हो सकता है। निस्संदेह, नुक्कड़ नाटक की अपनी सार्थकता है। पर वह पूरे रंगकार्य का, मुख्य रंगकार्य का स्थान नहीं ले सकता। उसी तरह से कहानी का रंगमंच भी मुख्य रंगकार्य का स्थान नहीं ले सकता।

इस संदर्भ में एक और प्रयोग का ज़िक्र किया जा सकता है। पिछले वर्ष मोहन राकेश-स्मृति समारोह में राकेश की चार कहानियाँ खेली गईं। इसमें चारों कहानियों

को ऐसे जोड़ दिया गया कि एक लंबी कहानी का आभास हुआ। अलग से उन कहानियों की पहचान ख़त्म-सी हो गई और एक केंद्रीय चरित्र-जैसा उभर आया। यह अस्वाभाविक नहीं था। कहानीकार बहुत बार एक ही अनुभव के अलग-अलग पक्षों को अलग-अलग परिवेश में अलग-अलग कहानियों में कुरेदने की कोशिश करता है। एक तरह से तो राकेश के तीनों नाटक भी एक ही धुरी के, स्त्री-पुरुष-संबंध की एक विशेष समस्या के इद-गिर्द चलनेवाले नाटक हैं, जो अलग-अलग परिवेश में, अलग-अलग स्थितियों और अलग-अलग संदर्भों में, समस्या का अन्वेषण करते हैं। उनकी कहानियों में तो यह बात और भी ज़्यादा है। अन्य एक या अधिक कहानीकारों की भी ऐसी कहानियाँ, तीन-चार-छह कहानियाँ चुनना बहुत दुश्वार नहीं है, जिनमें एक ही स्थिति या संबंध या संघर्ष के अलग-अलग रूप उजागर हुए हों। ख़ासतौर पर, अगर कोई निर्देशक कहानियों का पाठक हो तो वह उन कहानियों में एकसूत्रता ढूँढ़ सकता है। राकेश की कहानियों में इस तरह की एकसूत्रता ढूँढ़ी गई थी। इसलिए वह एक नए ढंग का प्रयोग सिद्ध हुआ। उसमें ऐसा लगा कि एक तरह से पूरा एक नाटक ही हम देख रहे हैं। पर ऐसा कभी-कभी ही हो पाता है। मुख्य बात यह है कि कहानी को प्रस्तुत करने में कई तरह की चीज़ों को जाँचने की कोशिश की गई और उससे नई संभावनाएँ भी मिलीं। अगर हम उसकी सीमाओं के बारे में भी सजग रहें तो कहानी के रंगमंच को हिंदी रंगकर्म की एक उपलब्धि माना जा सकता है।

यह खुशी की बात है कि देवेंद्र राज अंकुर 'कहानी' के प्रस्तुतीकरण को एक और नया रूप दे रहे हैं; और उसे हमारे पारंपरिक कथामूलक नाट्यों से भी जोड़ने की कोशिश हो रही है। हमारी नाट्य-परंपरा में कहानी को मंच पर गाने की, कहने की, और दिखाने की पद्धति हर क्षेत्र में रही है और उसके कई रूप मौजूद हैं। अगर कहानी को उनसे जोड़ा जाए तो शायद एक और नया आयाम पैदा हो सकता है। जैसे, संगीत या किसी हद तक नृत्य को कहानी के प्रस्तुतीकरण में लाया जाए। ऐसी कहानी चुनी जाए जिसमें ये तत्त्व पहले से मौजूद हैं या कि निहित हैं, और प्रस्तुतीकरण में उनका इस्तेमाल किया जाए। हमारा बहुत सारा रंगमंच नैरेटिव या कथागायन पर आधारित है, जिसमें अभिनेता अपनी उपस्थिति से, अपनी कला से, अपने हुनर से, नई जान डालता है। वह कहानी को कहता या गाता जाता है और साथ ही उसे कई तरह से दिखाता और रूपायित करता जाता है। कहानी के प्रस्तुतीकरण को उससे जोड़ने की कोशिश नई दिशाएँ उद्घाटित कर सकती हैं।

'कथा कोलाज : एक और दो' की प्रस्तुति
स्मारिका (1994),
राष्ट्रीय नाट्य विद्यालय, नई दिल्ली

दृश्यकथा का बनता-सँवरता व्याकरण

भारतरत्न भार्गव

स्वातंत्र्योत्तर भारतीय रंगमंच के विकास-क्रम को यदि विवेचित-विश्लेषित करें तो सृजनात्मक उद्भावना की दृष्टि से इस रंगयात्रा के तीन महत्त्वपूर्ण पड़ाव नज़र आते हैं। पहला वह, जब साठ और सत्तर के दशक तक सभी भारतीय रंगकर्मी नए कथ्य और धारदार संप्रेषणीय क्षमता के ताज़ा मुहावरे के लिए संकल्पित थे और निर्देशक तथा नाटककार दोनों कंधे से कंधा मिलाकर काम कर रहे थे। नाटककार और निर्देशक के बीच रचनाधर्मिता और प्रयोजनशीलता के संदर्भ में गहरा अंतःसंबंध था। **आधे अधूरे** (मोहन राकेश और ओम शिवपुरी), **हयवदन** (गिरीश कारनाड और ब. व. कारंत), **घासीराम कोतवाल** (विजय तेंदुलकर और जब्बार पटेल) इन अंतःसंबंधों की ऐसी मिसालें हैं, जिन्हें आसानी से भुलाया नहीं जा सकता। दूसरी ओर, नए कथ्य, ताज़ा शिल्प के आग्रह के कारण अनेक महत्त्वपूर्ण निर्देशकों ने ऐसे नाटककारों को नए रूप में मंच-प्रतिष्ठा दी, जो या तो लगभग भुला दिए गए थे अथवा जिन्हें आलोचकों-समीक्षकों ने श्रेष्ठ नाटककारों के रूप में मान्यता नहीं दी थी। ये ऐसे नाटकाकर थे जिनके कृतित्व को समकालीन रंगमंच का अविभाज्य अंग स्वीकार नहीं किया गया था। इन महत्त्वपूर्ण निर्देशकों ने ऐसे नाटकों को मंचित करके एक ओर तो भारतीय रंगमंच को समृद्ध किया, दूसरी ओर एक नए मुहावरे की खोज का मार्ग भी प्रशस्त किया। इब्राहिम अल्काज़ी (**अंधा युग, आषाढ़ का एक दिन, तुग़लक** आदि), शंभु मित्र (**रक्तकरबी, राजा, चाँद बणिकेर पाला** आदि), हबीब तनवीर (**मिट्‌टी की गाड़ी, आगरा बाज़ार** आदि), शांता गाँधी (**भगवदज्जुकम, स्कंदगुप्त** आदि), ब.व. कारंत (**अँधेर नगरी, चंद्रगुप्त** आदि) ने स्थापित और प्रचलित मुहावरे को तोड़ने का सार्थक प्रयास किया। इस प्रयास में अनेक श्रेष्ठ अभिनेताओं का भी रचनात्मक योगदान था। तृप्ति मित्र, विजया मेहता, कुमार राय, श्रीराम लागू, सुलभा देशपांडे, ओम शिवपुरी, सुधा शिवपुरी, मनोहर सिंह, उत्तरा बावकर, सुरेखा सीकरी आदि की भूमिका मात्र पात्रोचित ही नहीं रही; इनका योगदान अनेक स्तरों पर सामान्य से कहीं अधिक था। इसके बावजूद ये अभिनेता

नाटककार और निर्देशक की तुलना में केंद्रस्थ नहीं रहे। इस दौर में विदेशी नाटकों के अनुवाद और रूपांतर भी हुए, लेकिन भारतीय नाट्य-लेखन के परस्पर आदान-प्रदान की तुलना में वह अपेक्षाकृत कम था।

निष्कर्षतः, इस दौर में निर्देशक ने नाटककार को साथ लेकर चलने के साथ उसकी रचनात्मक भूमिका को शिरोधार्य किया। पूर्ववर्ती नाटककारों की रचना के पुनःपाठ द्वारा उस मन्तव्य और प्रयोजन को संप्रेषित करने के लिए अपनी सृजनात्मक ऊर्जा का प्रयोग किया। दूसरी ओर, नाटककार रंगमंच की आंतरिक दुनिया से सीधा जुड़ा और रंगमंच की अनंत संभावनाओं से उसका गहरा साक्षात्कार हुआ।

रंगयात्रा के दूसरे पड़ाव में निर्देशक की गति शब्दकार की तुलना में अपेक्षाकृत तीव्र थी। लेखक के पास शब्द थे और नाटकेतर विधाओं, यानी कविता, कहानी, उपन्यास आदि में अपने कथ्य को अभिव्यक्त करके उसे आत्मतोष मिल सकता था। निर्देशक के पास ऐसा कोई विकल्प नहीं था। उसे जिस संपूर्ण भाषा की तलाश थी, उसमें शब्द गौण तो नहीं था, किंतु संप्रेषण के शब्देतर माध्यमों की ओर उसका आकर्षण बढ़ रहा था। यथार्थवादी शैली के नाटकों में शब्द केंद्र में था, परंतु अर्थ के विस्तृत आयामों को ध्वनित करने में शब्द पूरी तरह समर्थ नहीं हो रहा था। सामाजिक, राजनीतिक और नैतिक मूल्यों के निरंतर ह्रास के कारण शब्दों के अर्थ घिसने लगे थे। नई अर्थवत्ता, तीखी और असरदार संप्रेषणीयता की खोज के लिए ध्वनि एवं संगीत, मुद्राएँ एवं भंगिमाएँ, प्रकाश एवं रंग आदि अनेक ऐसे तत्त्व थे, जिन्हें प्रमुखता मिलने लगी।

इसका दुतरफ़ा प्रभाव हुआ। रंगमंच की भाषा निस्संदेह समृद्ध हुई, कलात्मकता और संप्रेषणीयता में भरपूर इज़ाफ़ा हुआ, नाटकों के एकायामी चरित्र अनेक स्तरों पर अर्थों को ध्वनित और प्रतिध्वनित करने लगे, दर्शकों में रंगमंच के प्रति नई संवेदनशीलता ने जन्म लिया, नए सांस्कृतिक संस्कार रूपाकार ग्रहण करने लगे और रंगमंच के पुराने तथा बेमानी मूल्य तेज़ी से धराशायी होने लगे, आदि-आदि।

दूसरी ओर नाट्यालेख को लेकर स्थापित मूल्यों का ह्रास भी हुआ। नाट्यालेख में निर्देशकों द्वारा मनचाहे परिवर्तनों और नाटककारों के प्रति तथाकथित उदासीन भाव ने निर्देशक और नाटककार के प्रगाढ़ रचनात्मक संबंधों में दरार डाल दी। ऐसा अकारण नहीं हुआ। अपवादों की बात छोड़ दें तो ऐसा निर्देशक के दुराग्रह के कारण भी नहीं हुआ। वह जिस मुहावरे की खोज में सन्नद्ध था, उसके लिए उसकी त्वरा नाटककार से कहीं अधिक थी। इस खोज में ख़तरे भी कम नहीं थे। सफलता-असफलता को लेकर भी संशय था। अधिकांश प्रसंगों में लगा कि निर्देशक तो यह जोखिम लेने को तैयार है—देखा जाए तो वह आरंभ से ही जोखिम मोल लेता रहा है—लेकिन नाटककार उसके प्रयोजन के प्रति पूरी तरह आश्वस्त नहीं था।

स्वतंत्रता के बाद पहले दौर में निर्देशक के मन में शब्द और शब्दकार के प्रति जो संवेदनशीलता थी, वह समाप्त हुई तो प्रतिक्रिया में नाटककार के मन में भी निर्देशक की नई रंगयात्रा को लेकर प्रश्नचिह्न उग आए। वह रंगमंच की संपूर्ण भाषा सीखने की बजाय शाब्दिक स्तर पर ही नए अर्थों की खोज में लगा रहा। लेकिन निजी मुहावरे की तलाश के नैरंतर्य ने अनेक निर्देशकों को स्वयं नाटक लिखने की प्रेरणा दी। शांता गाँधी का **जसमा ओडन** और हबीब तनवीर का **चरणदास चोर** इस दौर की श्रेष्ठ मिसालें हैं। संस्कृत और पारंपरिक नाट्य अवधारणाओं के समृद्ध किंतु अनछुए भंडार की ओर उन्मुख रचनाधर्मिता की अभूतपूर्व सफलता और पुनःप्रतिष्ठा ने इस क्षेत्र में अनेकानेक नए आयाम उद्घाटित किए। कमलेशदत्त त्रिपाठी, गोवर्धन पंचाल, कावालम नारायण पणिक्कर प्रभृति भारतीय विद्वानों एवं रंगकर्मियों ने **नाट्यशास्त्र** के पुस्तकीय समझे जानेवाले ज्ञान-भंडार की व्यावहारिकता के प्रति आश्वस्त किया। इसमें अनेक विदेशी विद्वानों की भी सक्रिय भूमिका रही, जिनमें पोलैंड के ब्रिस्की प्रमुख हैं।

इसका परिणाम बड़ा विचित्र हुआ। अंतर्राष्ट्रीय रंगमंच पर जहाँ स्वतंत्रता से पूर्व भारतीय रंगमंच की 'भारतीयता' के अस्तित्व पर ही प्रश्नचिह्न लग रहा था, अब उसी 'भारतीयता' के प्रति विश्व के अनेक शीर्षस्थ रंगकर्मियों की गहरी रुचि नज़र आने लगी। पाश्चात्य रंगमंचीय अवधारणाओं से उत्पन्न ऊब से आक्रांत वे लोग जिन नई संभावनाओं की तलाश में थे, वे उन्हें ओरिएंटल थियेटर में परिलक्षित हुईं। बर्टोल्ट ब्रेष्ट के बाद पीटर ब्रुक, ग्रोटोव्स्की, रिचर्ड शेख़नर, यूजीन बार्बा आदि रंगकर्मियों ने रंगमंच के जिन नए विशिष्ट तत्त्वों को रेखांकित किया, वे आश्चर्यजनक रूप से भारतीय थे।

दूसरी ओर, पाश्चात्य रंगकर्म को ही श्रेष्ठ रंगकर्म माननेवाले भारतीय रंगकर्मियों के हठीले मानदंडों में भी लचक नज़र आने लगी। वह **नाट्यशास्त्र**, जो उनके लिए साठ और सत्तर के दशक तक पूरी तरह अव्यावहारिक था, अचानक नए फ़ैशन की चीज़ बन गया। अनेक निर्देशकों ने संस्कृत नाटकों को मंचित किया, भले ही उनकी प्रस्तुति-शैली पूरी तरह पाश्चात्य ही रही। यानी भारतीय रंगमंचीय परंपरा के संबंध में विदेशी दिलचस्पी बढ़ने लगी और पाश्चात्य साँचे में ढले हुए अधिकांश भारतीय निर्देशकों का बौद्धिक दिवालियापन उजागर हुआ। एक बड़ी संख्या में भारतीय परंपरा के बोझ से दबे फ़ैशनपरस्त निर्देशकों की सैकड़ों प्रस्तुतियाँ देश-भर में हाहाकार मचाने लगीं। शांता गाँधी और हबीब तनवीर के प्रशस्त किए रास्ते पर चलनेवाले कुछ युवा निर्देशकों ने अवश्य ही अपनी छाप छोड़ी। उसका कारण स्पष्टतः यह था कि उन्होंने लोकनाट्य-शैलियों का अंधानुकरण नहीं किया, उनमें मौलिक उद्भावनाओं की खोज की। इन निर्देशकों में भानु भारती, नीलम मानसिंह चौधरी, बी.जयश्री, अलखनंदन, विभास चक्रवर्ती, वामन केंद्रे आदि प्रमुख हैं। लेकिन

इनमें एक बड़ी संख्या ऐसे निर्देशकों की रही, जिन्होंने लोकनाट्य-परंपराओं की मूल संवेदनाओं की समझ के बग़ैर उन्हें बतौर फ़ैशन अपनाने की कोशिश की। परिणामतः सारे देश के समकालीन रंगमंच में भारतीयता के नाम पर जो तमाशागीरी हुई, उससे संस्कारशील दर्शक पूरी तरह विमुख हो गया। ऐसी स्थिति में नाटककार तो भ्रमित पहले से ही था, गंभीर अभिनेता की भी ख़ासी दुर्दशा हुई। तीन दशक पूर्व उससे निर्देशक एक ख़ास क़िस्म की कलात्मक अपेक्षा करता था। उसके अभिनय के प्रशिक्षण की भी एक निश्चित प्रणाली थी। सबसे ज़्यादा ज़ोर संवादों के बोलने की तकनीक और उच्चारण पर था। चरित्र-चित्रण के लिए पाश्चात्य पद्धति सबसे बड़ा आधार थी। लेकिन जब रंगमंच के बाज़ार में लोकनाट्य का सिक्का चला तो अनेक फ़ैशनपरस्त निर्देशकों ने अभिनेताओं से संगीत और नृत्य की पारंगतता की अपेक्षा की। ऐसे अभिनय के लिए जिस कठिनसाध्य अभ्यास की आवश्यकता थी, अभिनेता उससे दूर भागने लगा। उसके लिए नए आकर्षण भी कम न थे। टी.वी. सीरियलों और फ़िल्मों ने हिंदी रंगमंच से अभिनेताओं के पलायन को और भी आसान कर दिया।

यह तीसरा पड़ाव था। जब नाटककार और निर्देशक ही नहीं, बल्कि निर्देशक और अभिनेता के संबंधों पर भी आँच आने लगी, तब भारतीय रंगमंच का नया संकट आरंभ हुआ। हिंदी के अतिरिक्त अन्य भारतीय भाषाओं में यह संकट इतना गहराया हुआ नज़र नहीं आया; किंतु हिंदी रंगमंच की स्थिति पिछले कुछ वर्षों से अत्यंत शोचनीय हो गई, लेकिन सुखद तथ्य यह है कि संक्रमण की इस स्थिति ने फिर नई पीढ़ी की कलात्मक ऊर्जा को चुनौती दी। पूरे देश में प्रयोगों का एक नया दौर आरंभ हुआ, जहाँ नए मुहावरे की खोज के प्रयासों ने सार्थकता ग्रहण की। उषा गांगुली, प्रबीर गुहा, बलवंत ठाकुर, अनामिका हक्सर, अरुमुघम, इकबाल अहमद आदि अनेक युवा रंगकर्मियों की प्रस्तुतियों में नई संभावनाएँ अंकुरित हुईं। और, सबसे सुखद बात यह है कि ये सभी लोग एक-दूसरे से बिल्कुल अलग फिर भी भारतीय नाट्य तत्त्वों के बहुत निकट हैं।

मौलिकता की दृष्टि से इस दौर के तीन युवा निर्देशकों ने जो नई ज़मीन तोड़ी, वह महत्त्वपूर्ण है। ये तीनों निर्देशक तीन विभिन्न दिशाओं में सक्रिय हैं, किंतु इनकी दृष्टि में गहरी सोच और प्रस्तुतियों में नवीन शिल्प और अद्भुत कलात्मक सुघड़ता है। ये तीन निर्देशक हैं—रतन थियम, बंसी कौल और देवेंद्र राज अंकुर। ये तीनों ही अस्सी के दशक में न केवल अपनी अलग पहचान बनाने में समर्थ हुए; बल्कि इन्होंने पारंपरिक भारतीय रंगमंच के मूल स्रोत से प्रेरणा लेकर उसे नितांत सामयिक, प्रांसगिक और निजी मुहावरा दिया है। शंभु मित्र, हबीब तनवीर, ब. व. कारंत और कावालम पणिक्कर के बाद ये तीन निर्देशक भारतीय नाट्यशास्त्र की पुनःप्रतिष्ठा में महत्त्वपूर्ण योगदान देने में समर्थ सिद्ध हो सकते है।

रतन ने अद्भुत कल्पनाशीलता का परिचय देकर आधुनिक (भारतीय एवं पाश्चात्य, दोनों) और पारंपरिक, विशेषकर मणिपुर के पारंपरिक नाट्यतत्त्वों का कलात्मक संगुंफन किया है। उन्होंने काव्यात्मक चाक्षुष बिंबों के प्रभावी नाटकीय संप्रेषण के लिए एक नई अभिनय-पद्धति की खोज करने में पहल की है। दूसरी ओर बंसी कौल ने भारतीय पारंपरिक नाट्य के एक महत्त्वपूर्ण, किंतु भुला-से दिए गए, पात्र विदूषक की नाटकीय संभावनाओं को विस्तृत आयाम देकर समकालीन भारतीय रंगमंच में एक नया अध्याय जोड़ने की कोशिश की है। किंतु देवेंद्र राज अंकुर की सोच संभवतः बिल्कुल अलग क़िस्म की रही। अच्छे भारतीय नाटकों के अभाव में वे सीधे, विशुद्ध साहित्य से जुड़े। इसमें भी कथ्यप्रमुख विधा कहानी की ओर उन्होंने ध्यान केंद्रित किया। इसके कारण और प्रयोजन अनेकानेक रहे होंगे, लेकिन अंततः इसका तीन स्तरों पर प्रतिफलन हुआ।

प्रथमतः, भारतीय और विशेष रूप से हिंदी कथासाहित्य की विशिष्ट रचनाओं की ओर सामान्य दर्शक का ध्यान आकृष्ट हुआ। साहित्य जो केवल पढ़ने की चीज़ समझा जाता था, उसे प्रत्यक्ष देखकर और सुनकर दर्शक को एक नितांत नई स्फूर्ति और ताज़गी का अनुभव हुआ। नाटककार की अनुपस्थिति से जो रिक्तता का अनुभव हो रहा था, श्रेष्ठ कहानियों को देखने के अनुभव ने उसे न केवल पूरा किया; बल्कि नई अपेक्षाओं और संभावनाओं को जन्म देने का कारण भी बना।

यहाँ यह समझ लेना आवश्यक है कि आलेख के स्तर पर यह प्रक्रिया नाट्य-रूपांतर से एकदम भिन्न है। नाट्य-रूपांतर में नाट्येतर रचना को, रंगमंचीय सीमाओं और संभावनाओं को दृष्टिगत रखते हुए, एक नया कलेवर दिया जाता है। इस प्रक्रिया में रूपांतरकार मूल रचना की अस्मिता की रक्षा करते हुए, कुछ जोड़ या घटा भी सकता है। दूसरे शब्दों में किसी कविता, कहानी, रिपोर्ताज़ या उपन्यास को नाटक-जैसा बनाने में रचनात्मक छूट भी ली जा सकती है; किंतु अंकुर जब कहानी को मंच पर प्रस्तुत करते हैं तो उसका आस्वाद कहानी के मूल आस्वाद से भिन्न नहीं होता; बल्कि उस मूल आस्वाद में कुछ और जुड़ जाता है। कहानी के शब्द, ख़ासतौर से जब वे संवादात्मक नहीं होते, पात्रों के मुख से उच्चरित होने पर अपनी पकड़ ढीली नहीं होने देते। ऐसी कहानियों में, जिनमें स्थूल घटनाक्रम नहीं के बराबर है, यह स्थिति चुनौती के रूप में आती है। वे इस चुनौती को केवल स्वीकार ही नहीं करते, बल्कि बेहद संतुलित रूप में उसकी मूल संवेदना की रक्षा करते हुए इस तरह संप्रेषित करते हैं कि स्थिति जैसे स्वयं पात्र बन जाती है। अमूर्त स्थिति, भाव, संवेदना या कथ्य को मूल शब्दों के माध्यम से ही व्यक्त करते हुए वे दर्शकों को एक नितांत नया अनुभव देते हैं। कई बार यह अनुभव कहानी पढ़ने के अनुभव से कहीं अधिक गहरा और असरदार हो जाता है।

इस प्रयोगधर्मिता का सृजनात्मक स्तर पर दूसरा महत्त्वपूर्ण प्रभाव अभिनय और

अभिनेता पर पड़ा। स्थापित और स्वीकृत रंगमंच के अभिनेता के पास नाटक का चरित्र एक महत्त्वपूर्ण आधार होता है, जो एक सुगठित कथा के पात्र के रूप में मानवीय संवेगों, स्थितियों, घटनाओं, क्रियाओं एवं प्रतिक्रियाओं के माध्यम से समस्त भावों को संप्रेषित करता है, जो अंततः रसोद्रेक में परिणत होते हैं। चरित्र को विश्वसनीय और सहज स्वीकार्य बनाने के लिए उसके पास अनेक उपकरण, युक्तियाँ, अवधारणाएँ, सिद्धांत और व्याकरण हैं। इसके अतिरिक्त उसके पास मंचसज्जा, प्रकाश, ध्वनि, वेशविन्यास, मंच-सामग्री आदि अनेकानेक तत्त्व होते हैं, जिनकी सहायता से वह चरित्रगत भाव को बोधगम्य और अनुभवजन्य बनाता है। पाश्चात्य या पौर्वात्य, सभी रंगशैलियों में अभिनेता के सामर्थ्य को द्विगुणित करनेवाले अनेकानेक तत्त्व मौजूद हैं।

कथामंच में अभिनेता पूरी तरह शब्दों पर आश्रित है। शब्द भी वही जो मूल कथाकार के हैं। आशु अभिनय, यानी इंप्रोवाइज़ेशन की कोई गुंजाइश नहीं। कथाकार के शब्द सदैव एक-से नहीं हो सकते। चरित्रों से झाँकते उनके प्रयोजन, भंगिमा, उद्देश्य शब्दों के माध्यम से ही रूप ग्रहण करते हैं। प्रेमचंद का मुहावरा, उनके पात्र और मनोदशाएँ, उनकी अंतर्दृष्टि और रचनाधर्मिता निर्मल वर्मा से एकदम भिन्न हैं। ग़ौर से देखें तो पाएँगे कि भीष्म साहनी, धर्मवीर भारती, रेणु, अमरकांत, मोहन राकेश आदि के चरित्रों की बुनावट इन कथाकारों के मुहावरे के ज़रिये बेहद स्पष्ट और गहरी संवेदनशीलता की परतें खोलती हुई रचनाकारों की अलग पहचान बनाने में समर्थ हुई है।

मूल कहानियों की अस्मिता की रक्षा करना कथा-मंचन का पहला धर्म है और अभिनेता के लिए यही सबसे बड़ी चुनौती भी। यदि अभिनेता उन चरित्रों को उसी रूप में संप्रेषित नहीं कर पाते, तो रचना की साहित्यिक गुणवत्ता के नष्ट हो जाने का ख़तरा है। अभिनय ऐसा हो कि कहानी कहानी ही रहे, नाटक न बने; क्योंकि जैसे-जैसे कहानी नाटक बनेगी, उसे अनिवार्यतः अपना मौलिक कलेवर और आस्वाद छोड़ना पड़ेगा। यह अभीष्ट नहीं है।

एक बात और। कहानी को रोचकता से संप्रेषित करने की पारंपरिक नाट्य-युक्तियाँ यहाँ बेमानी हो जाती हैं। वर्णनात्मक प्रसंगों को व्यक्त करने के लिए भारतीय कथावाचन-शैलियों का आलंबन हर स्थिति में स्वीकार्य नहीं हो सकता। **गोदान** या **बेगम का तकिया** जैसे उपन्यास के मंचन के लिए संभवतः यह नाट्य-युक्ति कारगर सिद्ध हो सकती है; किंतु निर्मल वर्मा की **डेढ़ इंच ऊपर**-जैसी कहानियों के लिए तो यह एकदम अप्रासंगिक है। अतः अभिनेता को कहानी की अस्मिता की रक्षा करते हुए अनेक स्तरों पर सजग रहना होता है। कभी वह आत्मालाप करता है, कभी सूत्रधार के रूप में कथा कहता है। कभी वह चरित्र है, और कभी स्वयं ही उस चरित्र पर टिप्पणी करता है। स्थापित और स्वीकृत

रंगमंच की कोई पद्धति, तकनीक, प्रणाली या सिद्धांत इस कथा-मंचन में उसे अंतिम रूप से सामर्थ्य प्रदान नहीं करते, शक्ति नहीं देते। अभिनेता को निर्देशक की अवधारणा के अनुसार विभिन्न कथाप्रयोगों के लिए हर बार एक नई तकनीक या प्रणाली ग्रहण करनी होती है। चूँकि इन प्रयोगों में साहित्यिक गुणवत्ता और आस्वाद पर अधिक बल होता है, इसलिए कई बार उसे आज़मायी हुई पद्धतियों का प्रयोग करने का प्रलोभन त्यागना भी पड़ता है। इस स्थिति में अभिनेता एक तरह से निस्संग हो जाता है। वह भाव या चरित्र या संवेग, जो उसे व्यक्त और संप्रेषित करना है, वही उसका एकमात्र आलंबन रह जाता है। इस तरह यह कथाप्रयोग पूरी तरह अभिनेता के अभिनय-कौशल, संप्रेषण में उसके सामर्थ्य और अभ्यासजन्य भाव-नियंत्रण पर आश्रित है।

तीसरे स्तर पर यह कथाप्रयोग कथ्य के प्रति निर्देशक की गहरी सूझ-बूझ की अपेक्षा रखता है। कहने का अभिप्राय यह नहीं है कि स्थापित और मान्य नाटक के निर्देशन में कथ्य के प्रति गहरी सूझ-बूझ की आवश्यकता नहीं होती। उसके अभाव में तो निर्देशक नाटक के प्रति न्याय कर ही नहीं सकता। लेकिन जहाँ अन्य नाटकों में नाट्यशिल्प और शैली पूर्वस्थापित मान्यताओं और अवधारणाओं के ज़रिये एक निश्चित नाट्य-व्याकरण की ज़मीन पर खड़े रहने का अवसर प्रदान करती हैं, इन प्रयोगों में हमें ऐसा कोई आधार नज़र नहीं आता। संभवतः यह कहना सरलीकरण होगा कि इन कथा-प्रयोगों में निर्देशक भारतीय पारंपरिक नाट्यशैलियों के कथागायन से प्रेरणा ले रहा है। हमारी पारंपरिक कथागायन-शैलियों में वाचक सबसे पहले गायक है। वह अपने उन्मुक्त कंठ और लोच-भरे स्वरों के उतार-चढ़ाव से दर्शकों को बाँधे रखने में सफल होता है। उसका अभिनय-कौशल चरित्रगत या भावगत नहीं, बल्कि शैलीगत अधिक होता है, जिसमें संगीत के अतिरिक्त वह विशेष प्रकार की भाव-भंगिमाओं, मुद्राओं और चारियों से रसोद्रेक में सफल होता है। ये भाव-भंगिमाएँ और चारियाँ विशुद्ध नृत्य तो नहीं; किंतु मनोरम गतियों और आंगिक अभिनय के द्वारा मंचीय एकरसता को भंग करने में बहुत सहायक होती हैं। इस नाट्य-युक्ति का प्रयोग करने से प्रस्तुति की रोचकता में निस्संदेह वृद्धि होगी, लेकिन उसका कलेवर बदल जाएगा। उसकी प्रभावान्विति में अंतर होगा। इस तरह संभवतः निर्देशक स्वयं को दुरूह और जटिल प्रश्नों के घेरे में खड़ा पाता होगा। अंकुर ने अब तक सौ से अधिक कहानियों और कुछ अत्यंत महत्त्वपूर्ण उपन्यासों का मंचन किया है। प्रस्तुति की दृष्टि से इनमें इतनी विविधता रही है कि कथा-मंचन के व्याकरण के बारे में कोई बात कह पाना संभव ही नहीं रहा। मंचन की कठिनाइयों और उसके जोखिम के साथ प्रस्तुतियों की सफलता के अनेक बिंदुओं को अवश्य रेखांकित किया गया, किंतु समग्रता में उसका आकलन नहीं हुआ। कथाओं, कथारूपों और कथाशिल्प की विविधता इसका एक बहुत बड़ा कारण

थी। अपने सीमित प्रयोजन की दृष्टि से हम इनकी शताधिक प्रस्तुतियों में से केवल तीन को चुनकर उनकी विभिन्न विशेषताओं को विश्लेषित करने का प्रयास करेंगे।

सबसे पहले निर्मल वर्मा की कहानियों—धूप का एक टुकड़ा, डेढ़ इंच ऊपर तथा वीकएंड, जो तीन एकांत शीर्षक से प्रस्तुत हुईं।

ये तीनों कहानियाँ—जैसा कि शीर्षक से स्पष्ट है—मनुष्य की एकांतिक मनःस्थिति के स्मृति-दंश हैं। तीनों की शैली सामान्य तौर पर वर्णनात्मक है, लेकिन यह वर्णन किसी स्थूल कार्यव्यापार, घटना या स्थान विशेष का नहीं, बल्कि मनुष्य के अंतरमन में होनेवाली अव्यक्त सूक्ष्म संवेदनाओं का अनजाना अनुभव-संसार है। निर्मल वर्मा बेहद बारीक और सधे हुए शब्दों से औज़ारों की तरह स्थूल स्थितियों को चीरते हुए, तराशते हुए हमें ऐसी जगह ले जाते हैं, जो हमारे मन के अपरिचित कोनों में छिपा-दुबका रहस्यमय भावनालोक है। एक ओर यह भावनालोक हमारा निजी है, इसलिए अजूबा या नया अनुभव नहीं है, किंतु यह अनुभव नितांत नया इसलिए लगता है, क्योंकि सामान्य स्थितियों और स्थूल कार्यव्यापार के दौरान हमने इससे साक्षात्कार नहीं किया। ऐसी सूक्ष्म मानसिकता की कलात्मक अभिव्यक्ति से साक्षात्कार पाठक के लिए अनजाना नहीं होते हुए भी अपरिचित है। तीनों कहानियाँ एकालाप और स्मृतिदंश की कथाएँ हैं। कोई सुखद स्मृति तभी अधिक सुखकर अनुभव होती है, जब हमारा वर्तमान तुलनात्मक रूप से अवसाद-भरा होता है। इसी तरह अत्यंत सुखद स्थिति में दुखद क्षणों की स्मृतियाँ हमारे मन को एक भराव-सा देती हैं। यानी दोनों प्रकार की स्मृतियाँ वर्तमान के लिए दंश छोड़ जाती हैं। जब व्यक्ति स्मृतियों में डूबता है तो उसके अंतरमन में एक तटस्थता का भाव होता है। भले ही वह दूसरों की उपस्थिति में अतिरंजित रूप से व्यक्त होता है; लेकिन एकांतिकता उस व्यक्ति को तटस्थ बने रहने देने के लिए विवश कर देती है।

ऐसी सूक्ष्म मानसिकता के स्मृतिदंश यदि तटस्थ हों तो उनकी अभिव्यक्ति के शुष्क, नीरस और अग्राह्य हो जाने के ख़तरे होते हैं। लेखक के रूप में निर्मल वर्मा ने अपने शब्दों की पकड़ के ज़रिये उन ख़तरों को झेलकर एक नया आस्वाद दिया है; लेकिन उस आस्वाद को ज्यों-का-त्यों पूरे मंच पर एक गतिहीन, संवादहीन स्थिति में अकेले अभिनेता के दम-ख़म पर संप्रेषित करना अद्भुत कौशल की माँग करता है।

अंकुर इस चुनौती का सामना करने के लिए जिस युक्ति का प्रयोग करते हैं, वह दिलचस्प है। वे शब्दों का उच्चारण शब्दों में अंतर्निहित भाव या मनःस्थिति को व्यक्त करने के लिए नहीं करते, बल्कि शब्दों के अंतर्निहित अर्थ को संप्रेषित करने के लिए वे विराम, बलाघात, भंगिमाओं, मुद्राओं या गति का अत्यंत संतुलित रूप से इस्तेमाल करते हैं। यानी इन कहानियों में मंचन के लिए वे सारा ज़ोर

शब्द और उनके अंतर्निहित अर्थों पर डालते हैं। शेष सारे अवयव एवं तत्त्व उन अर्थों को ही रेखांकित करते नज़र आते हैं। निर्मल वर्मा की प्रतीकात्मक भाषा की संवेदनशीलता और नाज़ुक बुनावट कहीं भी, कभी भी खंडित नहीं होती। साथ ही अतिरंजित न होने के कारण नाटकीयता की प्रचलित परिभाषा से भी परे रहती है। दर्शक पाठक की तरह उन उच्चरित शब्दों को सुनता ही नहीं, देखता भी है और पढ़ता भी है। अभिनेता दर्शकों को शब्द इस तरह पढ़ाता है कि उनकी तहों में छिपे बिंब और स्पष्ट हो जाएँ। अभिनेता के माध्यम से दर्शक शब्दों को देखता है और उनमें छिपी सूक्ष्म संवेदनाओं के कंपन का अनुभव करता है।

हम जब निर्मल वर्मा की कहानियाँ पढ़ते हैं तो किन्हीं सूक्ष्म संवेदनाओं को अपनी कल्पना और अनुभव के द्वारा ग्रहण करते हैं। यह कल्पना और अनुभव नितांत वैयक्तिक स्तर पर निजी भाव-बोध और ग्रहणशीलता पर आधारित है। इसमें पाठक की संवेदनशीलता प्रमुख तत्त्व है। लेकिन जब हम उन कहानियों को देखते हैं तो कथा के नायक या वाचक की वह अभिव्यक्ति अकेले मन की अव्यक्त पुकार न रहकर व्यापक होकर विचरती है और अपनी विशाल अदृश्य बाँहों में समूचे दर्शक वर्ग को बाँध लेती है। एकांतिक मानवीय संवेदनाओं का वह स्मृतिदंश नितांत वैयक्तिक होते हुए भी सामाजिक हो जाता है। इस रूप में वह कथा-पठन के प्रभाव से कहीं अधिक प्रभावकारी भी होता है। व्यक्ति से समष्टि तक की यह अनुभव-यात्रा निर्मल वर्मा की कहानियों के माध्यम से दर्शक को एक नितांत नया अनुभव देती है, जो नाटक के अभिनय से संभव नहीं।

अनेक महत्त्वपूर्ण उपन्यासों के मंचन के लिए विभिन्न तकनीकों और युक्तियों का प्रयोग करते हुए देवेंद्र राज अंकुर ने **महाभोज** की प्रस्तुति से एक नितांत नया आस्वाद दिया। दिल्ली में इस प्रस्तुति से कुछ ही समय पूर्व अमाल अल्लाना, मन्नू भंडारी द्वारा अपने उपन्यास के नाट्य-रूपांतर को राष्ट्रीय नाट्य विद्यालय रंगमंडल के कुशल अभिनेताओं के दल के साथ यथार्थवादी शैली में मंचित कर चुकी थीं। मेघदूत प्रेक्षागृह में आयोजित यह प्रस्तुति समग्रता में एक यादगार प्रस्तुति थी, जो अब तक मेरी स्मृति में ताज़ा है। मन में आशंका थी कि संभवतः देवेंद्र राज अंकुर की प्रस्तुति अमाल की प्रस्तुति के सम्मुख अपेक्षित प्रभाव न छोड़ पाए। लेकिन देवेंद्र राज की प्रस्तुति का प्रभाव इतना अलग और नया था, जिसने मन को आह्लादित कर दिया।

यहाँ यह स्पष्ट करना आवश्यक है कि दोनों प्रस्तुतियों की तुलना करना अभीष्ट नहीं है। यह निर्विवाद रूप से कहा जा सकता है कि स्वतंत्रता के बाद की दूसरी पीढ़ी के युवा निर्देशकों की श्रेष्ठतम प्रस्तुतियों में अमाल का महाभोज निश्चय ही अपना स्थान रखता है। लेकिन उसका ज़िक्र करना इसलिए आवश्यक-सा है

कि एक प्रतिष्ठित और स्थापित नाट्यशैली के प्रभाव के समकक्ष एक ऐसे प्रयोग की चर्चा की जा रही है, जिसकी कोई शैली नहीं, कोई व्याकरण नहीं; जिसमें अभिनय होते हुए भी अभिनय के प्रचलित मानदंडों के अनुसार अभिनय नहीं था। आहार्य होते हुए भी आहार्य नहीं था। मंचसज्जा क़तई नहीं थी, लेकिन मंच ख़ाली होते हुए भी ख़ाली नहीं था। यह उपन्यास का नाट्य-रूपांतर नहीं था, किंतु दर्शकों के सम्मुख उपन्यास घटित हो रहा था। सभी अभिनेता दर्शकों से मुख़ातिब थे, लेकिन दर्शक उनसे चरित्रों के रूप में तादात्म्य स्थापित नहीं कर रहे थे।

इस प्रस्तुति की प्रभावान्विति मेरे अब तक के देखे हुए सभी नाटकों की प्रभावान्विति से एकदम भिन्न थी।

लेकिन निस्संदेह, यह एक जोखिम-भरा काम था। क्या एक बड़ा उपन्यास, जिसका फलक एक छोटे-से गाँव से जन्मता हुआ अनेक पड़ावों, स्थलों और घटनाओं को समेटता मुख्यमंत्री के निवास और सरकारी कार्यालयों तक फैला हुआ है, एक छोटे-से स्पेस में बिना किसी सज्जा, उपकरण या सामग्री की सहायता से संप्रेषित हो सकेगा? सैकड़ों चरित्रोंवाले इस उपन्यास में बीस से अधिक महत्त्वपूर्ण चरित्र हैं। केवल दस अभिनेताओं की सहायता से, जो सभी सफ़ेद कुर्ता-पायजामा पहने हैं और बराबर बदलते प्रसंगों में भूमिकाएँ बदलते रहते हैं, क्या उन चरित्रों के कार्यव्यापार, उनके छल-प्रपंच, संतुष्टि, वितृष्णा-भाव और अनुभूति को संपूर्णता के साथ अभिव्यक्त किया जा सकता है? अभिनेता एक चरित्र-विशेष की भूमिका में जो निजी पहचान बनाता है, वह यहाँ संभव नहीं। चरित्रों के आंतरिक द्वंद्व को व्यक्त करनेवाली सूक्ष्म भंगिमाओं और मुद्राओं के अभाव में कथा के सपाट हो जाने की आशंका भी है। सारे अभिनेता अभिनेता न होकर कथावाचक हैं, जो विभिन्न चरित्रों के द्वारा होनेवाले कार्यव्यापार के ज़रिये नहीं; बल्कि सामूहिक रूप से एक कहानी कह रहे हैं। मंचसज्जा के अभाव में यह कहानी किसी स्थान-विशेष, व्यक्ति-विशेष या घटना-विशेष की नहीं रह जाती; बल्कि उनका सामान्यीकरण कर देती है। अभिनेता संवाद बोलते हैं तो इस तरह कि उन संवादों में छिपे नाटकीय तत्त्वों को उजागर किए जाने का अवकाश ही नहीं होता। वर्णनात्मक प्रसंगों में तो यत्किंचित भी नाटकीय तत्त्वों का समावेश नहीं। शब्दों के शुद्ध उच्चारण, बलाघात और सही विराम के ज़रिये दर्शकों को सूचना-भर देते-से लगते हैं। रंगस्थली (स्पेस) किसी स्थान-विशेष (लोकेल) की प्रतीक बन ही नहीं पाती; क्योंकि वहाँ अभिनेताओं का संपूर्ण दल आरंभ से अंत तक उपस्थित है और एक-सी वेशभूषा के रहते वे केवल नए आकार ग्रहण करते हैं। ये आकार (पैटर्न) प्रतीक रूप में कुछ नहीं कहते, बस चाक्षुष एकरसता को भंग करने में सहायक होते हैं।

स्पष्ट है कि अमाल के **महाभोज** में मनोहर सिंह, सुरेखा सीकरी, राजेश विवेक और रघुवीर यादव विभिन्न चरित्रों की भूमिका में अपने अभिनय-कौशल से दर्शकों

से तादात्म्य स्थापित करते हैं। उन चरित्रों का विकास, उनका अंतर्द्वंद्व, मनोदशाएँ आदि सूक्ष्म भंगिमाओं के द्वारा दर्शक के मन-प्राण पर एक गहरा प्रभाव छोड़ते हैं और दर्शक वर्ग अंततः अपने आप को एक सम्मोहक प्रभाव की गिरफ़्त में पाता है। यही चुंबकीय शक्ति यथार्थवादी नाटक का प्राण है और सफलता का निकष भी।

देवेंद्र राज अंकुर की प्रस्तुति में इस सम्मोहक प्रभाव का यत्किंचित भी अवकाश नहीं है। फिर भला यह प्रस्तुति विशिष्ट कैसे हुई? अमाल की **महाभोज** की प्रस्तुति 'नाटक' है। एक शैली-विशेष की मान्य तकनीकों, पद्धतियों और स्थापनाओं के ज़रिये वे उस अभीष्ट तक पहुँचती हैं, जो यथार्थवादी शैली का प्रयोजन है—यानी विरेचन।

लेकिन अंकुर का यह अभीष्ट नहीं है। अतः वे सभी मान्य तकनीकों को अस्वीकार करके कथा के सभी नाटकीय तत्त्वों को शिथिल करते हैं। अभिनेता के आहार्य, मंचसज्जा और अन्य नाट्य-युक्तियों को गौण करके वे दर्शक का ध्यान पूरी तरह कथा और अभिनेता द्वारा उच्चरित शब्दों पर केंद्रित कर देते हैं। वे दर्शक से एक निजी और आत्मीय संबंध स्थापित करते हैं। वैसा ही संबंध, जैसे आपका कोई आत्मीय आपसे नितांत निजी अनुभव की बात कर रहा हो। आपको पूरी तरह विश्वास में लेकर, बिना किसी आडंबर या आकर्षण के, आपके कानों और आँखों के द्वारा सीधे आपके मन में उतरता चला जा रहा हो। चूँकि अभिनेता चरित्र-विशेष की भूमिका में नहीं है, इसलिए दर्शक का संबंध किसी अभिनेता या चरित्र से नहीं, बल्कि उसके अभाव में सीधे कथा से बनता है। कथा का मर्म सच्चा और प्रखर होकर घनीभूत होता जाता है। कथ्य की यह सघनता इतनी प्रभावकारी होती है कि दर्शक को लगता है कि वह चरित्र, घटनाएँ या स्थितियों को बनते-बिगड़ते नहीं देख रहा; बल्कि उपन्यास की मूल आत्मा से जुड़ गया है और जो कुछ वह देख रहा है या सुन रहा है, वह विशुद्ध कथा है—यानी वह उपन्यास के कथ्य को घटित होते हुए देख रहा है और घटित होते हुए सुन रहा है।

अंकुर के **महाभोज** की यह प्रभावान्विति सभी स्तरों पर नाटक के आस्वाद से भिन्न है और पूरी तरह शब्दाश्रित है। इस तरह वह लिखित साहित्य के घराने की चीज़ बन जाती है, कथा को देखने के अनुभव से गुज़रता हुआ दर्शक पाठक भी बन जाता है और साहित्य तथा अभिनय के बीच का फ़ासला अद्भुत रूप से मिटता चला जाता है।

ख़ानाबदोश शीर्षक के अंतर्गत अजीत कौर की तीन कहानियों का मंचन एक भिन्न आस्वाद देता है। कथा के प्रमुख पात्र नाटक के चरित्र के रूप में उपस्थित होते हैं, लेकिन उनके अभिनय का प्रभाव किसी नाटक के चरित्रगत अभिनय के

प्रभाव से एकदम अलग है। इसकी प्रभावान्विति और इसका नए क़िस्म का आस्वाद अभिनय-पद्धति की स्थापित और प्रचलित मान्यताओं को चुनौती देते-से लगते हैं; और इसके अभिनेताओं का कौशल इस विशेष अभिनय-पद्धति को नए सिरे से विश्लेषित करने की माँग करने लगता है।

ख़ानाबदोश में केवल दो पात्र हैं—वागीश कुमार सिंह और हेमा सिंह। वागीश एक चरित्र की भूमिका में हैं और प्रस्तुति के आरंभ से अंत तक वे अपने संवाद बोलने के लहज़े, चाल और समस्त कार्यव्यापारों के ज़रिये ओमा के चरित्र को बहुत ख़ूबसूरत तरीक़े से पेश करते हैं। ओमा के व्यक्तित्व के खुरदुरेपन और इकहरेपन को संप्रेषित करने के लिए वे कुछ विशेष युक्तियों का प्रयोग करते हैं। संवादों के अंत में 'हैगा' लगाकर वे उसे एक ख़ास वर्ग का चरित्र बनाने का प्रयास करते हैं। 'जा रा हैगा', 'आ रा हैगा' बोलनेवाला चरित्र अनायास ही अपनी शैक्षिक पृष्ठभूमि का परिचय दे देता है, जो इस प्रस्तुति के संदर्भ में बेहद महत्त्वपूर्ण है। अपने पाँवों को थोड़ा चौड़ा करके चलने और अक्सर अपने पेट पर दोनों हथेलियाँ रखने के मैनरिज़्म के ज़रिये वह उस चरित्र के आंतरिक अनगढ़पन और भदेसपन को प्रकट करते हैं। यह ख़ास क़िस्म का मैनरिज़्म कहानियों में व्यक्त ओमा के विचारों, भावनाओं और कार्यकलापों को अनोखे रूप से उजागर करता है। विशुद्ध व्यावसायिक, निपट स्वार्थी और अत्यंत व्यावहारिक ओमा पूरी तरह विश्वसनीय चरित्र बनकर दर्शकों के सम्मुख प्रकट होता है।

इसके बरक्स हैं हेमा सिंह जो कथा की नायिका भी हैं, सूत्रधार भी और साथ ही अनेक दूसरे चरित्रों की भूमिका का भी निर्वाह करती हैं। इसके बावजूद उनकी प्रमुख भूमिका कथालेखिका की ही है, जो एकालाप शैली में अपनी कहानी कहती चलती हैं। यह शैली **तीन एकांत** और **महाभोज**-जैसी कहानी कहने की शैली से एकदम भिन्न है। अंकुर के लिए शायद बहुत आसान होता यदि वे विभिन्न चरित्रों के लिए विभिन्न पात्रों की सहायता ले लेते। लेकिन तब तो यह प्रयोग नाट्य-रूपांतर हो जाता, कथा-मंचन नहीं रहता। एक ही पात्र जब विभिन्न भूमिकाएँ निभा रहा होता है तो वह किसी एक चरित्र-विशेष के ज़रिये दर्शकों से तादात्म्य स्थापित नहीं करता। लेकिन हेमा इस प्रस्तुति में कथा-लेखिका की भूमिका में दर्शकों के साथ लगभग यथार्थवादी शैली-जैसा ही तादात्म्य स्थापित करती हैं। यह 'लगभग' यथार्थवादी शैली के उस सम्मोहक प्रभाव को आश्चर्यजनक रूप से नष्ट करता नज़र आता है, जब दूसरे ही क्षण हेमा तटस्थ हो जाती हैं और कहानी को तृतीय पुरुष (थर्ड पर्सन) के रूप में आगे बढ़ाती हैं। कुछ ही क्षणों के बाद वे दूसरे चरित्र की भूमिका में नज़र आती हैं। सभी चरित्रों, स्थितियों और मनोभावों को वे तटस्थता से संप्रेषित नहीं करतीं; लेकिन संपूर्ण मनोवेगों और संवेदनाओं को गहरे तक उकेरती हुई चलती हैं। 'मैं' की भूमिका में वे कथालेखिका के रूप में प्रस्तुत होती हैं, जो

कथा की रीढ़ है। अन्य भूमिकाएँ कथालेखिका के उद्वेगों, संघर्ष और घटना-क्रम को संयोजित करने का कार्य प्रमुख रूप से करती हैं। अतः स्पष्ट है कि हेमा अन्य भूमिकाओं में सहायक चरित्र के रूप में नज़र आती हैं। अपनी प्रमुख भूमिका में वे पूरी प्रस्तुति पर छाई रहती हैं; इसलिए 'मैं' की व्यथा-कथा को सहने, बुनने, गुनने और कहने की प्रक्रिया में वे यथार्थवादी अभिनय के बहुत निकट नज़र आती हैं। विशेष तौर पर वे कारुणिक प्रसंग, जहाँ कथालेखिका स्वयं को निस्सहाय, ठगा हुआ, प्रवंचना-ग्रस्त, हताश और पूरी तरह खंडित पाती है, हेमा का अभिनय दर्शकों के मर्म को भेदता चला जाता है। कथालेखिका की व्यथा से उनका तादात्म्य इतना गहरा और सच्चा लगता है कि उनकी पलकों पर अटके आँसू दर्शकों के मन पर एक क्षण के लिए यथार्थ के करुण भाव का प्रभाव छोड़ते हैं। यह प्रभाव 'कैथारसिस' (विरेचन) की-सी स्थिति बना देता है। दर्शक हेमा को अभिनेत्री के रूप में नहीं, बल्कि कथालेखिका के रूप में स्वीकार करने-सा लगता है। उसका मन कथालेखिका के दर्द से पसीजने-सा लगता है और उसके हृदय का यह भावोद्रेक उसे मंच से परे एक सम्मोहक स्थिति तक ले जाता हुआ अनुभव होता है।

लेकिन यह सम्मोहक प्रभाव दर्शक को अपनी गिरफ़्त में ले पाए, इससे पूर्व ही हेमा पलकों से ढुलकते आँसू पोंछकर, चरित्र के उस अध्याय को पूरी तटस्थता से समेटकर दूसरे अध्याय के पृष्ठ खोल देती हैं। एक चरित्र से दूसरे और फिर तीसरे चरित्र को अभिनीत करने की पद्धति स्थापित और मान्य पद्धतियों से एकदम अलग है। सभी चरित्रों के बीच की दूरी भावनाओं और अभिव्यक्ति के रूप में जितनी बड़ी है, कालक्रम की दृष्टि से वह उतनी ही सीमित है। एक ही अभिनेता द्वारा अनेक चरित्रों को अभिनीत करने का यह कौशल जितना अधिक कलात्मक और विशिष्ट है, उतना ही अधिक विस्मयकारी भी। आख़िर इस अभिनय की प्रक्रिया क्या है?

स्पष्ट है कि हेमा स्तानिस्लाव्स्की की पद्धति के अनुसार कथालेखिका के चरित्र में प्रवेश नहीं करतीं। वह कथालेखिका के मन की बुनावट का अनुसरण करते हुए अपने मन की बुनावट नहीं बदलतीं। वह सुलभा देशपांडे के बेणारे (**ख़ामोश, अदालत जारी है**) या ओम शिवपुरी के राजा लियर की तरह चरित्र में पूरी तरह खो नहीं जातीं। यदि ऐसा होता तो एक झटके में एक चरित्र से विमुख होकर दूसरे के प्रति उन्मुख होना संभव नहीं होता। इसलिए कहा जा सकता है कि यथार्थवादी शैली के विशिष्टतम वैयाकरण स्तानिस्लाव्स्की का यह ब्रह्मवाक्य कि अभिनेता को चरित्र में प्रवेश करना होगा, इस अभिनय-पद्धति में अप्रासंगिक हो जाता है।

तो क्या यह ब्रेष्टियन पद्धति है? बर्टोल्ट ब्रेष्ट अभिनेता द्वारा चरित्र में प्रवेश करने की अवधारणा के घोर विरोधी हैं। वे यथार्थवादी अभिनय के सम्मोहक प्रभाव

को नष्ट करने के लिए अनेकानेक दलीलें देते हैं। वे नाटक की प्रभावान्विति या प्रयोजन विरेचन (कैथारसिस) को नहीं मानते। वे नाटक के ज़रिये दर्शक तक एक ख़ास मक़सद पहुँचाने के हिमायती हैं। इसी प्रयोजन के लिए वे एलीनेशन के सिद्धांत को प्रतिपादित करते हैं। यह अलगाव या एलीनेशन अभिनेता और चरित्र के तादात्म्य को खंडित करता है। तो क्या हेमा **ख़ानाबदोश** में ब्रेष्टियन पद्धति का अनुसरण कर रही हैं?

नहीं, निश्चयतः ऐसा नहीं है। एलीनेशन के लिए चरमोत्कर्ष का वह क्षण आवश्यक है, जब दर्शक लगभग सम्मोहक अवस्था में पहुँचने लगता है। उसी बिंदु पर सम्मोहन को नष्ट करके नाटक के मंतव्य या प्रयोजन की ओर इंगित करने में ही एलीनेशन की सार्थकता है। स्पष्ट है कि एलीनेशन की सार्थकता के लिए यथार्थवादी जादुई पृष्ठभूमि की अनिवार्यता है। यथार्थवादी अभिनय के लिए अभिनेता अपने जीवनगत अनुभवों में देखे, सुने या साक्षात्कार किए वास्तविक या अनुभवजन्य चरित्रों के हाव-भाव, कार्य-व्यापार, मनोभाव आदि का अनुकरण करता है। इस अनुकरण की अनेक युक्तियों में से एक 'इमोशन मेमोरी' भी है। यह अनुकरण या 'इमीटेशन' की प्रक्रिया ही एकमात्र ऐसी अवस्था है, जो अभिनेता और चरित्र की दूरी को बनाए रखती है। यानी अभिनेता किसी चरित्र-विशेष की भूमिका में दर्शकों के सम्मुख उपस्थित होता है और सायास अपनी निजी पहचान को गौण बनाता है। अपनी पहचान ख़त्म करके ही वह चरित्र के रूप में जीवित हो जाता है। एलीनेशन के लिए यह ज़मीन ज़रूरी है।

एक ऐतिहासिक महत्त्व के बांग्ला नाटक की बहुश्रुत और बहुचर्चित प्रस्तुति का उल्लेख यहाँ समीचीन लगता है। दीनबंधु मित्र के नाटक **नीलदर्पण** में एक अत्याचारी अंग्रेज़ अफ़सर द्वारा एक युवती के साथ बलात्कार का दृश्य। प्रसिद्ध बांग्ला अभिनेता गिरीशचंद्र घोष द्वारा अभिनीत अंग्रेज़ अफ़सर की भूमिका में बलात्कारवाले प्रसंग से क्षुब्ध और उत्तेजित एक दर्शक ने आक्रोश में गिरीशचंद्र पर जूता फेंककर मारा। गिरीश घोष ने वह जूता उठाया और उसे सिर से लगाकर बोले—''मेरे अभिनय का इससे बड़ा कोई पुरस्कार नहीं हो सकता।'' यह है स्वाभाविक और विशुद्ध एलीनेशन। पहली स्थिति में गिरीश बाबू का वह अभिनय इतना सजीव और वास्तविकता का पूरा भ्रम उत्पन्न करनेवाला था कि दर्शक यह भूल गए कि मंच पर वस्तुतः कोई बलात्कारी अंग्रेज़ अफ़सर नहीं, एक प्रसिद्ध बंगाली अभिनेता है और यह मात्र अभिनय है, वास्तविकता नहीं।

दूसरी स्थिति में जब गिरीश बाबू वह जूता उठाकर उसे प्रशंसात्मक टिप्पणी के साथ माथे पर लगाते हैं, तो वे चरित्र से निकलकर अभिनेता बन जाते हैं। दर्शक का यह बोध ही एलीनेशन का प्रयोजन है। अर्थात् ब्रेष्ट की अभिनय-पद्धति की बुनियाद पूर्णतः यथार्थवादी अभिनय-शैली पर ही टिकी है। प्रसिद्ध चीनी

अभिनेता मेइलान-फ़ङ् के जिस अभिनय को देखकर ब्रेष्ट ने कहा था—'यही है वह तत्त्व जो मैं अपने दर्शकों को संप्रेषित करना चाहता हूँ'—उसमें वास्तविकता का भ्रम उत्पन्न करने का क़तई अवकाश नहीं है। वह शैलीबद्ध अभिनय पूरी तरह अभिनेता के अभ्यासजन्य कौशल पर निर्भर है। इस पद्धति के अनुसार अभिनेता चरित्र में प्रवेश नहीं करता। आसपास के विभिन्न चरित्रों को देख-परखकर या 'इमोशन मेमोरी' के द्वारा वह 'इमीटेट' यानी अनुकरण करने की चेष्टा नहीं करता। वह न तो चरित्र जैसा लगता है, न ही वैसा लगने की चेष्टा करता है। उसका अभिनय सायास नहीं, सहज होता है। वह भावों पर अपने अद्‌भुत नियंत्रण और अपने अंग की विभिन्न भंगिमाओं के द्वारा विभावों और संचारी भावों की सहायता से रसोद्रेक करता है। मंच पर हर क्षण अभिनेता ही उपस्थित रहता है और चरित्र की सृष्टि होती है दर्शक के मानस पर! दर्शक की ग्रहणशीलता और क्षमता के अनुसार!

अभिनय की यह प्रक्रिया अनुकरण नहीं, विशुद्ध रूप से अनुकीर्तन है, जिसका मूल हमें नाट्‌यशास्त्र में मिलता है। हमारे शास्त्रीय नृत्य कथक का अभिनय-प्रसंग लें :

जब बिरजू महाराज कृष्ण का माखन-चोरी-प्रसंग अभिनीत करते हैं, तो वे बाल कृष्ण की चेष्टाओं का अनुकरण करने का प्रयास नहीं करते। वेशविन्यास अथवा आहार्य द्वारा वे मंच पर कृष्ण को उपस्थित करने की चेष्टा नहीं करते। कृष्ण के नटखटपन को वे अपनी मुद्राओं और अंग-संचालन के माध्यम से व्यक्त करते हैं और उन भावों को दर्शकों तक संप्रेषित करते हैं, जिन्हें देखकर दर्शक अपने मन में बाल कृष्ण के नटखटपन को ग्रहण करते हैं। दूसरे ही क्षण वे बड़ी सहजता से गोप बनते हैं और मंच पर अकेले होते हुए भी अनेक गोपों की सृष्टि करने में सफल होते हैं। कुछ क्षण बाद ही वे यशोदा की भूमिका में होते हैं और दर्शक उनके अभिनय-कौशल और भावों पर उनके अद्‌भुत नियंत्रण की प्रशंसा करता हुआ बिरजू महाराज द्वारा सिरजित सभी चरित्रों को ग्रहण करता है।

हमारे शास्त्रीय नाट्‌यरूपों, विशेषकर कूडिआट्‌टम् और अंकिया नाट में अभिनय की यही पद्धति परिलक्षित होती है। भारतीय पारंपरिक नाट्‌यरूप, जिनमें तेरुकूत्तु, प्रह्लाद नाटक, नौटंकी, ख्याल, स्वांग, नकल, तमाशा, भवई, माच आदि सम्मिलित हैं, इसी अभिनय-पद्धति का प्रयोग करते नज़र आते हैं। समकालीन भारतीय नाट्‌यरूपों में इसका संपूर्ण व्याकरण हबीब तनवीर द्वारा निर्देशित नाटकों में रूपाकार ग्रहण करता नज़र आता है।

इस पद्धति का पहला और आवश्यक लक्षण है कि अभिनेता चरित्रगत अभ्यास की अपेक्षा भावगत अभ्यास में पूरी तरह निपुण होता है। वैसे ही, जैसे कोई संगीतकार किसी राग-विशेष को प्रस्तुत करने से पूर्व स्वरों के उतार-चढ़ाव और उनके संतुलित

और सही संप्रेषण के लिए उन पर सबसे पहले पूरा नियंत्रण साधता है। यही प्रक्रिया हमारे शास्त्रीय नृत्यों तथा नाट्यरूपों में भी नज़र आती है। पारंपरिक नाट्यरूपों के हमारे कलाकार इसीलिए अभिनय में पूरी तरह सहज होते हैं। जिस तरह एक कुशल बाज़ीगर अनेकानेक गेंदों से खेलता हुआ, एकाग्रचित्त से उन पर अपना अद्‍भुत नियंत्रण बनाए रखता है, उसी प्रकार एक कलाकार अनेकानेक भावों, स्थितियों, उद्वेगों और भंगिमाओं पर अभ्यासजन्य कौशल और नियंत्रण द्वारा वांछित रसोद्रेक का निमित्त बनता है। वह चरित्र में प्रवेश नहीं करता। सारे चरित्र, स्थितियाँ, भाव उसके अंदर समाहित होते हैं। ये सभी साधन साधना से साध्य बन जाते हैं। यह प्रक्रिया अनुकरण की नहीं, विशुद्ध रूप से अनुकीर्तन की है।

ख़ानाबदोश में हेमा भी अत्यंत सहज हैं। भावों और भंगिमाओं पर उनका अद्‍भुत नियंत्रण और अभ्यासजन्य कौशल उनके आंगिक, वाचिक और विशेष रूप से सात्विक भावों की संप्रेषण-क्षमता का अकाट्य प्रमाण उपस्थित करता है। हेमा हर क्षण दर्शकों के सम्मुख हेमा सिंह के रूप में ही हैं। आहार्य धारण न करके वे और अधिक सहज और स्वाभाविक नज़र आती हैं। दर्शकों की समस्त चेतना उनके अभिनय-कौशल पर केंद्रित है, जहाँ कोई सहायक तत्त्व नहीं।

हेमा का अभिनय अनुकरणात्मक नहीं है। तो फिर क्या यह अनुकीर्तन है या अनुकीर्तन की ज़मीन पर उगा कोई नया पौधा?

समकालीन भारतीय रंगमंच में शंभु मित्र और हबीब तनवीर के बाद, इस दूसरी पीढ़ी में भी सृजनात्मक अकुलाहट नज़र आने लगी है। देवेंद्र राज अंकुर की इन तीनों प्रस्तुतियों का विवेचन कुछ अत्यंत महत्त्वपूर्ण प्रश्न छोड़ता है। दृश्य-कथाओं के माध्यम से कुछ नए सूत्र मिल रहे हैं। लगता है, एक नया व्याकरण बनने-सँवरने की प्रक्रिया से गुज़र रहा है।

नया रंग-मुहावरा

महेश आनंद

कहानी के रंगमंच ने अपनी जो पहचान बनाई है, वह केवल इस कारण नहीं कि हिंदी में समकालीन संवेदना के अच्छे नाटकों की कमी है, इसका कारण यह भी है कि कई कल्पनाशील निर्देशक नाटक के अलावा अन्य विधाओं से रंगमंच को जोड़कर उसके फ़लक को विस्तार देने की कोशिश कर रहे हैं। यह मनोरंजन या तकनीकी युक्तियों के चमत्कार से अलग, अभिनेता को केंद्र में लाते हुए, रंगमंच को एक नया आयाम और अर्थ देने की ही एक और कोशिश है।

देखा जाए तो, मध्ययुगीन लोकनाट्य-परंपरा के प्रचलित नाट्यरूपों के साथ-साथ क़िस्सागोई की परंपरा भी रही है। 'ढोला मारू रा दूहा' (राजस्थान), 'हीर रांझा' (पंजाब), 'राजा रसालू' (हिमाचल प्रदेश), 'लोरिकायन', 'कुँवर विजयी' या 'विजयमल' (भोजपुर, उत्तर प्रदेश/बिहार) आदि प्रसिद्ध लोकगाथाओं का वाचन-गायन जनसमुदाय में चर्चित रहा है। मुग़ल बादशाह जहाँगीर के समय **क़िस्सा ख़्वाब** का वर्णन मिलता है। उस समय कई राजाओं और नवाबों के यहाँ क़िस्सागो नियुक्त किए जाते थे। आज भी आल्हा, पंडवानी या पाबूजी की पड़ आदि पारंपरिक कथावाचन-शैलियों में इसके कई रूप देखे जा सकते हैं। इन पारंपरिक वाचन-शैलियों के नाटकीय तत्वों से इनकार नहीं किया जा सकता। मगर समकालीन कहानी-रंगमंच क़िस्सागोई के इन रूपों से अलग अपना स्वतंत्र रूप बना रहा है। यहाँ यह स्पष्ट करना होगा कि प्रत्येक विधा का अपना स्वरूप और अपनी मान्यताएँ होती हैं; और उन्हें तोड़ या बदलकर प्रस्तुत करने से वह मूल रचना की प्रस्तुति नहीं रहती। इस प्रयास में किसी रचना का नाट्य-रूपांतर नाटक ही बन जाता है, जिसमें माध्यम की अपेक्षाएँ महत्त्वपूर्ण हो जाती हैं।

इससे अलग, कहानियों को ज्यों-का-त्यों खेलने की शुरुआत देवेंद्र राज अंकुर द्वारा, राष्ट्रीय नाट्य विद्यालय रंगमंडल के लिए प्रस्तुत (1975), निर्मल वर्मा की तीन कहानियों की प्रस्तुति **तीन एकांत (धूप का एक टुकड़ा, डेढ़ इंच ऊपर, वीकएंड)** शीर्षक से हुई। बाद में इसी प्रयोग को 'कहानी का रंगमंच' कहा गया।

इस प्रयोग में न तो एकाधिक अभिनेताओं द्वारा कहानी का नाटकीय पाठ हुआ और न कहानी को संवादों में बाँटकर अथवा चरित्रों के नाटकीय बिंदुओं को हाव-भाव या स्वरों के उतार-चढ़ाव द्वारा प्रस्तुत किया गया और, मंचन के बहाने उसे नाटक बनाने की अथवा 'मोनो ऐक्टिंग' के नज़दीक लाने की कोशिश भी नहीं की गई। एक तरह से यह कहानी-पाठ और नाट्यांतर के बीच का रास्ता था, जिसमें कहानी के मूल रूप को सुरक्षित रखते हुए उसे प्रस्तुत किया गया।

तीन एकांत के प्रदर्शन (1975) से लेकर धिवेही (मालदीव की भाषा) में प्रस्तुत **हमारी ज़िंदगी** (1996) तक, इक्कीस साल के लंबे सफ़र में, देवेंद्र राज अंकुर ने 121 कहानियों और 13 उपन्यासों को प्रस्तुत किया है। इनमें संरचना और अभिव्यक्ति की जितनी शैलियाँ दिखाई पड़ती हैं, उन्हें पारंपरिक क़िस्सागोई की हल्की झलक के साथ आधुनिक रंगशैली के कलात्मक संयोजन द्वारा मंचित करते हुए दृश्यात्मक संप्रेषण की नई दिशाओं को उकेरा गया है। कहानियों के टेक्स्ट को सुरक्षित रखने के लिए निर्देशक ने अपनी ओर से कुछ भी कहने का प्रयास न करके उसे मूल रूप में ही स्वीकार किया है। कुछ वाक्यों को आगे-पीछे करने या कहानी के दोहराव को छोड़ने के अतिरिक्त कुछ भी संपादित या बदलने की कोशिश नहीं की। यह भी उन स्थानों पर हुआ है, जहाँ कहानी के पात्रों का तनाव, गुस्सा, अकेलापन या संघर्ष आदि हैं और जिन्हें कार्यव्यापार से व्यंजित किया जा सकता था। इस रंगप्रयोग की अधिसंख्य प्रस्तुतियों को देखने के बाद कहानी-रंगमंच की दृष्टि से अभिनय-शैली की नवीनता पर बातचीत करना दिलचस्प और सार्थक लगता है।

कहानी का रंगमंच क्या है? इसी सवाल से शुरुआत करें तो कह सकते हैं कि कहानी पढ़ते समय पाठक जिस अनुभूति का साक्षात्कार करता है और सूक्ष्म रूप से छिपा हुआ जो दृश्य-संसार उसके सामने बनता-सँवरता है, उन दृश्यों को रचना के भीतर से तलाश करके मंच पर प्रदर्शित करने से ही कहानी के रंगमंच का रूप बनता है। एक पाठक जब कहानी को पढ़ता या सुनता है, उसी समय, कहानी के पाठ के समानांतर वह कहानी को दृश्यात्मक रूप से भी देखता चले, इसी कल्पना को अंकुर ने इस रंगप्रयोग से साकार किया है।

महत्त्वपूर्ण बात यह है कि इस रंगप्रयोग में देखी-सुनी जा रही कहानी अपने उप-पाठ की आंतरिक लय की पुनर्रचना बनती है। दरअसल, इस प्रयोग में कहानी के उस अदृश्य मर्म को पकड़ने की कोशिश है, जो कहीं एक-दो शब्दों या वाक्यों के बीच उपस्थित रहता है। इस प्रक्रिया में कहानी की दुनिया छोटी होती हुई भी उन कई अर्थ-छायाओं को उजागर करती है, जिन्हें केवल पढ़ने पर अनुभव नहीं किया जा सकता। कह सकते हैं कि प्रस्तुति के स्तर पर, कहानी की निजता को

उपलब्ध करने के लिए उसकी आंतरिक ध्वनियों को दृश्यात्मक बनाने की कोशिश की जाती है। दूसरी ओर, पात्रों की नाटकीय गतियों, प्रवेश-प्रस्थान तथा वाणी आदि के पारस्परिक प्रभाव द्वारा जो आलेख बनता है, वह नाटक और कहानी से अलग होता है। कहानी-वाचन, अभिनय, दृश्य-परिकल्पना, प्रकाश-संयोजन की सीमा-रेखाएँ परस्पर घुलती-मिलती हुई कहानी को नया रूप देती हैं। एक तरह से मंच पर एक दूसरा लेखक प्रस्तुत हो जाता है, जो मूल लेखक से अलग उसमें नए रंग भरता है। इसके अलावा प्रस्तुति की तरलता और न्यूनतम उपकरणों से स्पेस को जो नया रूप और अर्थ मिलता है, वह कहानी के प्रदर्शन को नाटक से अलग भी करता है। तभी तो कहानी ऐसे दृश्यरूप में सामने आती है, जहाँ कहानी और नाटक को उसके रूढ़ अर्थ में नहीं परखा जा सकता।

इसमें कोई शक नहीं कि प्रत्येक नाटक में एक कहानी होती है और हर कहानी में एक नाटफ छिपा रहता है। परंतु, कहानी के मंचन और नाटकों के प्रदर्शन में गहरा अंतर है। इस प्रयोग में कहानी के नाटक को नहीं, उसके कहानीपन को अर्थात् उसकी निजता को सुरक्षित रखते हुए, उससे बननेवाली दृश्यात्मक इकाइयों को पकड़ना और दर्शकों को दिखाना-सुनाना ज़रूरी होता है।

अपनी इसी दृष्टि के चलते इस रंगप्रयोग में अभिनेता को केंद्र में लाने का प्रयास हुआ है। इस मंच का कलाकार एक सहृदय पाठक और कहानी के जीवंत पात्रों की भूमिकाएँ निभानेवाले अभिनेता के रूप में कहानी ही नहीं सुनाता, बल्कि स्वयं उसके अर्थगांभीर्य और मर्म को झेलता हुआ उसे दर्शकों तक पहुँचाता है। ये दोनों भूमिकाएँ अलग-अलग न होकर एक ही हैं, क्योंकि इस प्रकार से कहानी के पात्र स्वयं मूर्त रूप धारण करके अपने पाठकों से सीधा साक्षात्कार करते हैं। इसके लिए ज़रूरी है कि अभिनेता कहानी के कथ्य और रूप के भीतर से उभरती ध्वनियों के उस दृश्यत्व को रेखांकित करे, जिसकी अनुभूति कहानी पढ़ते समय एक पाठक को होती है। कहानी की इसी निजता को सुरक्षित रखने के लिए निर्देशक रंगोपकरणों को लगभग अस्वीकार करते हुए अपनी ओर से कुछ भी नहीं जोड़ता; जबकि कई कहानियों में आकर्षक रंगयुक्तियों के इस्तेमाल के अवसर मिल सकते हैं।

इसके विपरीत कहानी की निजता को सुरक्षित रखने के लिए उन कथा-बिंदुओं को भी पहचानना ज़रूरी है, जिनसे अभिनेता एक नाटक से अलग स्थितियों का सामना करता है। नाटक का अभिनेता नाटक के शब्दों से एक स्थिति बनाता है, पर कहानी के शब्द पहले से ही स्थिति बना चुके होते हैं। उन बनी हुई स्थितियों में प्रवेश करने के लिए अभिनेता को नाटक की तरह दृश्यबंध आदि सहायक माध्यम नहीं मिलते, क्योंकि कहानी में निश्चित दृश्य नहीं होते। ऐसी स्थिति में, अभिनेता को कोई निश्चित दिशा या पृष्ठभूमि भी नहीं मिलती। इन्हीं कारणों से दर्शक भी

अभिनेता द्वारा संवाद बोलने से पूर्व बहुत कुछ ग्रहण नहीं कर पाता और न ही उसका मूड निश्चित होता है। एक नाटक के प्रदर्शन में दर्शक अभिनेता द्वारा संवाद बोलने से पूर्व, दृश्यबंध, पार्श्व-ध्वनियों आदि से कई संकेत ग्रहण करता है। इसके अलावा नाट्य-निर्देशक प्रारंभिक संवाद और स्थितियों से नाटक के निहितार्थ और लय को निर्धारित करता हुआ प्रस्तुति को एक निश्चित दिशा ही नहीं देता, बल्कि रंगोपकरणों के सहयोग की कल्पना भी कर लेता है; जबकि कहानी की बनी हुई स्थितियों में बहुत कुछ रहस्यमय होता है। यही कारण है कि कहानी-मंचन में नाटक की तरह उसकी व्याख्या या अर्थ-निर्धारण के संकेत प्रारंभ में नहीं मिलते। कहानी की समाप्ति के बाद ही उसका पूरा रहस्य खुलता है। तभी तो निर्देशक या अभिनेता कहानी के अनिश्चित बिंदु से शुरू होकर उसके रहस्यात्मक दृश्यत्व को पकड़ते हुए पात्रों की आंतरिक स्थितियों को व्यंजित कर पाता है। इस प्रक्रिया में कहानी का मंचन पहले निर्देशक और फिर अभिनेता की दृश्यात्मक प्रतिक्रिया के रूप में उभरता है। एक तरह से अभिनेता जब अनिश्चित बिंदु से जूझता हुआ उसके दृश्यत्व की तलाश करता है तो वह विगत को वर्तमान में ढालता हुआ दर्शकों के साथ अपना अनुभव साझा करता है। कभी-कभी वह उन्हें अपना सह-अभिनेता भी बना लेता है। कहानी के दृश्य-संसार को साझा करने की यह प्रक्रिया सुनाने या पढ़ने के धरातल पर जितनी सरल लगती है, दृश्यरूप में परिकल्पित करने में उतनी ही कठिन है, क्योंकि कहानीकार इसे मात्र पाठक के लिए लिखता है।

कहानी के इसी रूप के कारण सबसे बड़ी कठिनाई संकेत-रूप में प्रस्तुत उन संवादों और वर्णनात्मक अंशों के प्रदर्शन की है, जो पात्रों के भीतरी संसार को स्पष्ट करते हैं अथवा उनका परिवेश उद्घाटित करते हुए कहानी को समझने में महत्त्वपूर्ण भूमिका निभाते हैं। ये वर्णन पात्रों या घटनाओं की उन चिंताओं को भी स्पष्ट करते हैं, जो कहानी की आंतरिक बुनावट के साथ जुड़ी रहती हैं। अगर अभिनेता या फिर दर्शक ज़रा-सा भी असावधान रहा तो वह उस वाक्य या शब्द को खो सकता है, जो कहानी या पात्र के चरमबिंदु अथवा उसके रहस्य को खोलता है। उदाहरण के लिए, देवेंद्र राज अंकुर द्वारा प्रस्तुत प्रेमचंद की कहानी **नशा** (1982) के अंतिम हिस्से को—जिसमें एक अमीर का ग़रीब दोस्त दूसरे ग़रीब को ही गाली देता है—दर्शक यदि न सुने तो वह कहानी का व्यंग्य तथा मर्म नहीं समझ सकता।

सादगी-भरी परिकल्पना ही कहानी-मंचन की विशेषता है। यह सुविधाओं के अभाव में नहीं, अभिनेता को केंद्र में लाने और उसकी ऊर्जा को विस्तार देने के लिए ज़रूरी है। किसी नाटक के प्रदर्शन की तरह कहानी के पात्रों की विकास-यात्रा स्पष्ट रेखाओं में नहीं मिलती, इसलिए कहानी-मंचन का अभिनेता कभी अपनी भूमिका निभाता है तो कभी उससे अलग वाचक या वर्णनकर्त्ता बनता है, और कभी इन दोनों से अलग एक तीसरे पात्र को भी प्रस्तुत करता है।

प्रथम पुरुष के रूप में, पात्र के साथ अभिनेता का गहरा लगाव होता है और वाचक के रूप में वह उससे भिन्न धरातल पर उतरता है। इस दूसरे रूप में वह वर्णन को सजीव बनाने के लिए कहानी के उप-पाठ, संभाषण की लय और विराम के प्रति अतिरिक्त रूप से सजग रहता है। इस मंचन में दूसरे उपकरण मौजूद नहीं होते, इसलिए अभिनेता अपनी देह और वाणी से दर्शकों को बाँधता है। यह लुभानेवाली स्थिति, मनोरंजन से अलग, कहानी के संपूर्ण अर्थ को संप्रेषित करने और उसे विश्वसनीय बनानेवाली स्थिति से जुड़ती है। इस तरह संवादवाले दृश्य में पात्र को जीने, वर्णन से असंपृक्त होने और फिर दुबारा अपनी भूमिका में पहुँचने की प्रक्रिया में उसका कुशल प्रदर्शनकारी होना ज़रूरी है। तभी वह पात्रों की भीतरी गति को अभिव्यक्ति देने में सफल हो सकता है। इसका सफल उदाहरण अंकुर द्वारा मन्नू भंडारी के उपन्यास **महाभोज** (1984) की प्रस्तुति है। श्रीराम सेंटर के तलघर में निर्देशक ने केवल खाली मंच पर जिस तरह तेज़ी से बदलती संरचनाओं के द्वारा विभिन्न कथा-स्तरों को व्यंजित किया, उसमें अभिनेतागण एक साथ अनेक भूमिकाओं में ढलते हुए उपन्यास की कई पर्तें खोलने में सफल हुए।

अभिनेता के अच्छा परफ़ॉर्मर न होने और वर्णन का ठीक से रूपांकन न कर पाने के कारण कहानी का मंचन एक नीरस और उबाऊ प्रस्तुति में भी बदल सकता है। मंचन के समय संवादों या स्वगत-कथनों को पेश करना सरल है, किंतु वर्णन के कई स्तरों को दृश्य बनाने में कुछ निर्देशकों ने कठिनाई का अनुभव किया। उन्होंने वाचन का सरल रास्ता अपनाया, पर संवादों और विवरण के बीच तालमेल नहीं बना सके। नतीजा यह हुआ कि वर्णन के महत्त्वपूर्ण स्थल मंचन के लिए अवरोध बन गए। इसलिए यह ज़रूरी है कि अभिनेता विवरण द्वारा व्यंजित अर्थ को महसूस करते हुए अपने भीतर आवश्यक परिवर्तन लाए। इसके लिए यह ज़रूरी नहीं है कि वह दर्शकों को सीधे संबोधित करे। वह उन्हें सहयोगी अभिनेता मानते हुए इन स्थलों को संवाद का रूप दे सकता है। पर विवरण को अपने लिए स्वगत बनाने और दर्शकों को सुनाने की प्रक्रिया एक साथ होनी चाहिए। इसी के साथ विवरण में व्यंजित पात्रों की मानसिक स्थिति तक पहुँचने के लिए उनमें स्थित उन छोटे-छोटे क्षणों को सूक्ष्मता से पकड़ना भी ज़रूरी है, जिनसे कहानी के अमूर्त दृश्यों एवं प्रतीकों को साकार किया जा सके। एक तरह से इन्हीं से कहानी की उस भीतरी बुनावट का पता चलता है, जिससे पात्रों के अंदाज़, भाव-भंगिमाओं और मुद्राओं तक पहुँचा जा सकता है। इसी विशिष्टता के कारण ये वर्णन निरर्थक नहीं होते और न ही दर्शक और कहानी के बीच रुकावट बनते हैं; जबकि नाट्यांतर में इन्हें ही छोड़ दिया जाता है। **तीन एकांत** की एक कहानी **डेढ़ इंच ऊपर** में अभिनेता राजेश विवेक द्वारा अभिनीत बूढ़ा व्यक्ति एक पात्र भी है और वाचक भी। कभी वह स्वयं से बात करता है, तो कभी सीधे दर्शकों से संबोधित होता

है, और कभी ख़ाली कुर्सी से मुख़ातिब होकर अपने एकालाप को संवाद में बदल देता है। संयमित उतार-चढ़ाव, लय और बलाघात के शब्दों द्वारा जो दृश्य राजेश विवेक ने बनाए, उनमें ढेर-सारे पात्र सामने नज़र आते हैं। इससे राजेश का बूढ़ा व्यक्ति अकेला नहीं रहता। वह विगत से वर्तमान और फिर विगत में जिस तरह यात्रा करता है, उसमें पत्नी की यादें और गेस्टॉपो की यातना का रेखांकन करता हुआ ज़िंदगी के कई अनसुलझे सवाल पूछता है, और उनसे टकराता है। अगर **महाभोज** में कई भूमिकाओं में ढलते हुए अभिनय की तरलता का सफल उदाहरण प्रस्तुत हुआ है, तो इस कहानी में एकालाप और वर्णन की कलात्मक अभिव्यक्ति सामने आई है।

एक वाचक की खूबी यह है कि वह कहानी की प्रस्तुति में वर्णनों को व्यवधान न बनाते हुए सहजता से पात्रों और स्थितियों की बिखरी हुई कड़ियों को जोड़े। इस कोशिश में अभिनेता वाचक होते हुए भी वाचक नहीं रहता, हालाँकि फिर भी उसकी उपस्थिति रहती है। इसके लिए अंकुर ने अभिनेताओं को एक से अधिक भूमिकाएँ दीं और अलग से वर्णनकार तथा कहीं-कहीं सूत्रधार की भूमिका भी बनाई। श्रीराम सेंटर रंगमंडल के लिए प्रस्तुत **एक लड़की : पाँच दीवाने** कहानी (1995) में सूत्रधार है, पर वह पारंपरिक सूत्रधार जैसा नहीं है। संगीत-मंडली का ही एक सदस्य यह भूमिका निभाता है। अजीत कौर की कहानियों की प्रस्तुति **ख़ानाबदोश (घोंघा और समुंदर, सात नीमकश तीर, क़िस्सा एक क़यामत का**—1993) में स्त्री पात्र (कहानी-लेखिका) की भूमिका में हेमा सिंह ने लंबे वर्णनों को अपनी भूमिका का अनिवार्य अंग ही नहीं बनाया, बड़ी सहजता से दोहरी-तिहरी भूमिकाओं में, अपनी चर्याओं, स्वरों और भाव-भंगिमाओं के सुखद संतुलन द्वारा, चरित्र के कई रूपों को दर्शकों के साथ मिलकर देखने-परखने की सफल कोशिश की है। एक-दूसरे स्तर पर, अज्ञेय के उपन्यास **अपने-अपने अजनबी** (1989) में वर्णनात्मक अंश अन्य पुरुष की अपेक्षा प्रथम पुरुष में ही ढल गए, पर ये अलग से कोई टिप्पणी न बनकर संवाद-अंशों से जुड़ी अभिनय-शैली के ही हिस्से बने। इसीलिए देवेंद्र राज अंकुर ने पूर्व प्रस्तुतियों की शैलीबद्धता की अपेक्षा सूक्ष्म स्तर पर यथार्थवादी शैली के माध्यम से उपन्यास के अमूर्त कथ्य को पकड़ने की कोशिश की।

वास्तव में, कहानी-रंगमंच की अभिनय-प्रक्रिया एक पात्र से दूसरे पात्र को प्रतिबिंबित करने की यात्रा जैसी है, जिसमें अभिनेता कभी एक पात्र को मूर्त करता है, और फिर उसे छोड़कर दूसरे या तीसरे पात्र की तलाश में चल पड़ता है। **ख़ानाबदोश** में हेमा सिंह, ओमा की साथिन के रूप में पूरे लगाव के साथ वर्तमान सामाजिक परिवेश में स्त्री-पुरुष-संबंधों की कई पर्तें उधेड़ती हैं और फिर कहानी-लेखिका (या स्त्री) के रूप में स्वयं अपना विश्लेषण करती हुई पाठकों से

संवाद करती है। इस कोशिश में उन्होंने अभिनय और रंगभाषण के कई स्तरों पर वर्णन और संवादों के बीच जिस तेज़ी से बदलाव को व्यंजित किया, उसमें विगत स्मृतियों, ओमा के साथ संबंध और अलगाव के क्षणों के प्रदर्शन में वाचक को नया रूप मिला है। यहाँ वर्णन स्वगत है, दर्शकों से संबोधित है और संवाद का नया रूप भी है। इसके लिए साथी अभिनेता वागीश सिंह ने ठोस आधार दिया था। इन दोनों ने अजीत कौर की कहानियों को एक नए आलेख में बदलकर तीनों कहानियों के समय को पूरी संरचना का अनिवार्य अंग बना दिया। प्रस्तुति की दृष्टि से **तीन एकांत** (1975) और **महाभोज** (1984) के बाद **ख़ानाबदोश** (1993) कहानी-रंगमंच का तीसरा महत्त्वपूर्ण पड़ाव है।

इन प्रस्तुतियों के माध्यम से, कहा जा सकता है, कहानी के रंगमंच में अभिनेता ने प्रकाश और ध्वनि आदि को पार करते हुए स्वयं को ही विस्तार दिया है। अभिनय की इसी विशेषता के कारण **ख़ानाबदोश** का प्रदर्शन प्रेस क्लब के छोटे-से कमरे और बाद में श्रीराम सेंटर के प्रेक्षागृह में भी उसी परिकल्पना, अर्थवत्ता और सघनता के साथ मंचित हुआ। हाँ, दोनों बार स्पेस का इस्तेमाल अपने नए रूप और अर्थ के साथ हुआ है।

हर कहानी का अपना एक व्यक्तित्व और तेवर होता है; किसी एक शैली में लिखे नाटक से कहीं अलग और परिवर्तनशील भी। इसलिए कहानी की प्रस्तुति अभिनेता से जिस सहजता और स्वतःस्फूर्त लगाव और कल्पनाशीलता की माँग करती है, उसमें अभिनेताओं को स्वयं अपनी शैली खोजनी पड़ती है। इसके दो अन्य कारण भी हैं। एक तो कहानी के अंतिम रूप को उसकी समाप्ति से पहले नहीं जान सकते, इसलिए कहानी के शब्द अभिनेता को बाँधते हैं और एक नई दृश्यात्मक प्रक्रिया से गुज़रने के लिए प्रेरित करते हैं; दूसरे, अभिनेता इन्हीं शब्दों से स्पेस की रचना करता है, जिसमें वह अपने या दूसरों के विगत और वर्तमान को बताता हुआ वर्णन, स्वगत और संभाषण के तीन रूपों को अपनाता है। वह कहानीकार के वर्णन को दृश्य में ढालने के लिए, कई तरह की शैलियों में से गुज़रकर, अभिनय के कई रंग-रूप सामने लाता है। जैसे, वक्तव्य और विवरण का मिश्रण (**अपरिचित : तीसरा पड़ाव**), एकालाप (**तीन एकांत**), संवादों के विभिन्न पैटर्न (**महानगर : तीन संवाद**), शब्दों और वर्णन का मिश्रण (**अलगाव : तीन संदर्भ**) आदि विशेषताएँ कहानियों को एक-दूसरे से अलग करती हुई, अलग-अलग प्रस्तुति-शैलियों की माँग करती हैं। वास्तव, में संवादों, एकालापों और शब्दों की सूक्ष्म आहटें ही उसका रूप निश्चित करती हैं और यह रूप प्रत्येक कहानी का निजी होता है।

इसके अतिरिक्त कहानी में परिकल्पित छोटी भूमिकाओं में स्थितियों का जो

रूप मिलता है, उसमें अभिनेता को उस कहानी के पात्रों को अचानक और तुरंत स्पष्ट करने की ज़रूरत होती है। इसीलिए नाटक की तरह पहले से तैयारी करके यहाँ चरित्रों को विस्तार देने की संभावनाएँ नहीं के बराबर मिलती हैं। इस स्थिति के कारण, अभिनेता की संवेदनशीलता इतनी सूक्ष्म और गहरी होनी चाहिए कि वह भाषा की काव्यात्मक गहराई तक डूबकर कहानी की आंतरिक लय को विश्वसनीय बिंबों द्वारा रूपायित कर सके। अभिनय-शैली के इस नए रूप से रंगकर्म को जो नई संभावनाएँ मिली हैं, उन्हें ज़ायका बदलने तक सीमित नहीं माना जा सकता। उदाहरण के लिए, **डेढ़ इंच ऊपर** में राजेश विवेक, **अनारो** में सीमा भार्गव, **ख़ानाबदोश** में हेमा सिंह और **महाभोज** में अनेक अभिनेताओं ने अभिनय और संभाषण की बारीकियों के कई नए रूपों को रेखांकित किया है।

कहानीकार समय या स्थितियों के अंतराल को दो संवादों या दो अनुच्छेदों के बीच कुछ जगह छोड़कर या बिंदुओं द्वारा व्यक्त करता है। देवेंद्र राज अंकुर ने इसके लिए प्रारंभिक प्रस्तुतियों में संगीत या पार्श्व-ध्वनियों का प्रयोग किया, पर बाद में अभिनेताओं को अतिरिक्त कार्यव्यापार देकर सामान्य प्रकाश से ही इस अंतराल को व्यंजित किया। **एक लड़की : पाँच दीवाने** (1995) की प्रस्तुति में स्थितियों की भिन्नता, स्थान और समय की दूरी को रेखांकित करने के लिए संगीत का सहारा लिया गया; पर इससे इनकार नहीं किया जा सकता कि पात्रों की मनःस्थिति कहानी के मूड या वातावरण को उभारने के लिए, अथवा स्थान और समय की दूरी दिखाने के लिए प्रकाश की महत्त्वपूर्ण भूमिका हो सकती है।

इस रंगप्रयोग में दृश्यबंध सांकेतिक ही रहा। कहानी में दृश्य-विभाजन या दृश्यों के क्रमिक विकास के अभाव में इसकी ज़रूरत भी नहीं रहती। न्यूनतम उपकरण सजावट की वस्तु न होकर अर्थ और परिवेश को उभारने के ठोस आधार बनते हैं। परंतु अधिकांश प्रस्तुतियों में अभिनेता कार्यव्यापार एवं रंगभाषण से खाली स्पेस में दृश्य-रचनाओं को उभारने की प्रक्रिया से गुज़रता है। इसमें वह रचना की कई अर्थ-छायाओं को जोड़ता हुआ उसके समग्र प्रभाव को रचता है। **महाभोज**-जैसे यथार्थवादी उपन्यास के नाट्यांतर के लिए अमाल अल्लाना अतियथार्थवादी दृश्यबंध को अनिवार्य मानती हैं, तो देवेंद्र राज अंकुर इसकी प्रस्तुति के लिए खाली मंच पर (श्रीराम सेंटर-तलघर) सफ़ेद कुर्ता-पाजामा पहने कलाकारों द्वारा दृश्यों के विभिन्न धरातलों को साकार करते हैं। यद्यपि निर्देशक ने अधिकांश कहानियों या उपन्यासों के लिए मेज़, कुर्सी, स्टूल, चारपाई या बेंच को ही पर्याप्त माना है, फिर भी मोहन राकेश की चार कहानियों (**बस स्टैंड की एक रात, मिस पॉल, अपरिचित, एक और ज़िंदगी**) के अलग-अलग रंगस्थलों के लिए एक सामान्य दृश्यबंध को अपनाकर प्रस्तुति को लंबी कहानी के रूप में पेश किया है। दृश्यबंध के अभाव से ख़तरा इस बात का रहता है कि जब कहानी उत्तरार्द्ध में किसी तनावपूर्ण स्थिति

में पहुँचती है तो पूर्वार्द्ध में बने बिंबों की कमज़ोर पकड़ या उत्तरार्द्ध का उससे हल्का-सा अलगाव प्रस्तुति के प्रभाव को धूमिल कर सकता है। **अपना मोर्चा** (1979) की प्रस्तुति के साथ यही हुआ।

इन कुछ विशेषताओं के अतिरिक्त, प्रस्तुति-परिकल्पना के लचीलेपन ने कहानी को नयापन और सार्थकता भी दी है। इस दृष्टि से दूधनाथ सिंह की कहानी **कबंध** की प्रस्तुति (1977) उल्लेखनीय है। मूल कहानी आपसी रिश्तों या लेखक और पाठक के बीच पैदा हो रही संवादहीनता को व्यंजित करती है। निर्देशक ने अपनी परिकल्पना द्वारा इसे अभिनेता और दर्शक के अलगाव में बदलकर प्रस्तुति को सार्थक बनाया। कहानी के दो व्यक्तियों में से पहला व्यक्ति अभिनेता के रूप में, स्थितियों पर व्यंग्य करता हुआ, दर्शक पर सब कुछ थोप देता है और दूसरा एक दर्शक की हैसियत से, उसके कथनों की प्रतिक्रिया में कुछ अधूरे संवाद बोलता है। अभिनेता दर्शक की प्रतिक्रिया से अप्रभावित रहकर सिलसिलेवार एकालाप करता है। उसे दर्शक की प्रतिक्रियाओं से कोई लगाव नहीं। दर्शक उसके एकालाप को तोड़ने की कोशिश में संगत-असंगत जवाब देता है। इस तरह कहानी आज के रंगमंच की समस्या के साथ जुड़ जाती है। इसमें निर्देशक ने शब्द-जाल-से लगनेवाले संवादों की अपेक्षा उनके अर्थ को उभारनेवाले दृश्यबिंबों पर अधिक बल दिया। इसी लेखक की एक अन्य कहानी **कोरस** (1977) में संवादों की मात्रा बहुत कम है। इसलिए यहाँ अभिनेताओं ने प्रतीकों और अमूर्त विचारों के कोहरे को आंगिक भाषा से स्पष्ट किया। ख़ाली मंच पर चक्कर लगाकर जुलूस के रूप में बननेवाले बिंबों से जनता की समझौतावादी मानसिकता के बीच से फूटते विद्रोही स्वर को उभारकर उसे आज के संदर्भों से जोड़ा। रंग-परिकल्पना की इसी विशिष्टता के कारण कन्नड़ उपन्यासकार यू. आर. अनंतमूर्ति को अपने उपन्यास **संस्कार** (1982) की प्रस्तुति में लगा कि उनकी इस रचना ने एक नया रूप ले लिया है, जिसमें समसामयिक अर्थ की सफल खोज हुई है।

अंकुर ने कहानियों की प्रस्तुति के अलावा उनके चुनाव में भी अपनी दृष्टि का परिचय दिया है। निर्मल वर्मा की कहानियाँ **तीन एकांत (धूप का एक टुकड़ा, डेढ़ इंच ऊपर, वीकएंड)**; **महानगर : तीन संवाद (ग़लत नंबर**–गोविंद मिश्र, **तलघर**–रमेश बक्षी, **सब कुछ नहीं**– कृष्ण बलदेव वैद); **अलगाव : तीन संदर्भ (उसने कहा था** –गुलेरी, **आकाशदीप** –प्रसाद, **कफ़न** –प्रेमचंद); **लौटना : तीसरी बार (वापसी**–उषा प्रियंवदा, **ग़ुलामी**–राजिंदरसिंह बेदी, **वापसी** –हरिप्रकाश); **सामना : क्रमशः तीन (कबंध**–दूधनाथ सिंह, **सूटकेस** –अब्दुल मुनइम सलीम, **कोरस** –दूधनाथ सिंह); **अपरिचित : तीसरा पड़ाव (अपरिचित** –मोहन राकेश, **किनारे के लोग** –हिमांशु जोशी, **अँधेरे पर अँधेरा** –सर्वेश्वरदयाल सक्सेना) शीर्षकों में प्रस्तुत तीन-तीन कहानियाँ अलग-अलग कोणों से एक ही समस्या के

विभिन्न स्तरों को परखती हुई अपने शीर्षकों को सार्थक करती हैं। इसी प्रक्रिया में मोहन राकेश की चार कहानियों (**बस स्टैंड की एक रात, मिस पॉल, अपरिचित, एक और ज़िंदगी**) और अजीत कौर की तीन कहानियों (**घोंघा और समुंदर, सात नीमकश तीर, क़िस्सा एक क़यामत का**) को देवेंद्र राज अंकुर ने जिस कलात्मक ढंग से पिरोकर पेश किया, उससे ये प्रस्तुतियाँ एक लंबी कहानी में बदल गईं। इनके अतिरिक्त अंकुर ने लखनऊ (मेघदूत, लक्रीस, प्रयास, आँखर); वाराणसी (प्रयास, कलापरिषद्); रायपुर (हस्ताक्षर); दिल्ली (संभव, अंतरंग, प्रयोग, इप्टा, राष्ट्रीय नाट्य विद्यालय एवं उसका रंगमंडल, श्रीराम सेंटर रंगमंडल, भारतीय ज्ञानपीठ); कलकत्ता (राष्ट्रीय नाट्य विद्यालय रंगशिविर, अनामिका नाट्यशिविर); गोरखपुर (रूपांतर); इलाहाबाद (प्रयाग रंगमंच); पटना (कलासंगम); कांगड़ा (राष्ट्रीय नाट्य विद्यालय शिविर); बंगलूर (समुदाय) आदि नगरों में हिंदी के अतिरिक्त, बांग्ला, कुमाऊँनी, कन्नड़, ओड़िया और पंजाबी भाषा में कहानियों को पेश करते हुए जिस अभिनय-प्रक्रिया और मंच-आलेख का नया रूप रचने की कोशिश की, उसने ब. व. कारंत, राजिंदर नाथ, सत्यदेव दुबे जैसे निर्देशकों को भी इस प्रयोग के प्रति आकर्षित किया, और उन्होंने कहानियों को ज्यों-का-त्यों खेलने का प्रयास किया।

कह सकते हैं कि कहानी की प्रस्तुति संपूर्ण कहानी को संवाद बनाते हुए उसके कथ्य, निजी रूप, शब्द और उनसे उभरते संगीत एवं ध्वनियों के माध्यम से उसके श्रव्य की अभिव्यंजनात्मक संभावनाएँ पेश करती है; और ऐसा वह कहानी की शर्तों के अनुकूल उसके शब्दों को दृश्य में ढालने की प्रक्रिया से गुज़रकर ही कर पाती है। ज़रूरी यह है कि कहानी सुनाने-दिखाने में इतनी कल्पनाशीलता हो कि दर्शक इस दृश्य-जगत में अपनी कल्पना से कुछ अतिरिक्त जोड़ सके। इसी स्थिति में, दर्शक उन सूत्रों को पा सकता है जो उसे कहानी के भीतरी संसार का हिस्सेदार बनाते हैं। इसी परिकल्पना में कहानी व्यतीत न रहकर वर्तमान को व्यंजित करनेवाली बनती है; और तभी कहानी की कई अमूर्त अथवा अनकही बातें दृश्यात्मक रूप में उभरती हैं, जो कहानीकार की अपेक्षा निर्देशक द्वारा दिखाई जानेवाली रचना (कहानी) के रूप में सामने आती हैं।

इसी विशिष्ट स्थिति में उस कथात्मक और वर्णनात्मक सामग्री को, जिसे कोई नाटक त्याज्य समझता है, क्रियाओं एवं दृश्यों में रूपांतरित करते हुए देवेंद्र राज अंकुर ने दृश्यात्मक अभिव्यंजना के नए रास्तों से साक्षात्कार किया है। दरअसल, कहानी के शब्दों को वाचित क्रियाओं में बदलकर उन्हें गतिशील बनाना, कहानी में उपस्थित जीवन के उस अंश की तलाश करना है, जो इन कथित शब्दों की उपज है। दूसरे शब्दों में यह प्रयोग कहानी को एकाकी क्रीड़ा से अलग एक सामूहिक

अनुभव में बदलता है, जिसमें निर्देशक और फिर अभिनेता कहानी के 'प्रकट' की अपेक्षा उसके 'अप्रकट' से साक्षात्कार करता है। इसी प्रक्रिया में अभिनेता कहानी में चित्रित पात्र के किसी एक पहलू से ही उसकी संपूर्ण जीवन-चेतना को प्राप्त करता है और वह उस पात्र से भिन्न अन्य पात्रों के व्यक्तित्वों में भी एकसाथ शामिल होता है। इसलिए कहानी का रंगमंच अभिनय की नई दिशाओं के बारे में कुछ ऐसे सवाल उठाता है, जिनसे टकराना अभिनय के विद्यार्थी के लिए महत्त्वपूर्ण है।

इसी अर्थ में उस विशाल कथासाहित्य को उसकी मूल प्रकृति और आस्वाद के साथ मंचित करना अधिक अर्थपूर्ण है, जहाँ ज़िदगी की गहरी समझ के विभिन्न रंग-रूप मौजूद हैं; और रंगकर्म की अनेक संभावनाएँ भी जिसमें निहित हैं।

'नटरंग'—60-61, जुलाई-दिसंबर, 1994

कहानी की प्रस्तुति, जो नाटक नहीं

सर्वेश्वरदयाल सक्सेना

कहानियों का नाटकीयकरण अक्सर मंच पर पेश किया जाता रहा है, लेकिन इधर पिछले कुछ वर्षों से देवेंद्र राज अंकुर, जो हिंदी की साहित्यिक कहानियों के सबसे मर्मज्ञ पाठक हैं, कहानी की मंच-प्रस्तुति करने लगे हैं। कहानी की प्रस्तुति दरअसल कहानी को पूरी तरह दर्शकों के सामने जीने की कोशिश है। एक तरह से, कभी-कभी वह नाटक से अधिक जीवंत होती है।

बचपन में मेरा एक नौकर था—बहाऊ। जन्मजात कलाकार था। रात में अक्सर वह हमें कहानियाँ सुनाता था। रानी सारंगा, पंचफूला रानी। सर्दी की रातों में हम सब रज़ाई में दुबके होते, वह कहानी सुनाते-सुनाते अपनी कथरी फेंक उठ खड़ा होता और पात्रों का अभिनय करने लगता, गाने लगता। हम सब रोमांचित हो जाते। जिसने क़िस्सा सुनानेवालों से—यद्यपि क़िस्सागोई अब ख़त्म हो रही है—क़िस्सा सुना है वह तो समझ सकता है कि नाटकीयता क़िस्से के बाहर का कोई तत्त्व नहीं है। वह एक तरह से कहानी की आत्मा है, जिसे ज़रूरत है पहचानने की।

कहानी का नाटक बनाते समय बहुत कुछ छूट जाता है; बहुत कुछ ऐसा जो कहानी का ज़रूरी हिस्सा है, लेकिन कहानी की प्रस्तुति में यह सब बना रहता है। इस तरह जो कुछ सामने आता है, वह पूरी तरह चाक्षुष-यज्ञ भले ही न लगे, लेकिन वह आत्मा का यज्ञ ज़रूर बन जाता है। जितनी ही गहरी कहानी, उतना ही सार्थक यह यज्ञ।

इधर इप्टा की ओर से देवेंद्र राज अंकुर द्वारा प्रस्तुत पाँच कहानियों में (प्रेमचंद की **बड़े भाई साहब**, विजयदान देथा की **राज़ीनामा**, निर्मल वर्मा की **डेढ़ इंच ऊपर** तथा **बीच बहस में** और हरिप्रकाश की **वापसी**) अनेक ऐसी सूक्ष्म परतें दिखीं, जिनको समझना ज़रूरी है। निश्चय ही कहानी देखने के अनुभव को नाटक देखने के अनुभव से अलग रखना होगा। कहानी देखना एक अलग तरह का संस्कार माँगता है। यदि दर्शक में साहित्यिक संस्कार है तो वह कहानी का ज़्यादा अच्छा

दर्शक हो सकता है। निर्मल वर्मा की कहानियों में आप एक स्तर पर भाषा की काव्यात्मक गहराई, उसके अद्वितीय बिंबों का सुख ले रहे होते हैं, तो दूसरे स्तर पर अनेक प्रतीकों को अभिनय में ढलते देख रहे होते हैं। कहानी कहीं-कहीं चरित्रों का मनोवैज्ञानिक विश्लेषण कर रही होती है, जैसे हरिप्रकाश की **वापसी** में, जो नाटक में इतने खरे रूप में संभव नहीं है।

बिना किसी मंचीय ताम-झाम के, सूक्ष्मतम आहटों से ही कहानी का मंच तैयार है। दूसरी तरफ वेशभूषा में भी कोई यथार्थवादी टीम-टाम या अतिरंजना नहीं है, चरित्र का सांकेतिक आधार है, बस। पात्रों को अपने संवाद भी बोलने हैं और कहानी में अपने बारे में बताना, अपनी मनःस्थिति से जुड़े परिवेश का विवरण भी देना है। अतः अभिनेता में तत्काल अलग हो जाने का अतिरिक्त गुण चाहिए तथा दर्शक में भी यह अलगाव कर लेने की क्षमता चाहिए कि कब वह कथा को ठंडे विवरणों के सहारे पार करे और कब अभिनय और संवादों में डूबकर। कभी-कभी ये ठंडे विवरण कहानी के ज़रूरी हिस्से होते हैं, जिन्हें कहानी का नाटक बनाते समय निकाल दिया जाता है, पर इनके सहारे ही कहानी की भीतरी बुनावट का पता चलता है।

कोई दो कहानियों की प्रस्तुति एक-जैसी नहीं हो सकती। इसलिए कहानी की प्रस्तुति का फ़ार्मूला नहीं हो सकता, जैसा अक्सर नाटक का होता है। हर कहानी अलग 'ट्रीटमेंट' चाहती है। कहानी की प्रस्तुति को दर्शक असावधान होकर नहीं देख सकता। नाटक में थोड़ी असावधानी से उतना बनता-बिगड़ता नहीं, जितना कहानी में। कहानी का एक-एक वाक्य महत्त्वपूर्ण है। वहाँ कोई घटना ही मुख्य नहीं है, बल्कि घटना को गहरी मानवीय चिंताओं से जोड़कर रखना है। विजयदान देथा की कहानी **राज़ीनामा** का भेद नहीं खुलेगा, यदि अंतिम वाक्य अनसुना कर दिया गया, जहाँ अपने भीतर के सद-असद से लड़ता पात्र अंत में थानेदार हो जाता है तथा लाखों कमाता है। इसी वाक्य पर **राज़ीनामा** टिका है।

इसलिए यह कहना ज़रूरी है कि कहानी की प्रस्तुति नाटक नहीं है, बल्कि रंगजगत की एक अलग गंभीर विधा है। ज़रूरी है कि दर्शकगण भी इसके लिए अपने को तैयार करें और हल्के-फुल्के नाटकीय मनोरंजन की आशा लेकर ही इन प्रस्तुतियों को देखने न जाएँ। वे यह दायित्व भी लेकर जाएँ कि उन्हें कथा के साहित्यिक रूप को भी गहराई से समझना है।

'नवभारत टाइम्स', 21 जुलाई, 1983

कहानी का वाचिक अभिनय

सुरेश अवस्थी

देवेंद्र राज अंकुर ने पिछले 19 वर्षों में अभिनय की एक नई विधा—कहानी के वाचिक अभिनय का विकास किया है। सन् 1975 में उन्होंने पहली बार निर्मल वर्मा की तीन कहानियों की प्रस्तुति तीन एकांत नाम से राष्ट्रीय नाट्य विद्यालय के स्टूडियो थिएटर में की थी। पहली ही बार इस अभिनय-विधा की संभावनाएँ स्पष्ट हो गई थीं। इसे सहज ही श्रोताओं की स्वीकृति मिल गई थी। यह अनुभव कहानी पढ़ने, कहानीकार द्वारा कहानी-वाचन और कहानी के नाटकीकृत रूप के मंचन—सबसे भिन्न था। सामान्य अर्थ में यह अभिनय भी नहीं है, अभिनयहीनता (नान-ऐक्टिंग) है।

हाल ही में प्रेस क्लब की पहली मंज़िल के बड़े कमरे में अंकुर ने अजीत कौर के कहानी संग्रह **ख़ानाबदोश** की तीन समेकित कहानियों की प्रस्तुति **ख़ानाबदोश** नाम से ही की। एक घंटा, दस मिनट की अवधि में दो अभिनेताओं—हेमा सिंह और वागीश सिंह—की यह प्रस्तुति बहुत प्रभावशाली थी।

हमारी सभ्यता कहानी कहने और सुनने की सभ्यता है। यह परंपरा आज भी बहुत ही समर्थ और व्यापक है, और देश के विभिन्न क्षेत्रों में कथावाचक अनेक रूपों और शैलियों में कथा-गाथा का वाचन-गायन करते हैं, जिनमें वाचिक अभिनय की अनोखी छटा देखने को मिलती है। इस मौखिक परंपरा में कहानी का वाचिक अभिनय बहुत स्वाभाविक लगता है, हालाँकि आधुनिक शहरी समाज कहानी कहने-सुनने की इस परंपरा से कटता जा रहा है।

भरत की चतुष्पक्षीय अभिनय-कल्पना विश्व के नाट्य-चिंतन में अपूर्व है। हमारी नाट्य-परंपरा ने इस अभिनय-संकल्पना का लाभ उठाकर इन चार पक्षों में से एक या एक से अधिक को महत्त्व देकर, या, एक या एक से अधिक को गौण बनाकर अनेक नाट्यरूपों और प्रदर्शन-शक्तियों को जन्म दिया है। उदाहरण के लिए, कथकलि में वाचिक गौण है, आंगिक प्रधान है। समस्त

नाट्यालेख दो गायकों द्वारा गाया जाता है, अभिनेता, बिना बोले, हस्तमुद्राओं, भंगिमाओं और गतियों द्वारा उसका अर्थ-निरूपण और विस्तार करते हैं। आंगिक के साथ-साथ आहार्य और सात्विक को भी महत्त्व दिया गया है। ऐसी परंपरा में यह बहुत स्वाभाविक है कि कहानी के वाचकाभिनय की इस नई विधा को स्वीकृति मिल जाए।

इस विशिष्ट मंच-प्रयोग में कथावाचक उसी रूप और उन्हीं अर्थों में अभिनेता नहीं है, जिस रूप और जिन अर्थों में नाट्य-विधा का कलाकार अभिनेता होता है। कहानी के वाचिकाभिनय के कलाकार की कला शब्द-प्रधान है; उसमें शब्दों, पदों और वाक्यों के व्याकरण-संबंध और अर्थ बहुत कुछ लिखित एवं मुद्रित भाषा के ही रूप में रहते हैं; उनका रंगमंचीय चिह्नों और प्रतीकों में परिवर्तन नहीं होता। सुनना प्रधान और देखना गौण रहता है। इसके विपरीत, नाट्य-प्रस्तुति में आलेख के शब्दों, पदों और वाक्यों का अर्थ रंगमंचीय चिह्नों, प्रतीकों में बदल जाता है, उनका देखना प्रधान हो जाता है, सुनना गौण।

सैद्धांतिक स्तर पर कहानी के वाचिकाभिनय में नाट्यालेख की प्रस्तुति से एक बड़ी भिन्नता यह है कि उसमें औपन्यासिक नैरेटर उपस्थित रहता है, जबकि नाट्य-प्रदर्शन में नाटककार अनुपस्थित रहता है। नाटक के पात्र उससे मुक्त, स्वतंत्र रहते हैं। कहानी में नैरेटर पाठक अथवा श्रोता के बीच हस्तक्षेप करता रहता है। यह स्थिति **ख़ानाबदोश** जैसी आत्म-कथात्मक कहानियों में कुछ और जटिल हो जाती है, क्योंकि उनमें बराबर साहित्य जीवन और जीवन साहित्य लगता रहता है। दोनों की विभाजन-रेखाएँ बराबर धूमिल होती रहती हैं, मिटती रहती हैं। कलाकार को बड़ी सहजता से 'औपन्यासिक नैरेटर' और कथा-स्थितियों में एक पात्र के बीच संचरण करना पड़ता है, जबकि उसके पास केवल वाचिक अभिनय का ही साधन है। वह जिन कुछ सीमित भंगिमाओं, गतियों और मुद्राओं का उपयोग करता है, वे सामाजिक व्यवहार में की जानेवाली मुद्राओं के समान होती हैं, अर्थात् लोकधर्मी। उसके साथ ही 'औपन्यासिक नैरेटर' के अंश बोलने और कथा के दूसरे पात्रों के साथ वार्तालाप करने में कुछ ऐसी सहजता होगी, जैसे 'औपन्यासिक नैरेटर' कुछ पीछे हट गया हो, पर उपस्थित वहीं हो।

ख़ानाबदोश में जिन तीन कहानियों को समेकित किया गया है, उनकी कथावस्तु में 'औपन्यासिक नैरेटर' और ओमा (ओम प्रकाश) का प्रेम-प्रसंग है। कहानी सहज भाव से बढ़ती है। फिर बड़ी ही तीव्र घटनाएँ घटित होती हैं—एक के बाद एक। और अंत में एक दिन अचानक विवाहित ओमा 'मैं' को छोड़कर चला जाता है, वह 'मैं' जो बारह वर्षों तक अवहेलना और अपमान का विवाहित जीवन बिताकर एक दिन पति के घर की दहलीज़ लाँघकर चली आई थी, ओमा

को छोड़कर चले जाने के बाद इस अनुभव के लिए अभिशप्त है कि 'तब तो मैं दूसरी औरत थी। नाजायज़ औरत।'

ख़ानाबदोश के वाचिक अभिनय में हेमा सिंह ने इस विधा की सारी चुनौतियों और विशिष्टताओं के संदर्भ में बहुत ऊँचे स्तर का काम किया। मेरे जैसे व्यक्ति के लिए, जिसने पहली बार 1978 में हेमा का अभिनय एक कॉलेज में राकेश के नाटक **आषाढ़ का एक दिन** की एक प्रस्तुति में मल्लिका की भूमिका में देखा था, और अब 1993 में **ख़ानाबदोश** में तथा इस दौरान और बहुत-सी भूमिकाओं में, तो उनकी अभिनय-कला के विकास का ग्राफ़ बराबर मेरे मन में बनता रहा। उनकी इन अनेक भूमिकाओं के प्रभाव मेरे प्रेक्षक-मन के संस्कारों का अंग बन गए हैं। इसी प्रकार नाटक या कहानी को पढ़ना या उसकी प्रस्तुति देखना पाठक और दर्शक के लिए 'बहुपाठशीलता' (इंटरटेक्स्चुयलिटी) का अनुभव होता है। जब वह बराबर उसी कृति की प्रस्तुति के पिछले प्रभावों से जुड़ता है तो उसके देखने का अनुभव वर्तुल गति में रहता है, रैखिक नहीं। एक ही नाटक के अलग-अलग निर्देशकों की प्रस्तुतियाँ देखने में भी यही स्थिति रहती है।

कक्ष में अभी लोग बैठ ही रहे थे कि हेमा आकर फ़र्श पर बैठ गईं, हाथ में चाय का प्याला लिए, और कहानी कहने लगीं। लोग सुनने लगे। सभी कुछ कहानी कहने-सुनने जैसा-ही सहज था। कहानी कहते-कहते कभी बैठने के ढंग में थोड़ा परिवर्तन, कभी उठ खड़े होने और कभी दो-चार क़दम चलकर कहानी कहने का सिलसिला जारी रहा। और कहानी में जब ओमा आया तो हेमा का औपन्यासिक नैरेटर 'मैं' प्रेमिका बन गया, और फिर छोटे-छोटे कई प्रसंग—बहुत मधुर, भाव-सघन और बहुत कटु, तिरस्कार और असहायता के प्रसंग।

इन सभी प्रसंगों में हेमा 'मैं' और कथावाचक दोनों ही बनी रहीं। श्रोताओं के लिए कहानी का सूत्र कभी नहीं टूटा और हेमा का कहानी सुनाना बराबर चेष्टाहीन बना रहा। श्रेष्ठ अभिनय और प्रशिक्षण का यही अर्थ होता है कि प्रशिक्षण दिखाई न दे। एक-एक मुद्रा, भंगिमा, संवाद-निवेदन—सब सधा हुआ, नपा-तुला, पर सहज। जापान के चौदहवीं शताब्दी के 'नो' नाट्यरूप के महान रचनाकार और शास्त्रकार, ज़ियामी ने उत्तम कोटि के अभिनय से संबद्ध एक संदर्भ में कहा है कि अभिनेता सुगंध से आरंभ करता है, और तब सुगंध से फूल प्रस्फुटित होता है। निम्न कोटि का अभिनेता फूल से आरंभ करता है, और तब सुगंध कभी नहीं फूटती।

कहानी के चरम बिंदु पर वागीश (ओमा) जिस सहज भाव से कहानी में

जुड़े, और जैसी भंगिमा अपनाई, उसमें ओमा का चरित्र सहज ही परिभाषित हो गया; और फिर बहुत ही सहज और सधे हुए ढंग से वागीश बराबर अपने चरित्र में बने रहे। प्रभावान्विति ऐसी कि जब हेमा के 'मैं' के अंतिम वाक्य के साथ कहानी समाप्त हुई, तो श्रोता कहानी सुनने का अलस भाव लिए देर तक बैठे रहे।

'नवभारत टाइम्स', 21 जुलाई, 1993

संवाद पाँच

अंतःसाक्ष्य

आलेख से मंचन तक

देवेंद्र राज अंकुर

प्रत्येक नाटक में एक कहानी होती है और प्रत्येक कहानी में एक नाटक होता है। इसी उक्ति को थोड़ा और विस्तार दें तो कहा जा सकता है कि प्रत्येक कला अपनी मूल प्रकृति एवं परिकल्पना में नाटकीय होती है। यदि यह सच है तो कहानी को अलग से अथवा एक नाटक के रूप में रूपांतरित करने की आवश्यकता क्यों पड़ती है? क्या इसलिए कि कहानी में जो नाटक रहता है, वह इतने सूक्ष्म रूप में होता है कि उसे ठोस रूप में सामने लाने के लिए उसका नाट्य-रूपांतरण करना पड़ता है? क्या इसलिए कि शुद्ध नाटकीय तत्त्वों की दृष्टि से कहानी एक अपूर्ण माध्यम है और उसे पूर्णता तक पहुँचाने के लिए नाट्यविधा का आश्रय लेना पड़ता है? क्या इसलिए कि दो अलग-अलग विधाओं के शिल्प और व्याकरण के तालमेल से एक नई विधा के जन्म में नाटकीयता अंतर्निहित है?

उपर्युक्त प्रश्नों के समाधान से ज़्यादा ज़रूरी होगा कि हम यह देखने का प्रयत्न करें कि जो नाटक कहानी में स्वयं उपस्थित है, वह वहाँ किस रूप और आकार में उपस्थित है? एक नाटक तो वही है जो कहानी की विभिन्न घटनाओं, उनके क्रम और उनके उतार-चढ़ाव में दिखाई पड़ता है। इसी से जुड़ा दूसरा नाटक कहानी की शिल्पगत संरचना में से उत्पन्न होता है, क्योंकि प्रत्येक कहानीकार अपने कथ्य को अधिक-से-अधिक ग्राह्य, संप्रेषणीय एवं प्रभावकारी बनाने के लिए उसे एक विशेष ताने-बाने और बुनावट में बाँधता है। ये दोनों नाटकीय तत्त्व मूलतः कहानी के आलेख में ही उपलब्ध हैं। लेकिन एक तीसरा नाटक भी है जो कहानी के आलेख से बाहर अथवा अलग घटित होता है और यह प्रक्रिया कम-से-कम दो स्तरों पर चलती है—कहानी सुनाने और सुननेवाले के बीच अथवा कहानी पढ़नेवाले और स्वयं कहानी के बीच।

यदि हम कहानी के जन्म की तरफ़ लौटें तो वह अपने मूल रूप में सुनाने और सुनने की प्रक्रिया से उत्पन्न हुई। यहाँ यह उल्लेख करना भी अप्रासंगिक नहीं होगा कि वस्तुतः रंगमंच के जन्म का श्रेय कहानी सुनाने की परम्परा को ही जाता है,

जिसमें कालान्तर में अभिनटन का तत्त्व जुड़ता गया अर्थात् कहानी सुनाते-सुनाते दिखाने में परिवर्तित होती चली गई। यह सुनाना-सुनना एक सामूहिक प्रक्रिया थी, जिसमें पूरे जन-समुदाय की हिस्सेदारी होती थी। भले ही कहानी सुनानेवाला एक व्यक्ति रहा हो, लेकिन यह निश्चित है कि उसे सुननेवाले सदा से संख्या में एकाधिक रहे हैं। देश के अलग-अलग प्रान्तों में आज भी न जाने कितनी कथावाचन एवं श्रवण की शैलियाँ वर्तमान हैं, चाहे वह मध्य प्रदेश में पंडवानी हो, महाराष्ट्र में कीर्तन हो, मणिपुर में लाई हरोबा हो, राजस्थान में बातपोश, पाबू जी का पड़, गुजरात में आख्यान और बुंदेलखंड में आल्हा-ऊदल हो। बहुत दूर न जाएँ तो आज भी घरों-परिवारों में रात में नाना-नानी या दादा-दादी जैसे बड़े-बूढ़े लोगों से कहानी सुनने की परंपरा मौजूद है, बेशक संयुक्त परिवार की प्रथाएँ धीरे-धीरे हशिये पर आती चली गई हैं।

अभी तक आदिकाल से लेकर आज तक कहानी सुनाने की जितनी भी शैलियों और परंपराओं का ज़िक्र किया गया है, वे सभी कहानी के मौखिक आलेख पर आधारित हैं। यहाँ कहानी पहले से लिखी हुई अथवा मुद्रित नहीं है। यह भी नितांत संभव है कि सुनानेवाला उसी क्षण कहानी की आशु-रचना कर रहा हो, जब वह उसे सुनाने की प्रक्रिया से गुज़र रहा है, यदि कथ्य पहले से जाना-पहचाना नहीं है लेकिन उल्लेखनीय बात यह है कि कहानी का एक अपना नाटकीय और रंगमंचीय संसार यहाँ भी साकार होने लगता है। सबसे पहले तो वाचक की जीवंत उपस्थिति, उसकी आवाज़, वाचनशैली, अंग-संचालन, हाव-भाव और कभी-कभी कथा के बहाव के साथ अचानक उठकर खड़े हो जाना, नृत्य करने लगना अथवा अभिनटन की स्थिति तक पहुँच जाना अर्थात् वह जो कुछ सुना रहा है, उसे दिखाने की स्थिति तक ले जाना। श्रोताओं के सामने कुछ भी ठोस दृश्य में न होते हुए भी क्या वे उस दृश्य-संसार को नहीं देख रहे हैं, अनुभूत नहीं कर रहे हैं और अपनी तात्कालिक प्रतिक्रियाओं के माध्यम से उन बेशुमार पात्रों और घटनाओं के साथ एक अंतरंग संबंध स्थापित नहीं कर रहे हैं? यही वह नाटकीयता है, जो बहुत संभव है, स्वयं कहानी में बहुत दूर तक मौजूद न हो, लेकिन सुनानेवाले की अपनी कला और सुननेवाले की अपनी ग्राह्यता एवं कल्पना पर निर्भर करती है।

इसी अनुभव का एक बिलकुल दूसरा रूप तब आकार ग्रहण करता है, जब कहानी लिखित और प्रकाशित रूप में पाठक को उपलब्ध है। बेशक, यहाँ पहले की तुलना में अनुभव-प्रक्रिया ठीक विपरीत है, क्योंकि जहाँ पहली प्रक्रिया एक समूह को अपने साथ लेकर चलती है, वहाँ दूसरी प्रक्रिया मात्र एक पाठक तक सिमटकर रह गई है। यहाँ तक कि लेखक रचयिता या वाचक की जीवंत उपस्थिति भी यहाँ नदारद है। बोले जाने वाले शब्दों के स्थान पर पाठक अपने एकांत में उनकी ख़ामोश उपस्थिति को अपनी आँखों से पढ़ रहा है और शायद अपने भीतर में सुन भी रहा

हो। लेकिन कहानी का दृश्यजगत यहाँ भी साकार होता है, चाहे वह उस अकेले पाठक के लिए हो। इसी प्रक्रिया को एक अलग रूप में लाया जाए, जहाँ या तो लेखक स्वयं अपनी कहानी पढ़कर सुना रहा हो या उसी कहानी को कोई दूसरा पढ़कर सुनाए तो वह अनुभव मौखिक कहानी के सामूहिक श्रवण और प्रकाशित कहानी के एकांत पढ़ने के दो छोरों के बीच एक तीसरा विकल्प होगा।

संक्षेप में, अब तक के विवेचन से यह पूरी तरह से स्पष्ट और प्रमाणित हो जाता है कि कहानी की नाटकीयता उसके अपने मूल आलेख में से ही पकड़ी जा सकती है, उसके लिए कहानी के फ़ार्म को तोड़-मरोड़कर नाटक में परिवर्तित करने की क़तई ज़रूरत नहीं है। चूँकि आज हमारा सरोकार मुख्य रूप से कहानी के उस आधुनिक आलेख से है, जो हमारे सामने प्रकाशित शब्द के रूप में उपस्थित है, तो उसी को केंद्र में रखकर चर्चा को आगे बढ़ाया जाए। अभी तक मैंने कहानी के साथ जुड़े जितने भी तरह के रिश्तों की बात की है, वे मुख्यतः कहानी को सुनने और पढ़ने के संदर्भ में व्याख्यायित किए गए हैं। इस रिश्ते की एक नई और ताज़ी कड़ी है कहानी को देखना। पूछा जा सकता है कि क्या पहली दोनों प्रक्रियाओं में श्रोता अथवा पाठक कहानी को नहीं देख रहा था? ज़रूर देख रहा था, लेकिन यह देखना उतना ही अमूर्त और निराकार था, जितने कि शब्द स्वयं होते हैं। जहाँ पहली दोनों प्रक्रियाओं में वह शब्दों को सुनते या पढ़ते हुए अपने मन की आँखों के सामने उनका एक चित्र देखते हुए चलता है, वहाँ इस प्रक्रिया में वह कहानी को अपने सामने ठोस, सजीव और वास्तविक रूप में घटित होते हुए देखता है, सुनता है और मानों पढ़ता है—कहानी के अपने मूल शब्दों एवं फ़ॉर्म के साथ। नाटक जैसी प्रदर्शनकारी विधा के ढाँचे और व्याकरण में स्थानापन्न किए बिना।

इस प्रकार यह प्रक्रिया कहानी के साथ अब तक जुड़े अनुभवों से आगे की कड़ी तो है ही, कहीं-न-कहीं उन सबसे बिलकुल अलग भी है। और यह अलगाव, नयापन और वैभिन्न पैदा होता है वाचक या लेखक के स्थान पर अभिनेता के आगमन से, जो इससे पूर्व कथावाचन की किसी शैली और परम्परा में नहीं हुआ और न ही शायद वहाँ उसकी कोई आवश्यकता भी थी। अभिनेता के आने के बाद कहानी मुख्यतः अभिनटन हो गई, वाचन मात्र नहीं रही। इस बात को रेखांकित किया जाना चाहिए कि कहानी जैसी विधा अपने मुद्रित रूप में जहाँ बिलकुल एकांतिक विधा बनकर रह गई थी, वहाँ अभिनेता के हस्तक्षेप से वह पुनः एक सामूहिक अनुभव में तब्दील हो गई—यह क्या कोई कम छोटी यात्रा है? और सबसे बड़ी बात यह कि कहानी ने इस यात्रा को स्वयं अपनी शर्तों पर तय और पूरा किया और स्वयं अपने भीतर से दर्शकों के लिए एक रंगमंचीय संसार को जीवित किया।

यहीं पर एक प्रश्न से सामना होता है कि नाटक की प्रस्तुति में भी अभिनेता एक अनिवार्यता है और कहानी का रंगमंच में भी, तो फिर दोनों माध्यमों की

प्रस्तुति-प्रक्रिया अथवा अभिनेता की भूमिका में क्या अंतर रह जाता है? वास्तव में, कहानी का रंगमंच का यही वह पहलू है, जिस पर विस्तार से चर्चा की जानी चाहिए।

दोनों विधाओं में सबसे बड़ा और एकदम स्पष्ट रूप से दिखाई देनेवाला एक अंतर तो यही है कि नाटक तो होता ही देखने के लिए है, लेकिन कहानी के साथ ऐसी कोई शर्त नहीं जुड़ी है। अतः, नाटक के मंचन की एक प्रक्रिया पहले से निश्चित है। कहानी ने देखने की प्रक्रिया को मात्र पच्चीस साल पहले अपने अनुभव के दायरे में सम्मिलित किया है तो निश्चित रूप से उसकी प्रक्रिया को अलग होना होगा, लेकिन यह अलगाव कब और कहाँ होता है? नाटक में अभिनेता अवश्य उपस्थित है, लेकिन वह अपने निजी अथवा व्यक्तिगत रूप में नहीं, वरन् एक चरित्र के रूप में होता है। कहने का तात्पर्य यही है कि नाटक किसी भी शैली का हो, अभिनेता को उसमें सदैव अपनी ज़िंदगी से अलग एक-दूसरे व्यक्ति या चरित्र की भूमिका को धारण करना पड़ता है। मात्र धारण ही नहीं, उसे शुरू से लेकर अंत तक उस भूमिका को निभाना होता है। यह निभाना कई स्तरों पर एकसाथ घटित होता है—पहले वह उस भूमिका को ओढ़ता और धारण करता है, नाटक के शब्दों और संवादों से एक स्थिति का निर्माण करता है और फिर स्वयं ही उस स्थिति को झेलता भी है। झेलने की इस नियति से उसे तब भी गुज़रना पड़ता है, जब उसके पास पूरे नाटक में बेशक एक शब्द भी बोलने को न हो। वास्तव में, नाटक के प्रदर्शन के व्याकरण का सबसे दिलचस्प पहलू ही यही है कि अभिनेता पूरी तरह से पहले तो अपने को न्यूट्रल करे और फिर अपने में उस दूसरे चरित्र, पात्र या भूमिका को स्थापित करे। इसीलिए यह सत्य ही कहा गया है कि लेखक अथवा रचनाकार अपने साहित्य में चाहे जितनी भी आत्माभिव्यक्ति करे, अभिनेता के लिए यह संभव ही नहीं है कि वह मंच पर अपना व्यक्तिगत जीवन प्रस्तुत कर सके। ज्योंही वह ऐसा करने का प्रयत्न करेगा, तब वह प्रक्रिया अभिनय कहाँ रहेगी? रचनाकार के लिए ऐसा करना नितांत संभव है, क्योंकि उसका साधन शब्द हैं, लेकिन अभिनेता तो स्वयं ही साधन है और स्वयं ही साध्य भी; ऐसे में यदि वह मंच पर अपनी ज़िंदगी प्रस्तुत करेगा तो उसे देखने में किसकी रुचि होगी क्योंकि मंच के बाहर तो लोग उसे अपने निजी रूप में देख ही रहे हैं। इतना ही नहीं, नाटक के अभिनेता की एक और भी बड़ी जिम्मेदारी है और वह यह है कि वह जिस किसी चरित्र को भी मंच पर प्रस्तुत कर रहा है, दर्शकों को वह हूबहू वैसा होने या लगने का आभास दे ताकि वे उसके साथ एकाकार हो सकें अर्थात् स्वयं को उसके भीतर से प्रतिबिंबित होते देख सकें। शायद इसीलिए जीवन की अनुकृति या प्रतिबिंब के रूप में कला की व्याख्या की गई है।

इसके विपरीत कहानी का रंगमंच में अभिनेता की क्या भूमिका होती है या हो सकती है—अब इस पर खुलकर विचार किया जा सकता है। सबसे पहली और ज़रूरी

बात यही है कि कहानी के मंचन में अभिनेता आरंभ से लेकर अंत तक अभिनेता ही रहता है, उसे चरित्र बनने की ज़रूरत ही नहीं पड़ती। यदि उसे चरित्र की भूमिका में उतरना भी पड़ता है तो वहाँ भी उसे चरित्र बनना नहीं, वरन् बनकर दिखाना पड़ता है। दूसरे शब्दों में कहें तो वह स्वयं में कोई चरित्र नहीं हो जाता, बल्कि उस चरित्र को दिखाता या प्रस्तुतमात्र करता है। उसकी इस प्रक्रिया के लिए कहानी के विवरणात्मक अंशों को तो वह सुनाते-सुनाते दिखा भी रहा है। इसी बीच यदि कोई ऐसा संवाद आ गया, जैसे कि घीसू ने कहा अथवा माधव चिढ़कर बोला तो पहले वह इस विवरण को बोलेगा और उसके बाद दोनों अभिनेता उस पूरे संवाद खंड को एक चरित्र की तरह से प्रदर्शित करेंगे। वे दृश्य शुरू करने से पहले ही विवरण के माध्यम से अपना-अपना परिचय दे चुके हैं, अतः उन्हें अलग से वह चरित्र बनने की ज़रूरत नहीं, मात्र उसे दिखाने यानी डिमांस्ट्रेट करने की ज़रूरत है। इस अर्थ में अभिनेता को गायक या वाचक का समानधर्मा कहा जा सकता है। कथा का गायन या वाचन करते समय हरेक शब्द और संवाद का वाहक उसे स्वयं भी बनना पड़ता है।

अभिनेता को चरित्र नहीं बनना है, इसलिए बहुत से लोग यह समझ लेते हैं कि कहानी को रंगमंच पर ज्यों-का-त्यों प्रस्तुत करने से ज़्यादा आसान काम और कोई नहीं है। न कोई दूसरा आलेख तैयार करने की ज़रूरत, न मंच पर कोई ताम-झाम की अपेक्षा; बस कुछ अभिनेताओं की दरकार, उनके हाथ में कहानी का आलेख और वे मंच पर उसका पाठ करना आरंभ कर देते हैं। वे भूल जाते हैं कि कहानी के मंचन में आलेख का पाठ नहीं किया जाना है, वरन् अभिनेता के माध्यम से उसका अभिनटन होना है, उस पाठ को दृश्यों और बिंबों में परिवर्तित किया जाना है और यह सबकुछ कहानी की अपनी शर्तों पर होना है अर्थात् कहानी को कहानी बने रहना है और नाट्य-रूपांतरण के बिना ही दर्शकों के लिए एक रंगमंचीय अनुभव में बदल जाना है। इस पूरी प्रक्रिया से जुड़ी जितनी भी संभावनाएँ और चुनौतियाँ हो सकती हैं, उन सबका साक्षात्कार अकेले अभिनेता को ही करना है। इस प्रकार कहानी की मंच-प्रस्तुति में अभिनेता की भूमिका जितनी अहम है, उतनी ही मुश्किल भी। यदि यह प्रक्रिया बहुत आसान-सी रही होती तो आज तक न जाने कितने अभिनेता इस ओर बढ़ने की पहल अपनी तरफ़ से कर चुके होते। लेकिन सच्चाई यही है कि शायद अभिनेता को भी इस बात का बिलकुल भी एहसास नहीं था कि यह विधा उसके लिए अभिनय की कितनी बहुआयामी संभावनाओं को जन्म दे रही है। एक बार जब वह एक कहानी के मंचन की पूरी प्रक्रिया में से गुज़रकर बाहर आया, तब उसे पता चला कि यह प्रक्रिया एक नाटक के बँधे-बँधाए ढाँचे में अभिनय करते जाने से कितनी अलग और ताज़गी भरी है। पहली बार उसने अनुभव किया कि आरंभ से अंत तक एक चरित्र बने रहने और इसके विपरीत शुरू से लेकर

आख़िर तक एकदम न्यूट्रल रहकर जिस क्षण जो भी चाहें, वह बन जाने में क्या अंतर है। अच्छा यही होगा कि हम कहानी का रंगमंच में अभिनेता की इसी भूमिका को रेखांकित करने का प्रयत्न करें।

यूँ तो ऊपरी तौर पर एक कहानी के मंचन में अभिनेता की भूमिका के अनेक रूप दिखाई पड़ जाते हैं—वह नैरेटर अथवा वर्णनकार है, व्याख्याकार अथवा टिप्पणीकार है; पाठक, दर्शक और श्रोता है और अंततः आवश्यकता पड़ने पर एक चरित्र भी है। सवाल उठाया जा सकता है कि अभिनेता के ये सभी रूप क्या किसी नाटक की प्रस्तुति में दिखाई नहीं पड़ते? निश्चय ही दीख पड़ते हैं लेकिन वहाँ वे एक चरित्र के साथ समाहित होते हैं और मुख्य रूप से संवादों के भीतर से ही ध्वनित होते हैं। लेकिन कहानी में यह प्रक्रिया दोहरे-तिहरे स्तरों पर चलती है। ये सभी रूप अलग-अलग भी देखे जा सकते हैं, एक-दूसरे में मिला-जुलाकर भी प्रस्तुत किए जा सकते हैं और यह तो तनिक भी ज़रूरी नहीं कि इन सबके लिए कहानी में अलग से संवाद भी हों। वास्तव में, नाटक और कहानी जैसी विधाओं में सबसे बड़ा अंतर ही यही है कि नाटक का एकमात्र माध्यम संवाद है। यदि वहाँ नैरेशन को भी आना है, तो वह भी एक प्रकार का नाटकीय संवाद ही है। कहानी के साथ संवादों की अनिवार्यता बिलकुल नहीं है। कहानी मूलतः वर्णित के सहारे आगे बढ़ती है। यदि कहानी में संवाद आते भी हैं तो वे भी उसी वर्णित का अंश होते हैं। दूसरे शब्दों में यह भी कहा जा सकता है कि कहानी के संवाद किसी स्थिति-विशेष की नाटकीयता को स्थापित नहीं करते, वरन् वे स्थिति का विवरण ही प्रस्तुत करते हैं। यह तो कहानी के मंचन में जब अभिनेता के माध्यम से वे संवाद मंच पर सुने जाते हैं, तब सचमुच में स्थिति के अनुसार उनकी नाटकीयता मंच पर उजागर होने लगती है। यह बात उन कहानियों पर और भी ज़्यादा लागू होती है, जिनमें संवाद होते ही नहीं—क्या उन कहानियों का मंचन नहीं किया जा सकता? यदि ऐसा होगा तब तो कहानी का रंगमंच अपने उद्देश्य में असफल होकर रह जाएगा। उसके लिए तो चुनौती ही यही है कि यदि कहानी पढ़ने में अपने कथ्य के कारण हमें कहीं गहराई से प्रभावित करती है, फिर वह चाहे किसी भी शैली में क्यों न लिखी गई हो, उसका मंचन क्यों नहीं किया जा सकता? उसमें संवाद हों या पात्र विवरण, इससे क्या अंतर पड़ता है? कहानी के मंचन में अभिनेता की रचना-प्रक्रिया का सबसे दिलचस्प पहलू यही है कि उसे कहानी के विवरण को भी एक नाटकीय एवं रंगमंचीय अनुभव में तब्दील कर देना है—कहने का अर्थ यही है कि वह विवरण अब मात्र विवरण न रह जाए, वरन् वह दृश्यों, बिंबों और अनुभूतिपूर्ण चित्रण में स्थानांतरित हो जाए अर्थात् विवरणात्मक शब्द मात्र शब्द न रहकर जीते-जागते ऐसे शब्दों में बदल जाएँ जो एकसाथ बोले भी जा रहे हैं और देखे भी जा रहे हैं। निश्चय ही यह प्रक्रिया नाटक की प्रस्तुति से नितांत भिन्न है। नाटक में बोलने के नाम पर केवल संवाद होते हैं।

नाटक के विवरणात्मक अंश, जो प्रायः मंच-संकेतों के रूप में कोष्ठकों में होते हैं, वे कभी बोले नहीं जाते। हाँ, मंच पर स्थापित मंचसज्जा, आलोकसज्जा, रूपसज्जा, वस्त्रसज्जा और अन्य मंच-उपकरणों के रूप में उन्हें मंच पर देखा जा सकता है। इतना ही नहीं, प्रयोग के नाम पर कोई निर्देशक चाहे तो उन मंच-निर्देशों को अभिनेता अथवा अन्य किसी दूसरी युक्ति से पढ़वा अथवा बुलवा भी सकता है। लेकिन कहानी के साथ कोष्ठक जैसी कोई सुविधा नहीं जुड़ी है। उसका हरेक शब्द पाठक, श्रोता और दर्शक के लिए भी उतना ही आवश्यक है, जितना कि वह स्वयं अभिनेता के लिए होता है।

यही कारण है कि किसी नाटक को उसकी संपूर्णता में देखे बिना भी उसके कथानक से परिचित हुआ जा सकता है, लेकिन कहानी के मंचन के साथ ऐसी छूट नहीं ली जा सकती। वहाँ कहानी के शब्दों, अभिनेता और दर्शक के बीच शुरू से लेकर आख़िर तक एक ऐसा रिश्ता होना ज़रूरी है, जो बीच में कहीं भी टूटे नहीं। यह इसलिए कि बहुत संभव है, मंच पर मात्र कहानी के शब्दों और अभिनेता के अतिरिक्त और कोई भी मंच-उपकरण उपस्थित ही न हो। यूँ भी कहानी के मंचन की सबसे आदर्श परिकल्पना यही है कि एक ख़ाली स्पेस में उसके शब्द अभिनेताओं के समूह के माध्यम से जीवंत और साकार होते चलें, जब चाहें मंच पर वैसा ही स्वरूप ग्रहण कर लें और उसी क्षण तिरोहित हो जाएँ। दर्शक के सामने कुछ हद तक सचमुच के दृश्य-खंड बन जाएँ और उससे भी ज़्यादा स्वयं उसकी अपनी कल्पना के लिए विस्तार दें—एक मायने में अभिनेता को गायक और नर्तक जैसी सूक्ष्म-से-सूक्ष्म क्षमता को भी अपने भीतर समोना होता है, जहाँ वह मात्र शब्दों की ध्वनियों अथवा मुद्राओं से ही सब कुछ साक्षात प्रस्तुत कर देते हैं।

संक्षेप में, कहानी के मंचन में अभिनेता की भूमिका स्वयं कहानीकार, कहानी के शब्दों के पाठक, वाचक, गायक और नट, न जाने कितने रूप-स्वरूप ग्रहण करती रहती है और इसी प्रक्रिया में संभवतः उसके मंचन का रहस्य छिपा हुआ है, जिसे हर बार नए सिरे से खोजना पड़ता है।

यहाँ प्रकाशित दो कहानियों—डेढ़ इंच ऊपर और **घोंघा और समुंदर** के साथ-साथ महाभोज उपन्यास के एक दृश्यांश से यह भ्रम पैदा हो सकता है कि जब रचना का मूल आलेख ही मंचीय आलेख के रूप में इस्तेमाल होता है, तो फिर यहाँ अलग से मंच-निर्देशों की उपस्थिति क्यों? क्या ये मंच-निर्देश कहानी के नाट्य-रूपांतर से कहीं भिन्न हैं?

सबसे पहले तो मैं यही स्पष्ट करना चाहूँगा कि ये मंच-निर्देश पहले से निर्धारित नहीं हैं। दरअसल पहले रचना का मंचन किया गया और उसके बहुत बाद

जब उनके पुस्तकाकार में छपने की बात आई, तो महज़ यह संकेत देने के लिए कि अंततः कहानियों के मंचन में अभिनेताओं की गतियों ने क्या दृश्य रचा होगा, मंच-निर्देशों को कहानी के मूल आलेख के साथ छोड़ दिया गया है।

इसी के साथ जुड़े एक और तत्त्व की ओर भी संकेत करना चाहूँगा। यदि आप ध्यानपूर्वक तीनों रचनाओं के मंच-निर्देशों को पढ़ें तो आप पाएँगे कि वे सभी लगभग एक जैसे हैं—'मंच के सामने आते हुए', 'मंच के बाएँ कोने में जाते हुए', 'मंच के मध्य भाग की तरफ बढ़ते हुए', इत्यादि। इससे यह नतीजा आसानी से निकाला जा सकता है कि संभवतः तीनों रचनाएँ अपने मंचित रूप में एक समान रही होंगी। लेकिन ऐसा कभी नहीं होता। दरअसल, ये मंच-निर्देश मात्र अभिनेताओं की संभावित गतिचर्या का संकेत देनेवाले द्योतक बिंदु हैं; इनमें स्वयं से कुछ भी अलग अर्थ की तलाश करना बेमानी होगा। एक विशेष क्षण में किन्हीं संवादों को बोलते हुए अभिनेताओं द्वारा ली गई गतियों की अपेक्षा, अर्थ उस आलेख में मौजूद है, अथवा स्वयं उस अभिनेता में, जो उसे प्रस्तुत कर रहा है। वह गतिविधान तो आलेख एवं अभिनेता की आपसी टकराहट को दृश्य रूप में परिवर्तित करने का माध्यम-भर है।

इसे संगीत एवं नृत्य—इन दोनों विधाओं के भीतर से बहुत अच्छी तरह से समझा जा सकता है। संगीत में राग निश्चित है, उनकी मात्राएँ निश्चित हैं और उनका व्याकरण भी निश्चित है, लेकिन एक ही आलेख इन सारे निश्चित खाँचों के साथ जब अलग-अलग गायकों के स्वर में सुनने की अनुभूति-प्रक्रिया से गुज़रता है तो वह नए-नए अर्थों की प्रतीति क्यों कराता है? इस अर्थ-प्रक्रिया का विस्तार नृत्य में तो और खुलकर सामने आता है। एक विशेष नृत्य-शैली की मुद्राएँ एवं गतियाँ पूरी तरह से निश्चित हैं, लेकिन ऐसा क्यों होता है कि प्रत्येक नृत्यकार की वही निश्चित मुद्राएँ एवं गतियाँ नए-नए अर्थ पैदा करने लगती हैं, देखनेवाले के लिए? इसीलिए मेरा हमेशा से यही मानना रहा है कि रचना का अर्थ या तो स्वयं रचना में होता है अथवा उस अभिनेता में, जो उसे प्रस्तुत करता है और अंततः उस पाठक, श्रोता या दर्शक में होता है जो उसे अनुभूत करता है।

कहानी के मूल आलेख में तो ये सारी संभावनाएँ पहले से उपस्थित हैं। कहानी पढ़ते समय बहुत अच्छी लगी। उसने भीतर तक छुआ ही नहीं, सोचने पर भी विवश किया। जो चीज़ पढ़ते हुए ही इतना असर कर जाती है, उसे मंचित रूप में क्यों न अनुभूत किया जाए? अब हर कहानी का अपना-अपना शिल्प है, तो उसके मंचन का कोई निश्चित व्याकरण हो ही नहीं सकता। यदि हम पहले से उसके नाट्य-रूपांतरण की तरफ बढ़ते हैं तो इसमें कोई दो राय नहीं हो सकती कि, इस प्रक्रिया में, हम कहानी के मंचन का एक निश्चित व्याकरण ही तैयार नहीं कर रहे, वरन् उसके बहाने से एक नई रचना अर्थात् नाटक को जन्म देने की तैयारी कर रहे होते हैं।

इसीलिए कहानी के आलेख से लेकर उसकी रंगमंचीय प्रस्तुति तक की यात्रा मेरे लिए एक उन्मुक्त यात्रा के समान है—लगभग एक खाली मंच, मंच पर आवश्यकतानुसार एक, दो अथवा अभिनेताओं के एक पूरे समूह की उपस्थिति, उनके पास कहानी का आलेख, जिसे उन्होंने पहले से कंठस्थ कर लिया है और अंततः उस आलेख का न तो पाठ और न ही वाचन; वरन् अभिनेताओं द्वारा मंच पर अभिकल्पन। इसे यूँ भी कहा जा सकता है कि यह एक ऐसा अनुभव है, जिसमें अभिनेता कभी कहानी का पाठ करता है, कभी वाचन करता है, कभी अभिनटन करता है और इस तरह कहानी में अंतर्निहित रंगमंचीय संसार हमारी आँखों के सामने जीवंत हो उठता है। इस प्रकार, यह अनुभव कहानी को पढ़ने, सुनने के साथ-साथ देखने के अनुभव में परिवर्तित हो जाता है।

ये तीनों रचनाएँ 1975 से लेकर 2000 के बीच मेरी रंगयात्रा के तीन महत्त्वपूर्ण पड़ावों की तरफ भी संकेत करती हैं—**डेढ़ इंच ऊपर** इस दिशा में मेरी पहली प्रस्तुति **तीन एकांत** की दूसरी कहानी है, **महाभोज** उपन्यासों के मंचन के क्रम में दूसरा उपन्यास है और **घोंघा और समुंदर, ख़ानाबदोश** प्रस्तुति की पहली कहानी है। अपनी प्रस्तुति में ये जितनी सादगी एवं मितव्ययिता लिए हुए हैं, अपने मंचन के दौरान ये उतनी ही असरदार साबित हुईं। देश के अलग-अलग शहरों एवं कस्बों में हुए इनके प्रदर्शनों एवं उन पर मिली प्रतिक्रियाओं से इस दिशा में निरंतर आगे बढ़ते जाने का जो सिलसिला शुरू हुआ था, वह आज भी बदस्तूर जारी है।

इस लेख के प्रकाशन तक कुल मिलाकर 180 कहानियाँ मंच पर प्रस्तुत कर चुका हूँ, लेकिन आज भी उन्हें मंच पर कैसे रूपायित किया जाता है—इसका कोई ठोस एवं निश्चित फ़ार्मूला मेरे पास नहीं है। हाँ, ये तीन मंच-आलेख यदि पाठक अथवा दर्शक को इनके रंगमंचीय रूप का थोड़ा-सा भी अंदाज़ा दे पाएँ और साथ-साथ उनकी कल्पना को उतना ही खुला भी छोड़े रखें, जितनी कहानी को अपने मूल रूप में पढ़ते समय रही होगी, तो मेरे इस प्रयास की सार्थकता स्वयं सिद्ध है।

अंतःसाक्ष्य–एक

तीन एकांत : डेढ़ इंच ऊपर

निर्मल वर्मा

अँधेरा। संगीत। मंच के पिछले हिस्से में दाएँ कोने में रखी मेज़-कुर्सी पर प्रकाश। मंच के अगले हिस्से में बाएँ कोने में रखी मेज़-कुर्सी पर प्रकाश—कहानी का नायक हाथों में सर दिए बैठा है। उसके आगे एक बीयर का मग और ऐश-ट्रे। दो-तीन घूँट बीयर पीता है, सिगार जलाता है और इधर-उधर देखकर खाली मेज़ की तरफ़ देखते हुए :

अगर आप चाहें तो इस मेज पर आ सकते हैं। जगह काफ़ी है। आख़िर एक आदमी को कितनी जगह चाहिए? नहीं... नहीं... मुझे कोई तकलीफ़ नहीं होगी **[अनुपस्थित श्रोता मानो उसके साथवाली कुर्सी पर आकर बैठ गया है]** बेशक, अगर आप चाहें, तो चुप रह सकते हैं। मैं खुद चुप रहना पसंद करता हूँ... आदमी बात कर सकता है और चुप रह सकता है, एक ही वक़्त में। इसे बहुत कम लोग समझते हैं। मैं बरसों से यह करता आ रहा हूँ। बेशक आप... नहीं आप अभी जवान हैं। आपकी उम्र में चुप रहने का मतलब है, चुप रहना और बात करने का मतलब है, बात करना। दोनों बातें एक साथ नहीं हो सकतीं। आप छोटे मग से पी रहे हैं? आपको शायद अभी लत नहीं पड़ी। मैं आपको देखते ही पहचान गया था कि आप इस जगह के नहीं हैं। इस घड़ी यहाँ जो लोग आते हैं, उन सबको मैं पहचानता हूँ। उनसे आप कोई बात नहीं कर सकते। उन्होंने पहले से ही बहुत पी रखी होती है। वे यहाँ आते हैं, अपनी आख़िरी बीयर के लिए—दूसरे पब बंद हो जाते हैं। और वे कहीं और नहीं जा सकते। वे बहुत जल्दी ख़त्म हो जाते हैं—मेज़ पर, बाहर सड़क पर, ट्राम में। कई बार मुझे उन्हें उठाकर उनके घर पहुँचाना पड़ा है। बेशक, अगले दिन वे मुझे पहचानते भी नहीं। आप ग़लत न समझें। मेरा इशारा आपकी तरफ़ नहीं था। आपको मैंने यहाँ पहली बार देखा है। आप आकर चुपचाप अलग मेज़ पर बैठ गए। मुझे यह बुरा-सा लगा। नहीं, आप घबराएँ नहीं...

मैं अपने को आप पर थोपूँगा नहीं। हम एक-दूसरे के साथ बैठकर भी अपनी-अपनी बीयर पर अकेले रह सकते हैं। **[बीयर पीने लगता है]** मेरी उम्र में यह ज़रा मुश्किल है, क्योंकि हर बूढ़ा आदमी थोड़ा-बहुत डरा हुआ होता है... धीरे-धीरे गरिमा के साथ बूढ़ा होना बहुत बड़ा 'ग्रेस' है, हर आदमी के बस का नहीं। वह अपने-आप नहीं आता। बूढ़ा होना एक कला है, जिसे काफ़ी मेहनत से सीखना पड़ता है। क्या कहा आपने? मेरी उम्र? जरा अंदाज़ा तो लगाइए? अरे, नहीं साहब—आप मुझे नाहक खुश करने की कोशिश कर रहे हैं। यों आपने मुझे खुश ज़रूर कर दिया है और अगर अपनी इस खुशी को मनाने के लिए मैं एक बीयर और लूँ, तो आपको कोई एतराज़ तो नहीं होगा **[बेयरा भरा मग रख जाता है]** और आप? आप नहीं लेंगे? नहीं... मैं ज़िद नहीं करूँगा। हर आदमी को अपनी ज़िंदगी और अपनी शराब चुनने की आज़ादी होनी चाहिए... दोनों को सिर्फ़ एक बार चुना जा सकता है। बाद में हम सिर्फ़ उसे दुहराते रहते हैं, जो एक बार पी चुके हैं, या एक बार जी चुके हैं। आप दूसरी ज़िंदगी को मानते हैं? मेरा मतलब है, मौत के बाद भी? उम्मीद है, आप मुझे यह घिसा-पिटा जवाब नहीं देंगे कि आप किसी धर्म में विश्वास नहीं करते। मैं खुद कैथोलिक हूँ, लेकिन मुझे आप लोगों का यह विश्वास बेहद दिलचस्प लगता है कि मौत के बाद भी आदमी पूरी तरह से मर नहीं जाता... हम पहले एक ज़िंदगी पूरी करते हैं, फिर दूसरी, फिर तीसरी। अक्सर रात के समय मैं इस समस्या के बारे में सोचता हूँ...आप जानते हैं, मेरी उम्र में नींद आसानी से नहीं आती। नींद के लिए छटाँक-भर लापरवाही चाहिए, आधी छटाँक थकान। अगर आपके पास दोनों चीज़ें नहीं हैं, तो आप उसका मुआवज़ा डेढ़ छटाँक बीयर पीकर कर सकते हैं...

संगीत। अपना ओवरकोट उतारकर कुर्सी की पीठ पर टाँगते हुए :

इसीलिए मैं हर रोज़ आधी रात के वक़्त यहाँ चला आता हूँ, पिछले पंद्रह वर्षों से लगातार। मैं थोड़ा-बहुत सोता ज़रूर हूँ, लेकिन तीन बजे के आसपास मेरी नींद टूट जाती है... उसके बाद मैं घर में अकेला नहीं रह सकता। रात के तीन बजे... यह भयानक घड़ी है। दो बजे लगता है, अभी रात है और चार बजे सुबह होने लगती है, लेकिन तीन बजे... आपको लगता है कि आप न इधर हैं, न उधर। मुझे हमेशा लगता है कि मृत्यु आने की कोई घड़ी है तो यही घड़ी है। क्या कहा आपने? नहीं जनाब, मैं बिलकुल अकेला नहीं रहता। **[मेज़ से बीयर का मग उठा लेता है और बीच-बीच में घूँट लेते हुए]** आप जानते हैं, पेंशनयाफ़्ता लोगों के अपने शौक़ होते हैं। मेरे पास एक बिल्ली है—बरसों से मेरे पास रहती है, अब ज़रा देखिए, मैं यहाँ बीयर पीते हुए आपसे लंबी-चौड़ी बातें कर रहा हूँ, उधर वह

मेरे इंतज़ार में दरवाज़े पर बैठी होगी। आपके बारे में मुझे मालूम नहीं, लेकिन मुझे यह ख़याल काफ़ी तसल्ली देता है कि कोई मेरे इंतज़ार में बाहर सड़क पर आँखें लगाए बैठा है। मैं ऐसे लोगों की कल्पना नहीं कर सकता, जिनका इंतज़ार कोई नहीं कर रहा हो या जो खुद किसी का इंतज़ार नहीं कर रहे हों। जिस क्षण आप इंतज़ार करना छोड़ देते हैं, उस क्षण आप जीना भी छोड़ देते हैं। बिल्लियाँ काफ़ी देर तक और सब्र के साथ इंतज़ार कर सकती हैं, इस लिहाज़ से वे औरतों की तरह हैं। लेकिन सिर्फ़ इस लिहाज़ से नहीं—औरतों की ही तरह उनमें अपनी तरफ़ खींचने और आकर्षित करने की असाधारण ताकत रहती है। यों डर आपको कुत्तों या दूसरे जानवरों से भी लगता होगा। लेकिन वह निचले दर्जे का डर है। **[किनारे की ओर जाकर]** आप एक ओर किनारा करके चले जाते हैं, कुत्ता दूसरी ओर किनारा करके चला जाता है। उसे डर लगा रहता है कि कहीं आप उस पर बेईमानी न कर बैठें और आप इसलिए सहमे-से रहते हैं कि कहीं वह आँख बचाकर आप पर न झपट पड़े। लेकिन उस डर में कोई रहस्य, कोई रोमांच, कोई संभावना नहीं है...जैसी अक्सर बिल्ली या साँप को देखने से उत्पन्न होती है। **[पुनः अपनी कुर्सी पर आकर बैठ जाता है।]** सच बात यह है...और यह मैं अनुभव से कह रहा हूँ कि बिल्ली को औरतों की तरह आप आख़िर तक सही-सही नहीं पहचान सकते, चाहे आप उसके साथ वर्षों से ही क्यों न रहे हों! इसलिए नहीं कि वे खुद जानबूझकर कोई चीज़ छिपाए रहती हैं, बल्कि खुद आप में ही इतना हौसला नहीं रहता कि आप आख़िर तक उनके भीतर लगे दरवाज़े को खोल सकें। आपको यह बात ज़रा अजीब नहीं लगती कि ज़्यादातर हमें वही चीज़ें अपनी तरफ़ खींचती हैं, जिनमें थोड़ा-सा आतंक छिपा रहता है...

उठकर दाईं ओर जाता है, बेयरा से एक भरा मग लेकर मेज़ की ओर लौटता है।

अगर आप बुरा न मानें तो मैं एक बीयर और लूँगा। कुछ देर में यह पब बंद हो जाएगा और फिर सारे शहर में सुबह तक एक बूँद भी दिखाई नहीं देगी। आप डरिए नहीं... मैं पीने की अपनी सीमा जानता हूँ... आदमी को ज़मीन से क़रीब डेढ़ इंच ऊपर उठ जाना चाहिए। इससे ज़्यादा नहीं, वरना वह ऊपर उठता जाएगा और फिर इस उड़ान का अंत होगा पुलिस-स्टेशन में या किसी नाली में... जो ज़्यादा दिलचस्प चीज़ नहीं। लेकिन कुछ लोग डर के मारे ज़मीन पर ही पाँव जमाए रहते हैं... ऐसे लोगों के लिए पीना-न-पीना बराबर है। जी हाँ—सही फ़ासला है डेढ़ इंच।

सिगार जलाता है और बैठ जाता है।

इतनी चेतना अवश्य रहनी चाहिए कि आप अपनी चेतना को माचिस की तीली

की तरह बुझते हुए देख सकें... जब लौ अँगुलियों के पास सरक आये तो उसे छोड़ देना चाहिए। उससे पहले नहीं। न बाद में ही। कब तक पकड़े रहना और कब छोड़ना चाहिए, पीने का रहस्य इस पहचान में छिपा है। मुश्किल यह है, हम उस समय तक नहीं पहचान पाते, जब तक डेढ़ इंच से ऊपर नहीं उठ जाते... और फिर वह किसी काम का नहीं। शायद यह बात सुनकर आप हँसेंगे कि पहचान तभी आती है, जब हम पहचान के परे चले जाते हैं। मुझे बुरा नहीं लगेगा अगर आप हँसकर मेरी बात को टाल दें... मैं खुब कभी-कभी कोशिश करता हूँ कि इस आशा के साथ रहना सीख लूँ कि कई चीजों को न जानना ही अपने को सुरक्षित रखने का रास्ता है।

आप रफ़्ता-रफ़्ता इस आशा के साथ रहना सीख लेते हैं... जैसे आप अपनी पत्नी के साथ रहना सीख लेते हैं। एक ही घर में बरसों तक... हालाँकि एक संशय बना रहता है कि वह भी आपका खेल खेल रही है। कभी-कभी आप इस संशय से छुटकारा पाने के लिए दूसरी या तीसरी स्त्री से प्रेम करने लगते हैं। यह निराश होने की शुरुआत है, क्योंकि दूसरी स्त्री का अपना रहस्य है और तीसरी स्त्री का अपना। यह शतरंज के खेल की तरह है... आप एक चाल चलते हैं, जिससे आपके विरोधी के सामने अंतहीन संभावनाएँ खुल जाती हैं। एक खेल हारने के बाद आप दूसरे खेल में जीतने की आशा करने लगते हैं। आप यह भूल जाते हैं कि दूसरी बाज़ी की अपनी संभावनाएँ हैं, पहली बाज़ी की तरह अंतहीन और रहस्यपूर्ण। देखिए... इसलिए मैं कहता हूँ कि आप ज़िंदगी में चाहे कितनी औरतों के संपर्क में आएँ, असल में आपका संपर्क सिर्फ़ एक औरत से ही होता है... क्या कहा आपने? जी नहीं, मैं आपको पहले ही कह चुका हूँ, कि घर में मैं अकेला रहता हूँ, अगर आप मेरी बिल्ली को छोड़ दें। जी हाँ—मैं विवाहित हूँ... मेरी पत्नी अब जीवित नहीं है... यह मेरा अनुमान है। आप कुछ हैरान से हो रहे हैं। **[उठकर मंच के बीच में आते हुए]** अनुमान मैं इसीलिए कह रहा हूँ, क्योंकि मैंने उसे मरते हुए नहीं देखा। जब आपने किसी को आँखों से मरते नहीं देखा, अपने हाथों से दफ़नाया नहीं, तो आप सिर्फ़ अनुमान लगा सकते हैं कि वह जीवित नहीं। आपको शायद हँसी आएगी, लेकिन मुझे लगता है, जब तक आप खुद अपने परिचित को मरते न देख लें, एक धुँधली-सी आशा बनी रहती है कि वह अभी जीवित है... आप दरवाज़ा खोलेंगे और वह रसोई से भागकर तौलिये से हाथ पोंछती हुई आपके सामने आ खड़ी होगी। बेशक, यह भ्रम है। ऐसा होता नहीं। उसकी बजाय अब बिल्ली आती है, जो दरवाज़े के पीछे देहरी पर सिर टिकाए अपनी आँखों का रंग बदलती रहती है। मैंने लोगों से कहते सुना है कि समय बहुत-कुछ सोख लेता है... क्या आप भी ऐसा सोचते हैं? मुझे मालूम नहीं... लेकिन मुझे कभी-कभी लगता है

कि वह सोखता उतना नहीं, जितना बुहार देता है—अँधेरे कोनों में, या कालीन के नीचे, ताकि बाहर से किसी को दिखाई न दे। लेकिन उसके पंजे हमेशा बाहर रहते हैं, किसी भी अजानी घड़ी में वे आपको दबोच सकते हैं।

मंच के बीच एक आलोक-वृत्त और वह उसके चारों तरफ़ भागते हुए। तेज़ संगीत।

शायद मैं भटक रहा हूँ... बीयर पीने का यह एक सुख है। आप रास्ते से भटक जाते हैं और चक्कर लगाते रहते हैं... एक ही दायरे के इर्द-गिर्द, राउंड ऐंड राउंड : आप बच्चों के खेल जानते हैं, जब वे एक दायरा बनाकर बैठ जाते हैं और सिर्फ़ एक बच्चा रूमाल लेकर चारों तरफ़ चक्कर काटता है। आपके देश में भी खेला जाता है? वाह... देखिए न... हम चाहे कितने ही अलग क्यों न हों, बच्चों के खेल हर जगह एक जैसे ही रहते हैं। [**मंच के दाएँ कोने में आकर ठहर जाता है**] उन दिनों हम सबकी कुछ वैसी ही हालत थी... क्योंकि हममें से कोई भी नहीं जानता था कि वे कब अचानक किसके पीछे अपना फंदा छोड़ जाएँगे। हममें से हर आदमी एक भयभीत बच्चे की तरह बार-बार पीछे मुड़कर देख लेता था कि वह कहीं उसके पीछे तो नहीं है...! [**अपनी मेज़ की तरफ़ लौटता है**] जी हाँ, उन्हीं दिनों यहाँ जर्मन आए थे। आप तो उन दिनों बहुत छोटे रहे होंगे। मेरी उम्र भी बहुत ज़्यादा नहीं थी, और हालाँकि लड़ाई के कारण सुबह से शाम तक काम में जुटना पड़ता था, मैं एक जवान बैल की तरह डटा रहता था। एक उम्र होती है, जब हर आदमी एक औसत सुख के दायरे में रहना सीख लेता है... उसके परे देखने की फ़ुरसत उसके पास नहीं होती, यानी उस क्षण तक महसूस नहीं होती, जब तक ख़ुद उसके दायरे में... में नहीं... नहीं... आप ग़लत न समझें। मैंने अपनी पत्नी को कष्ट भोगते नहीं देखा।

मेज़ से अलग हटकर मंच के बाएँ कोने में कहीं बाहर देखते हुए। संगीत की शुरुआत।

मैं जब घर पहुँचा, वे उसे ले जा चुके थे। सात बरस की विवाहित ज़िंदगी में यह पहला मौक़ा था जब मैं खाली घर में घुसा था। दूसरे घरों के पड़ोसी ज़रूर अपनी-अपनी खिड़कियों से झाँकते हुए मुझे देख रहे थे। यह स्वाभाविक भी था। मैं ख़ुद ऐसे लोगों को खिड़की से झाँककर देखा करता था, जिनके रिश्तेदारों को गेस्टापो-पुलिस पकड़कर बंद गाड़ी में ले जाती थी। लेकिन मैंने यह कभी कल्पना भी न की थी, एक दिन मैं घर लौटूँगा और मेरी पत्नी का कमरा खाली पड़ा होगा। [**बाईं ओर से दाईं ओर बढ़ता हुआ, अंततः कोने में जाकर बैठ जाता है**] मेरी पत्नी की चीज़ें चारों तरफ़ बिखरी पड़ी थीं... कपड़े, किताबें, मुद्दत पुराने अख़बार।

अलमारियों और मेज़ों के दराज़ खुले पड़े थे और उनके भीतर की हर छोटी-बड़ी चीज़ फ़र्श पर उलटी-सीधी पड़ी थी—क्रिसमस के उपहार, सिलाई की मशीन, पुराने फ़ोटो-एल्बम। आप जानते हैं, शादी के बाद कितनी चीज़ें खुद-ब-खुद इकट्ठा होती जाती हैं। लगता था, उन्होंने हर छोटी-से-छोटी चीज़ को उलट-पलटकर देखा था, कोने-कोने की तलाशी ली थी... कोई चीज़ ऐसी नहीं थी, जो उनके हाथों से बची रह गई हो। उस रात मैं अपने कमरे में बैठा रहा। मेरी पत्नी का बिस्तर ख़ाली पड़ा था। तकिये के नीचे उसका रूमाल, माचिस और सिगरेट का पैकेट रखा था। सोने से पहले वह हमेशा सिगरेट पिया करती थी। शुरू में मुझे उसकी यह आदत अखरती थी, लेकिन धीरे-धीरे मैं उसका आदी हो गया था। पलंग के पास तिपाई पर उसकी किताब रखी थी, जिसे वह उन दिनों पढ़ा करती थी... जिस पन्ने को उसने पिछली रात पढ़कर छोड़ दिया था, वहाँ निशानी के लिए उसने अपना क्लिप दबा लिया था। क्लिप पर उसके बालों की गंध जुड़ी थी...आप जानते हैं, किस तरह बरसों बाद भी हमें छोटी-छोटी तफ़सीलें याद रह जाती हैं। वह शायद ठीक भी है। विवाह से पहले हम हमेशा बड़ी और अनुभूतिपूर्ण चीज़ों के बारे में सोचते हैं, लेकिन विवाह के बाद अरसा साथ रहने के कारण ये बड़ी चीज़ें हाथ से फिसल जाती हैं, सिर्फ़ कुछ छोटी-छोटी आदतें, ऊपर से सतही दिखनेवाली दिनचर्याएँ, रोज़मर्रा के आपसी भेद बचे रह जाते हैं, जिन्हें हम शर्म के कारण दूसरों से कभी नहीं कहते, किंतु जिनके बिना हर चीज़ सूनी-सी जान पड़ती है। उस रात मैं अकेले कमरे में अपनी पत्नी की चीज़ों के बीच बैठा रहा... आख़िर मेरी पत्नी ही क्यों? मैं उस रात बार-बार अपने से यह प्रश्न पूछता रहा। आपको तनिक आश्चर्य होगा कि सात वर्षों की वैवाहिक ज़िंदगी में पहली बार मुझे अपनी पत्नी पर संदेह हुआ था... मानो उसने कोई चीज़ मुझसे छिपाकर रखी हो, कोई ऐसी चीज़ जिसका मुझसे कोई सरोकार नहीं था।

मेज़ की तरफ लौटते हुए। अपनी कुर्सी पर आकर बैठ जाता है।

बाद में मुझे पता चला कि गेस्टापो-पुलिस बहुत दिनों से उसकी ताक में थी। उसके पास कुछ ग़ैरकानूनी पैंफ़लेट और पर्चियाँ पाई गई थीं, जो उन दिनों अज्ञात रूप से लोगों में बाँटी जाती थीं। जर्मन अधिकारियों की आँखों में यह सबसे संगीन अपराध था। पुलिस ने ये सब चीज़ें खुद मेरी पत्नी के कमरे से बरामद की थीं...और आपको शायद यह बात काफ़ी दिलचस्प जान पड़ेगी कि ख़ुद मुझे उनके बारे में कुछ मालूम नहीं था। उस रात से पहले तक मैं और वह एक ही कमरे में सोते थे, प्रेम करते थे... और इसी कमरे में कुछ ऐसी चीज़ें थीं, जो उसका रहस्य थीं, जिसमें मेरा कोई साझा नहीं था। क्या आपको यह बात दिलचस्प नहीं लगती कि

वे मेरी पत्नी को मुझसे कहीं अधिक अच्छी तरह जानते थे? ज़रा ठहरिए...मैं अपना गिलास ख़त्म कर लेता हूँ, मैं फिर आपका साथ दूँगा। कुछ देर बाद वे बंद कर देंगे और फिर... नहीं, इतनी जल्दी नहीं। पीने का लुत्फ़ इत्मीनान से पीने में है। हमारी भाषा में एक कहावत है--हमें जी भरकर पीना चाहिए, क्योंकि सौ बरस बाद हम इस दुनिया में नहीं होंगे। सौ बरस...यह काफ़ी लंबा अरसा है, आप नहीं सोचते? हममें से कोई भी इतने अरसे तक ज़िंदा रह सकेगा, मुझे शक है। आदमी जीता है... खाता है और पीता है, और एक दिन अचानक फट। नहीं जनाब, भयानक चीज़ मरना नहीं है। लाखों लोग रोज़ मरते हैं और आप चूँ भी नहीं करते। भयानक चीज़ यह है कि मृत आदमी अपना भेद हमेशा के लिए अपने साथ ले जाता है और तुम उसका कुछ नहीं बिगाड़ सकते। एक तरह से वह हमसे मुक्त हो जाता है।

कुर्सी से उठकर मेज़ के अगले हिस्से पर आकर बैठ जाता है।

उस रात मैं अपने घर के एक कमरे से दूसरे कमरे में चक्कर लगाता रहा...आपको शायद हँसी आएगी कि पुलिस के बाद मैं दूसरा आदमी था, जिसने अपनी पत्नी की चीज़ों की दुबारा तलाशी ली थी...एक-एक चीज़ को उलट-पलटकर पूरी गहराई से उन्हें देखा-परखा था। जैसे मैं उसका पति न होकर भेदिया पुलिस का कोई पेशेवर नौकर हूँ... मुझे रह-रहकर विश्वास नहीं हो पा रहा था कि अब मैं उससे कुछ नहीं पूछ सकूँगा। वह उनके हाथों से बच नहीं सकेगी, यह मैं जानता था। वे जिन लोगों को पकड़कर ले जाते थे, उनमें से मैंने एक को भी वापस लौटते नहीं देखा था। लेकिन उस रात मुझे इस चीज़ ने इतना भयभीत नहीं किया कि मृत्यु उसके बहुत नज़दीक है, जितना इस चीज़ ने कि मैं कभी उसके बारे में पूरा सत्य नहीं जान सकूँगा। मृत्यु हमेशा के लिए उसके भेद पर ताला लगा देगी और वह अपने पीछे एक भी ऐसा सूराख़ नहीं छोड़ जाएगी, जिसकी मदद से मैं उस ताले को खोल सकूँगा। दूसरे दिन रात के समय उन्होंने मेरा दरवाज़ा खटखटाया। मैं तैयार होकर उनकी प्रतीक्षा में बैठा था। मुझे मालूम था, वे आएँगे। अगर मेरी पत्नी उनके सामने सबकुछ क़बूल कर लेती, तो शायद उन्हें मेरी ज़रूरत न पड़ती। किंतु मुझे मालूम था कि मेरी पत्नी अपने मुँह से एक भी शब्द नहीं निकालेगी। मैं उसके 'रहस्य' से अपरिचित रहा हूँ, उसकी आदतों से अच्छी तरह वाक़िफ़ था। वह चुप रहना जानती थी... चाहे यातना कितनी ही भयंकर क्यों न हो। नहीं जनाब, मैंने अपनी आँखों से उसकी यातना को नहीं देखा, किंतु मैं थोड़ा-बहुत अनुमान लगा सकता हूँ।

मंच के बीचोंबीच आ जाता है।

पहला प्रश्न उन्होंने मुझसे जो पूछा, वह बिलकुल साफ़ था—क्या मैं श्रीमती... का पति हूँ? मैं सिर्फ़ उनके इस प्रश्न का उत्तर 'हाँ' में दे सका। बाक़ी प्रश्न मेरी समझ के बाहर थे। किंतु वे मुझे आसानी से छोड़नेवाले नहीं थे। उन्होंने मेरी इस बात को हँसी में उड़ा दिया, जब मैंने उन्हें बताया कि मैं अपनी पत्नी की इन कार्यवाहियों के बारे में कुछ भी नहीं जानता।

मात्र एक आलोक-वृत्त। वह धीरे-धीरे वहाँ बैठ जाता है। पृष्ठभूमि में संगीत।

वे मुझे एक अलग सैल में ले गए। पूरे हफ़्ते-भर, दिन-रात वे मुझसे सिर्फ़ एक ही तरह के सवाल अलग-अलग ढंग से पूछते थे... मैं अपनी पत्नी के बारे में क्या कुछ जानता हूँ? वह कहाँ जाती थी? किन लोगों से मिलती थी? किस आदमी ने उसे लीफ़लेट दिए थे? मुझसे किसी तरह का भी उत्तर खींचने के लिए वे जो तरीके अपनाते थे, उसके बारे में आपको कुछ भी नहीं बता सकता। मैं चाहे कितनी तफ़सील के साथ आपको क्यों न बताऊँ, आप उसका रत्ती-भर भी अनुमान नहीं लगा सकेंगे... वे मुझे उस समय तक पीटते थे, जब तक मैं चेतना नहीं खो देता था। किंतु उनमें असीम धैर्य था... वे उस समय तक प्रतीक्षा करते थे, जब तक मेरी चेतना वापस नहीं लौट आती थी और फिर वही सिलसिला शुरू हो जाता था... वही पुराने सवाल और अंतहीन यातना। उन्हें मुझ पर विश्वास नहीं होता था कि मैं—जो अपनी पत्नी के साथ अनेक वर्षों तक एक ही घर में रहा हूँ—उसकी गुप्त कार्यवाहियों के बारे में कुछ नहीं जानता। वे समझते थे कि मैं उन्हें बेवकूफ़ बना रहा हूँ, उनकी आँखों में धूल झोंकने की कोशिश कर रहा हूँ। नहीं जनाब, वे मुझे पीटते थे, मुझे इसकी यातना नहीं थी, मेरी यातना यह थी कि उनके प्रश्नों का जवाब देने के लिए मेरे पास कुछ नहीं था। मैं कल्पना भी नहीं कर सकता था कि रोज़मर्रा दैनिक ज़िंदगी के साथ-साथ वह एक दूसरी ज़िंदगी जी रही थी... मुझसे अलग, मुझसे बाहर, मुझसे अछूती एक ऐसी ज़िंदगी जिसका मुझसे कोई वास्ता नहीं था।

मेज़ की तरफ़ आते हुए, कुर्सी पर बैठ जाता है।

आपको यह बात कुछ हास्यास्पद-सी नहीं लगती कि... अगर वे उसे न पकड़ते, तो मैं ज़िंदगी-भर यही समझता कि मेरी पत्नी वही है, जिसे मैं जानता हूँ। आप जानते हैं, वे लड़ाई के अंतिम दिन थे और गेस्टापो अपने शिकार को जल्दी हाथ से नहीं जाने देते थे... मेरी पत्नी ने आख़िर तक कुछ भी क़बूल नहीं किया। आप जानते हैं, पहली रात जब मैंने अपनी पत्नी को कमरे में नहीं पाया था, तो मुझे काफ़ी खेद हुआ था। मुझे लगा था कि उसने मुझे अँधेरे में रखकर छलना की

है। बार-बार यह .ख़याल मुझे कोंचता था कि स्वयं मेरी पत्नी ने मुझे अपना विश्वासपात्र बनाना उचित नहीं समझा। लेकिन बाद में गेस्टापो के सामने पीड़ा और कष्ट के असह्य क्षणों से गुज़रते हुए—मैं उसके प्रति कृतज्ञ-सा हो जाता था कि उसने मुझसे कुछ नहीं कहा। उसने एक तरह से मुझे बचा लिया था। मैं आज भी इस बात का निर्णय नहीं कर सका हूँ कि अगर मुझे अपनी पत्नी का भेद मालूम होता तो क्या मैं चुप रहने का हौसला बटोर सकता था? ज़रा सोचिए, मेरी यंत्रणा कितनी अधिक बढ़ जाती अगर मेरे सामनें क़बूल करने का रास्ता खुला होता। आप मजबूरी में बड़ी-से-ब़ड़ी यातना सह सकते हैं, लेकिन अगर आपको मालूम हो कि आप किसी भी क्षण उस यातना से छुटकारा पा सकते हैं, चाहे उसके लिए आपको अपनी पत्नी, अपने पिता, अपने भाई के साथ ही विश्वासघात क्यों न करना पड़े... तब आप यातना की एक सीमा के बाद वह रास्ता नहीं चुन लेंगे, इसके बारे में कुछ भी कहना असंभव है। चुनने की खुली छूट से बड़ी पीड़ा कोई दूसरी नहीं। मुझे कभी-कभी लगता है कि निर्णय की इस यातना से मुझे बचाने के लिए ही मेरी पत्नी ने अपना रहस्य कभी मुझे नहीं बताया। आप ऐसा नहीं सोचते? संभव है, मैं ग़लत हूँ... लेकिन जब रात को मुझे नींद नहीं आती तो अक्सर मुझे यह सोचकर हल्की-सी तसल्ली मिलती है कि... छोड़िए मैं समझा नहीं सकता। जब मैंने आपको अपनी मेज़ पर बुलाया था तो इस आशा से नहीं कि मैं आपको कुछ समझा सकूँगा। क्या कहा आपने? नहीं जनाब... उसके बाद मैंने अपनी पत्नी को दुबारा नहीं देखा।

संगीत। वह कुर्सी से उठकर सामने आ जाता है, जैसे दर्शकों के पीछे कोई पोस्टर पढ़ रहा हो।

एक दुपहर जब मैं घर लौट रहा था, मेरी निगाहें उस पोस्टर पर जा पड़ी थीं। उन दिनों अक्सर वे पोस्टर तीसरे-चौथे दिन शहर की दीवारों पर चिपका दिये जाते थे... हर पोस्टर पर तीस-चालीस नाम होते थे, जिन्हें पिछली रात गोली से मार दिया गया था... जब मेरी निगाह अपनी पत्नी के नाम पर पड़ी तो मुझे कुछ क्षणों तक यह काफ़ी विचित्र-सा लगता रहा कि उस छोटे-से नाम के पीछे किसी ऐसी औरत का चेहरा हो सकता है, जिसे मैं जानता था और नहीं भी जानता था... मैंने आपसे कहा न कि जब तक आप अपनी आँखों से किसी को मरते न देख लें, आपको विश्वास नहीं होता कि अब वह जीवित नहीं है... एक धुँधली-सी आशा बनी रहती है कि आप दरवाज़ा खोलेंगे...

पुनः कुर्सी की तरफ़ लौटता है। ओवरकोट उठाकर पहनता है।

लेकिन देखिए, मैं अपनी बातें दुहराने लगा हूँ। बीयर पीने का यह सुख है कि आप एक ही दायरे के इर्द-गिर्द चक्कर लगाते रहते हैं... राउंड ऐंड राउंड! आप जा रहे हैं? ज़रा ठहरिए मैं 'सलामी' के कुछ टुकड़े अपनी बिल्ली के लिए खरीद लेता हूँ... बेचारी इस समय तक भूखी-प्यासी मेरे इंतज़ार में बैठी होगी। नहीं... नहीं... आपको मेरे साथ आने की जरूरत नहीं है। मेरा घर ज़्यादा दूर नहीं है और मैं पीने की अपनी सीमा जानता हूँ। मैंने आपसे कहा था न–सिर्फ़ डेढ़ इंच ऊपर।

अनुपस्थित पात्र के साथ-साथ बाहर निकल जाता है। संगीत के साथ ही सारा आलोक अँधेरे में डूब जाता है।

अंतःसाक्ष्य–दो

महाभोज : एक दृश्यांश

मन्नू भंडारी

अँधेरा। मंच पर प्रकाश आते ही बाएँ कोने में एक व्यक्ति घुटनों में सिर दिए सुबक रहा है। दूसरा उसके पीछे खड़ा मानो उसे सांत्वना देने की कोशिश कर रहा है। शेष पूरा मंच ख़ाली है। खड़ा हुआ व्यक्ति बोलना शुरू करता है :

लावारिस लाश को गिद्ध नोच-नोचकर खा जाते हैं।
पर बिसेसर लावारिस नहीं। उसकी लाश सड़क के किनारे पुलिया पर पड़ी मिली, शायद इसीलिए लावारिस लाश का ख़याल आ गया। वरना उसके तो माँ भी है, बाप भी। ग़रीब भले ही हों, पर हैं तो।

इस पूरे संवाद के दौरान मंच के दोनों कोनों से एक-एक करके आठ अभिनेता मंच के पिछले हिस्से में एक अर्द्ध-गोलाकार बनाकर चुपचाप खड़े हो चुके हैं।

गाँव सरोहा शहर से ज़्यादा दूर नहीं है। मुश्किल से बीस मील। लेकिन कुछ सालों पहले तक यही दूरी बहुत ज़्यादा थी। इतनी कि गाँव में जो कुछ भी घटता, गाँव का ही होकर रह जाता। शहर उससे एकदम बेअसर रहता—बेअसर और अछूता! पर अब यह दूरी एकदम सिमट गई है और यही कारण है कि आज गाँव में जो कुछ भी घटता है, उसको लेकर अच्छे-ख़ासे पैमाने पर खलबली शहर में भी मचती है। महीने-भर पहले की ही तो बात है—गाँव की सरहद से ज़रा परे हटकर जो हरिजन टोला है, वहाँ कुछ झोंपड़ियों में आग लगा दी गई थी, आदमियों सहित...।

इसके साथ ही मंच के पिछले हिस्से में खड़ा समूह

एक सीधी आक्रामक मुद्रा में हाथों में बंदूकें पकड़ने का मूकाभिनय करता, धाँय-धाँय गोलीबारी की आवाज़ करता, मंच के बिल्कुल अगले हिस्से तक पहुँच जाता है और इसमें पहले वाले दोनों अभिनेता भी शामिल हो जाते हैं—सभी की पोशाकें एक जैसी ही हैं—सफ़ेद कुर्ता और सफ़ेद पाजामा।

मंच के अगले हिस्से तक पहुँचते ही वे सब लोग दौड़कर मंच का एक गोलाकार चक्कर लगाते हैं और पुनः पिछले हिस्से में एक सीधी रेखा में खड़े हो जाते हैं। समूह में से एक अभिनेता बोलना जारी रखता है :

लेकिन जैसे ही ख़बर शहर में पहुँची, वहाँ से मंत्रियों, नेताओं और अख़बारनवीसों की गाड़ियों का ताँता लग गया।

सभी अभिनेता समवेत स्वर में एक साथ

नेताओं ने गीली आँखों और रुँधे हुए गले से क्षोभ प्रकट किया और बड़े-बड़े आश्वासन दिए।

अभिनेताओं की मंडली में से कोई एक बोलना जारी रखता है। बाक़ी सारे अभिनेता मंच के अलग-अलग कोनों में बैठ जाते हैं। अलग-अलग मुद्राओं में—कोई चाय पीने का अभिनय करते हुए, कोई अख़बार पढ़ने का।

अख़बारनवीस आए तो दनादन उस राख के ढेर की ही फ़ोटो खींचकर ले गए। दूसरे दिन अख़बार में छापकर घर-घर पहुँचा भी दिया—इस घटना का सचित्र ब्यौरा। किसी ने सवेरे खुमारी में अँगड़ाई लेते हुए, तो किसी ने चाय की चुस्की के साथ पढ़ा, देखा। देखते ही चेहरे पर विषाद की गहरी छाया पुत गई। चाय का घूँट भी कड़वा हो गया शायद। ढेर सारी सहानुभूति और दुख में लिपटकर निकला :

सभी अभिनेता समवेत स्वर में एक साथ

'ओह, हॉरिबल... सिंपली इनह्यूमन! कब तक यह सब और चलता रहेगा? त्...त्...त्!

पुनः वही अभिनेता जारी रखता है।

और पन्ना पलट गया। थोड़ी देर बाद गाँव वालों की ज़िंदगियों की तरह ही अख़बार भी रद्दी के ढेर में जा पड़ा।

सभी अभिनेता उठकर खड़े हो जाते हैं और छोटे-छोटे समूहों में बँट जाते हैं। आगे आनेवाली पंक्तियों के अलग-अलग समूहों में से एक-एक अभिनेता बोलता जाता है :

पर बात इतने पर ही ख़तम नहीं हुई। इस दर्दनाक हादसे से विरोधी दल के नेताओं के हृदय तो चकनाचूर हो गए। विधानसभा में उनके फटे गले से निकली चीख़-पुकार वास्तव में उनके फटे हृदय की अनुगूँज ही थी, जिसने सारे सदन में धरती-फाड़ हंगामा मचा दिया।

उधर सत्तारूढ़ दल के असंतुष्ट विधायक अलग बिलबिलाने लगे। ऐसी अमानुषिक घटना! पार्टी के माथे इतना बड़ा कलंक! अब तो मुख्यमंत्री से इस्तीफ़े की माँग करके ही इस कलंक को धोया जा सकता है। मुख्यमंत्री भी त्यागपत्र देकर ही इस पाप का प्रायश्चित्त कर सकते हैं। लेकिन मुख्यमंत्री को लगा कि जब तक वे असली मुजरिम का पता लगवाकर सज़ा नहीं दिलवा देते, उनकी आत्मा बोझमुक्त नहीं होगी और पता तो सत्ता पर बैठकर ही लगवाया जा सकता है। क्या करते, वे आत्मा के आगे मजबूर थे और उन्होंने सारा मामला गहरी जाँच-पड़ताल के लिए बड़े अफ़सरों के हाथ में सौंप दिया। बड़े अफ़सरों ने अपना बड़प्पन और मुस्तैदी दिखाने के लिए तुरत-फुरत दोनों कांस्टेबलों को सस्पैंड कर दिया।

अभिनेताओं के पूरे समूह में हलचल मच जाती है। सभी लोग तेज़ी से मंच पर इधर-उधर चक्कर लगाते रहते हैं, मानों चुनाव की तैयारियाँ कर रहे हों—कहीं पोस्टर चिपकाने का अभिनय, कहीं चुनाव-सभा करने का दृश्य आदि। इन सबके बीच ही एक अभिनेता लगातार बोलना जारी रखता है :

अभी पहले वाली घटना से बिगड़ी हुई स्थिति पूरी तरह सम पर आई भी न थी कि यह घटना घट गई। बिसेसर कोई ऐसी बड़ी हस्ती नहीं, न उसका मरना ही कोई ऐसी बड़ी घटना है कि बात तुरत-फुरत शहर पहुँचे।

इस बार थानेदार ने ज़रा भी ढील नहीं की। तुरंत मौक़े पर हाज़िर। कल से कितने बयान लिए हैं... लोगों के पेट से कितना कुछ उगलवाया है। सबकी उगलन को काग़ज़ों पर पोतकर ले गए हैं।

सच पूछा जाए तो बड़ा न आदमी होता है, न घटना। यह तो बस, मौक़े-मौक़े

की बात होती है। मौक़ा ही ऐसा आ पड़ा है। इस समय तो सरोहा में पत्ते का हिलना भी एक घटना की अहमियत रखता है। डेढ़ महीने बाद ही तो चुनाव है। यों उप-चुनाव है विधानसभा की एक सीट-भर का, फिर भी है बहुत महत्त्वपूर्ण। इस सीट के लिए भूतपूर्व मुख्यमंत्री सुकुल बाबू खुद खड़े हो रहे हैं। सुकुल बाबू क्या खड़े हो रहे हैं, समझ लीजिए पिछले चुनाव में हारी हुई पूरी की पूरी पार्टी खड़ी हो रही है, खम ठोंककर... ललकारती हुई—सत्तारूढ़ पार्टी के पूरे अस्तित्व को चुनौती देती हुई! वैसे पिछले चुनाव में हारने के बाद सुकुल बाबू ने बाक़ायदा ऐलान कर दिया था कि वे अब सक्रिय राजनीति से संन्यास ले लेंगे और जीवन के बचे हुए दिन जनता की सेवा में ही बिताएँगे। पर पहला अवसर आते ही वे फिर लपक लिए। क्या करते, पद से उतरने के तुरंत बाद उन्होंने यह महसूस किया कि जनता की सच्ची सेवा उच्च पद पर बैठकर ही की जा सकती है, और जनता की सेवा का संकल्प उन्होंने अपनी उस कच्ची उम्र में लिया था, जिस उम्र के संकल्प-विकल्प अनचाहे ही आदमी के जीवन का अभिन्न अंग बन जाते हैं।

अभिनेताओं का पूरा समूह मंच के बीचोंबीच एक झुंड में दर्शकों की ओर पीठ करके खड़ा हो गया है और एक साथ कोरस में बोलता है :

शहर के सबसे महत्त्वपूर्ण व्यक्ति दा साहब अपने निजी कमरे के एक कोने में अकेले बैठे हैं—मौन, गंभीर।

मंच के बीच में एक अभिनेता पालथी मारे ज़मीन पर बैठा है। एक अभिनेता ठीक उसके पीछे, दर्शकों की ओर पीठ किए खड़ा है। बाक़ी आठ अभिनेता एक चौकोर कक्ष-सा बनाते हुए पालथी मारे अभिनेता के दोनों तरफ़ बैठ जाते हैं। इन्हीं में से एक अभिनेता बोलता है :

चिंतन-मनन के क्षणों में अपने कमरे में ही बैठते हैं दा साहब। यहाँ सबका प्रवेश संभव नहीं। हाँ, जो अपने ख़ास आदमी हैं, वे आ सकते हैं।

पीछे खड़ा अभिनेता तेज़ी से कक्ष में प्रवेश करता है और बैठे हुए मध्य अभिनेता के एक तरफ़ आकर बैठ जाता है। आगे के सभी संवादों में अभी-अभी आया अभिनेता लगातार इधर से उधर तेज़ी से चहलक़दमी करता रहता है।

"आओ लखन, क्या समाचार है? क्या बात है, बाहर बहुत गर्मी है क्या?"

"बाहर क्या, गर्मी तो मेरे भेजे में घुसी हुई है। यह ज़ोरावर बाज़ नहीं आएगा अपनी हरकतों से। खुद तो मरेगा ही, हमको भी ले डूबेगा।"

कक्ष में बैठे लोगों में से एक बोलता है :

कोई विश्वास करेगा कि यह दा साहब के संरक्षण में पला हुआ आदमी है? दा साहब कभी नाराज़ नहीं होते उसकी इस बदमिज़ाजी पर। हँसकर इतना ही कहते हैं, 'तुम मेरे पूरक हो भाई।'

कक्ष में बैठे सभी लोग ज़ोर से हंस पड़ते हैं। लखन बना अभिनेता और भी आक्रोश में बोलने लगता है :

"अभी तो कुछ नहीं हुआ, बहुत मामूली-सी बात हुई है। सरोहा में बिसेसर नाम के एक आदमी को मरवा दिया गया है। लाश पुलिया पर पड़ी मिली। असली बात तो तब होगी जब हरिजनों के सारे वोट सुकुल बाबू के नाम पड़ जाएँगे। सब लोगों का अनुमान है कि ज़ोरावर का है यह काम!"

"हूँ ऽऽ!"

"मालूम है आपको?"

"अभी थोड़ी देर पहले ही सुना।"

"और यह भी सुना कि सारे गाँव में भारी तनाव है, ज़ोरावर को लेकर। उसके सिवाय कोई नहीं करवा सकता यह काम। आगज़नी वाली घटना पर किसी तरह लीपा-पोती करके गाँव वालों को सँभाले हुए थे—ऊँचे स्तर पर तहक़ीकात हो रही है... प्रमाण जुटाए जा रहे हैं... असली मुज़रिम का पता लगते ही कड़ी-से-कड़ी सज़ा दी जाएगी। घरेलू उद्योगों के लिए आर्थिक सहायता की योजना के मरहम ने घावों को काफ़ी कुछ भर दिया था... इसी स्थिति में चुनाव हो जाता तो ठीक था...। ऐन मौके पर इस बेवकूफ़ ने बिसू को मरवा दिया। अब कुछ नहीं होने का।"

"पुलिस तो अभी बयान ही ले रही है और तुम नतीजे पर भी पहुँच गए? इतनी अधीरता अच्छी नहीं। थोड़ा...।"

"मैं नहीं नतीजे पर पहुँचा। सारा गाँव कह रहा है!"

"कानून अनुमान पर नहीं, प्रमाण पर चलता है और पुलिस प्रमाण जुटा रही है। क़ानून के सामने मेरी-तुम्हारी हस्ती ही क्या है भला?"

"जुट जाएँगे इस बार प्रमाण भी। आख़िर कब तक ख़ैर मनाएगा ज़ोरावर?"

"प्रमाण जुट जाएँगे तो अवश्य ही सज़ा भी पाएगा अपने जुर्म की।"

"वह तो सज़ा पाएगा अपने जुर्म की, पर उससे भी बड़ी सज़ा तो हम पाएँगे... वह भी बिना कोई जुर्म किए।"

"होता है कभी-कभी ऐसा भी। एक की मूर्खता का फल दूसरे को भुगतना पड़ता है।"

"और आप हैं कि इसी मूर्ख का पल्ला पकड़े हुए हैं। मारा है ग़रीबों को तो भुगतने दीजिए सज़ा। नहीं चाहिए हमें ज़ोरावर के वोट। अब इसके वोटों के चक्कर में हरिजनों के सारे वोट तो गए ही... गाँव के दूसरे लोगों के वोट भी नहीं मिलेंगे। सारा हिसाब लमाकर देख लिया है मैंने, ले डूबेगा ज़ोरावर का साथ। माथे पर कलंक और आत्मा पर बोझ, सो अलग।"

"हूँऽ!"

"नौ तारीख़ को यानी तीन दिन बाद ही मीटिंग का ऐलान हो गया है उनकी तरफ़ से। सुकुल जी ख़ुद आ रहे हैं, भाषण देने। जानते तो हैं सुकुल जी के भाषण का करिश्मा। आग उगलते हैं, आग! गाँव वैसे ही सन्नाया बैठा है; एक ही भाषण में बहाकर ले जाएँगे सारे गाँव को अपने साथ।"

"एक इन 'मशाल' वालों को छूट मिली हुई है, उल्टा-सीधा जो मरज़ी आए, छापने की। कैसे-कैसे संपादकीय छापे थे, कैसी-कैसी तस्वीरें छापी थीं उस आगज़नी की घटना की! और अब क्या चुप रह जाएँगे? आने दीजिए उनका अगला अंक! देखिए, क्या सनसनीख़ेज़ बनकर आती है सारी बात!"

"हूँऽऽ!"

"जानते तो हैं, लोचन भैया कितने दिनों से अपनी खिचड़ी अलग पका रहे हैं। देखिए, इस घटना से कैसा उफ़ान आता है उनकी खिचड़ी में। जोड़-तोड़ करके अविश्वास का प्रस्ताव ले आए तो आपको भी लेने-के-देने पड़ जाएँगे... मैं कहे देता हूँ...।"

"लखन! जिस दिन अपने लोगों का विश्वास खो दूँगा... उस दिन कुर्सी पर नहीं बैठूँगा। सबके विश्वास पर ही टिकी हुई है मेरी कुर्सी। सबके सद्‌भाव पर ही ज़िंदा हूँ मैं। विश्वास-सद्‌भाव ही नहीं रहा तो मेरे रहने का क्या मतलब?"

"ठीक है, सबके विश्वास पर आप अपनी कुर्सी जमाइए... सुकुल बाबू अपनी मीटिंग जमाएँ... दत्ता बाबू अपना अख़बार जमाएँ... बस, हम ही अपनी क़बर खोद लेते हैं।"

हारकर बैठ जाता है। कक्ष में बैठे सभी लोग फ़ोन की ध्वनि की आवाज़ पैदा करते हैं। दा साहब बना अभिनेता फ़ोन सुनने का अभिनय करता है। कक्ष में बैठे अभिनेताओं के समूह में से एक बोलना शुरू करता है :

लखन अच्छी तरह जानता है कि दा साहब की नज़रें जब शून्य में गड़ जाएँ तो समझ लो, वे खुद समस्या में गहरे धँस गए। और जब धँसे हैं तो कोई-न-कोई सिर-पैर तो खोजकर लाएँगे ही।

दा साहब उठकर आगे आ जाते हैं। लखन उनके पीछे-पीछे चलता रहता है।

''क्या नाम है इस लड़के का, जो मरा?''

''बिसेसर! बिसू कहते हैं गाँव वाले।''

''यह लड़का आठ महीने पहले ही तो जेल से छूटकर आया था न? चार साल तक काटी है इसने जेल?''

''आपको कैसे मालूम?''

''मालूम तो करना ही होता है, भाई। न मालूम करने से जिस पद पर बैठा हूँ उसके साथ न्याय कर सकता हूँ भला? डी.आई.जी. ने फ़ोन किया था सवेरे।''

''क्या बताया?''

''किस बारे में?'

''यही, बिसू की मौत के बारे में। मालूम हुआ है, इस केस के सारे काग़ज़ात डी.आई.जी. के पास पहुँच गए हैं।''

दा साहब केवल गर्दन हिला देते हैं।

''आपने कोई आदेश नहीं दिया... मेरा मतलब है कोई संकेत कि रिपोर्ट तैयार करते समय...।''

''कैसी बात करते हो, लखन? पुलिस वालों का काम है कि बयानों और प्रमाणों के आधार पर रिपोर्ट तैयार करें, और ईमानदारी से करें। इसी बात की तनख्वाह दी जाती है उन्हें। ऊपर से आदेश थोपा जाएगा तो न्याय कैसे करेंगे? इन्हीं स्थितियों के खिलाफ़ लड़ने के लिए तो इतनी बड़ी क्रांति की हमने! और तुम...। अपनी आकांक्षाओं को थोड़ी लगाम दो लखन, वरना मेरे साथ चलना मुश्किल होगा।''

''डी.आई.जी. का फ़ोन आया किसलिए था?''

''बहुत जल्दी हौसला पस्त हो जाता है तुम्हारा। अच्छी बात नहीं है यह। देखो भाई! मेरे लिए राजनीति, धर्मनीति से कम नहीं। इस राह पर मेरे साथ चलना है तो गीता का उपदेश गाँठ बाँध लो–निष्ठा से अपना कर्तव्य किए जाओ, बस। फल पर दृष्टि ही मत रखो। पढ़ते हो गीता या नहीं? पढ़ा करो। चित्त को बड़ी शांति मिलती है। सुकुल बाबू की मीटिंग नौ तारीख को है? तो ऐसा करो कि चार-पाँच दिन बाद अपनी भी एक मीटिंग रख लो। बात करेंगे गाँव वालों से। वैसे भी एक हादसा हुआ है–जाना तो चाहिए ही। बिसू के माँ-बाप को भी तो

तसल्ली देनी चाहिए। बेचारे...।'

घड़ी देखने का अभिनय करते हैं।

"नौ बज गए। अच्छा तो तुम पांडे को बोल दो, मीटिंग की तैयारी करवाए। होशियार आदमी है, स्थिति सँभालना जानता है। और हाँ, जाओ तो ज़रा 'मशाल' के दफ़्तर होते जाना। दत्ता बाबू ही नाम है न संपादक का? कोई तीन-चार महीने पहले इंटरव्यू लेने के लिए समय मांगा था।... पर कहाँ था उन दिनों समय? कहना, अब समय लेकर मिल लें किसी दिन मुझसे। लखन, आज का तुम्हारा आवेश देखकर अच्छा नहीं लगा मुझे। मेरे साथ चलना है तो भाई, ज़बान पर लगाम और व्यवहार में ठहराव चाहिए... समझे?"

कक्ष में बैठे अभिनेताओं में से एक बोलता है :

दा साहब यह बात केवल कहते ही नहीं, अमल में भी लाते हैं। उनके पूरे व्यक्तित्व में, उनकी हर बात और हर काम में ज़बरदस्त ठहराव है। और इस ठहराव की वजह से ही वे शायद कुर्सी पर भी ठहरे हुए हैं।

अभिनेताओं का समूह उठ खड़ा होता है। वे एक दायरा बनाकर मंच का चक्कर लगाते रहते हैं। एक अभिनेता आगे-आगे उद्घोषणा के जैसे स्वर में बोलता जाता है :

"आज शाम छह बजे हरिजन भाइयों के हमदर्द दोस्त श्री सुकुल बाबू आप लोगों से बातचीत करने आएँगे। बिसेसर की मौत सरासर ज़ुलुम है, इसे बर्दाश्त नहीं किया जाएगा। आइए और सुकुल बाबू की आवाज़ में आवाज़ मिलाकर बिसू की मौत का जवाब तलब कीजिए। शाम छह बजे।"

अभिनेताओं का समूह मंच के पिछले हिस्से में, बीचोंबीच दर्शकों की तरफ पीठ करके अर्द्ध-गोलाकार में बैठ जाता है। सुकुल दा बना अभिनेता उनके बीच हाथ जोड़कर, संबोधित करने की मुद्रा में खड़ा है। जैसे ही वह बोलना शुरू करता है, एक नया दृश्य मंच पर जन्म लेने लगता है।

अंतःसाक्ष्य–तीन

ख़ानाबदोश : घोंघा और समुंदर

अजीत कौर

मंच पर प्रकाश होता है दाहिनी तरफ़ एक बिस्तर पर अजीत कौर बैठी हैं। चाय या काफ़ी पी रही हैं। वहीं से बोलना शुरू करती हैं। पीछे एक सीढ़ी रखी है। बाईं तरफ़ एक कुर्सी-मेज़ रखी है। कोने में एक बेंच भी है।

अब सोचती हूँ तो कितना अजीब लगता है!

ओमा से मुलाकात, एक बहुत अजीब इत्तफ़ाक़ था।

ओमा, यानी ओमप्रकाश।

और मुलाकात जिस तरह परिचय में बदली, और परिचय इश्क़ में, वह और भी अजीब था।

फिर यह भी सोचती हूँ कि शायद हर इनसानी तजुर्बा इसी तरह अजीब लगता है। अद्वितीय! बेनज़ीर! पर असल में होता बहुत मामूली है।

इसी तरह इनसानों के दुःख, सुख, ग़म, आनंद! जिसके साथ घटते हैं, उसे लगता है इस भूरी ज़मीन और नीले आसमान के बीच ऐसी घटना किसी और के साथ हुई ही नहीं कभी। सिर्फ़ उसी के साथ घट रही है। अद्भुत! अजीबोग़रीब! बेजोड़! पर अगर सोचो, तो यह तो बारिश बरसने जैसी, हवा बहने जैसी, घटनाएँ ही हैं महज़! सबके साथ घटती रहती हैं। और बहुत ही अजीब लगता है सोचकर, कि एक ही वक़्त, उसी पल, उसी क्षण, दुनिया के पता नहीं कितने ही हिस्सों में कितने ही लोगों के साथ, इसी वक़्त एक जैसी घटनाएँ हो रही होंगी। एक जैसी होनी! घटना-चक्र! सुख का, दुःख का! पर अपनी-अपनी निजी नियति में से गुज़रता हर अकेला आदमी यही सोच रहा होगा कि या खुदा, इस तरह की अनहोनी, इस तरह की अद्भुत बात न किसी के साथ हुई है, न होनी है।

कितनी अजीब बात है, नहीं?

यह उन दिनों की बात है, जब मैं आख़िरी बार अपने ख़ाविंद के घर से माँ के

घर आ गई थी।

यूँ तो यह आठवीं बार थी, जब मैं फुटबाल की तरह लुढ़कती हुई, ख़ाविंद के घर से माँ के घर आ रही थी। पर एक क्षण के हज़ारवें हिस्से में, एक पलक-झपकने में, बिजली की कौंध की तरह मुझे एहसास हो गया था कि यह अब आख़िरी बार है, जब मैं इन दहलीज़ों से बाहर पैर रख रही हूँ। इन दहलीज़ों के भीतर अब दोबारा मैं कभी कदम नहीं रखूँगी।

बात भी कोई ख़ास नहीं थी। बस एक तिनका था, जो आख़िरी था, और जिसने मेरी ऊँट जैसी सख़्त पीठ भी दरका दी थी।

तब बारह साल हो चुके थे हमारे विवाह को। 'विवाह' लफ़्ज़ के साथ बहुत सारी शहनाइयाँ, और थोड़ी बहुत ख़ुशी, और मुहब्बत बावस्ता है। पर कई विवाहों के लिए कोई और लफ़्ज़ होना चाहिए। कोई बहुत सख़्त, ख़ौफ़नाक, शोकमय, विलाप-जैसा शब्द! कलेजा चीरनेवाला।

इन बारह सालों में जब भी मैंने कोई आख़िरी फ़ैसला करने की कोशिश की, मेरे ख़ाविंद हमेशा दोनों बच्चियों को मुझसे छीन लेने की धमकी देते, और साथ ही यह भी कहते, "इन दोनों को मैं सिंगापुर के किसी कोठे पर बेच दूँगा।"

सिंगापुर ही क्यों? इस बात की मुझे कभी समझ न आई। वह खुद तो कभी सिंगापुर गए नहीं थे, पर सिंगापुर में उनकी एक मौसी ब्याही हुई थी, जो तेरह बेटियाँ पैदा करके तब हाल ही में मरी थी। और उस मौसी की फ़र्म में मेरा देवर चार साल नौकरी करके आया था, सिंगापुर से।

सिंगापुर के कोठों के बारे में मेरे ख़ाविंद को मालूम नहीं मेरे देवर ने बताया था, या उनकी मौसी के ख़ाविंद ने, मालूम नहीं। या शायद मौसी ही कभी उनके आगे दुःखी हुई हो कि मौसी का ख़ाविंद...ख़ैर, मुझे वज़ह नहीं मालूम। पर हर बार वह सिंगापुर की ही धमकी देते।

और मैं सचमुच काँप जाती।

और ख़ामोश हो जाती।

अजीत कौर उठकर मेज़ के बाएँ कोने में आती है।

पर उस दिन मैं ख़ामोश नहीं रही। मैंने भी आगे से चीख़कर कहा, "सिंगापुर ही क्यों? यहीं क्यों नहीं? दिल्ली में। कभी-कभी आपको भी वहाँ जाने का सुख रहेगा।"

और एक जहन्नुम के सारे दरवाज़े भड़भड़ाकर खुल गए।

और उस बेपनाह शोर में मैं दोनों बच्चियों को उँगली से लगाकर, उस घर की दहलीज़ें उलाँघकर बाहर आ गई थी।

वापस मंच के मध्य में आकर बोलती हैं।

वह पहली बार थी कि मैंने खुद उस घर को छोड़ दिया था। नहीं तो होता यह था हमेशा, कि वही मुझे मेरी माँ के घर भेज दिया करते थे, और साल-छमाही बाद आकर वापस ले जाया करते थे।

बीजी, यानी मेरी माँ के घर भी बिल्कुल चैन नहीं था उन दिनों। वह बहुत बीमार थीं। घर सँभालने वाला और कोई नहीं था। जसबीर का विवाह हो चुका था चाहे, और वह मेडिकल इंस्टीट्यूट में नौकरी करता था, दिल्ली में ही, पर उसने इस तरह की ज़िम्मेदारियाँ कभी नहीं उठाई थीं। उनके लिए मैं ही थी, फ़ालतू चीज़।

पहले भी मैं ही रोज़ शाम को आकर पूरे दिन की रोटी पका जाया करती थी, बीजी को स्पंज करके कपड़े बदल जाती थी, और घर के छोटे-मोटे काम कर जाती थी। चाहे घर (?) वापस आकर ख़ाविंद से यही सुनना पड़ता था, "कौन-से यार से मिलकर आई है?"

पर उन बारह वर्षों में मेरा कोई 'यार' नहीं था। बिल्कुल भक्ति-जैसी उपासना से, मशक़्क़त से, मैं अपने ख़ाविंद के दिल को जीतने की कोशिश करती रही, बच्चों को पालती रही, हंगामों में से गुज़रती रही।

पर वह जब भी मुझे किसी के साथ बात करते हुए देख लेते, कहते, मैं उस आदमी के साथ इश्क़ कर रही थी—वह आदमी चाहे धोबी हो या दरज़ी, चाहे मेरी नौकरी वाले महकमे का कोई आदमी, चाहे कोई लेखक, चाहे मेरी किसी सहेली का ख़ाविंद, चाहे किसी अख़बार का कोई एडीटर।

इस बात की भी वजह थी। पर वह आपको बाद में बताऊँगी।

वापस जाकर बिस्तर पर बैठ जाती है।

खैर, आपको बता रही थी कि बीजी बहुत बीमार थीं। फिर उनकी हालत और बिगड़ी और उन्हें अस्पताल में दाखिल करवाना पड़ा, और फिर अस्पताल में ही वह गुज़र गईं।

उनकी मौत के सदमे से जिस वक्त मैं ज़रा सँभली, तो लगा, मैं जैसे भीतर से काफ़ी तगड़ी हो रही थी। एक बार मैंने जो फ़ैसला कर लिया था कि अब ख़ाविंद के घर वापस नहीं जाऊँगी, उससे मेरे भीतर बारह वर्षों की कत्ल हुई संभावनाएँ फिर से जाग रही थीं। लाशें जैसे हड़बड़ाकर आँखें खोल रही थीं।

साथ ही दारजी का घर अब मैं चला रही थी। इसलिए जी भरकर रोटी खा रही थी, दूध भी पी रही थी। और तगड़ी हो रही थी। चेहरे का पीलापन धुल रहा था, आँखों के गिर्द उनींदे के काले चकत्ते गायब हो रहे थे, और गालों के गुलाब वापस आ रहे थे।

मैं जैसे मरकर फिर जन्म ले रही थी।

यह शायद मेरा चौथा जन्म था।

पहला जन्म तो नानी के पीर मक्की की गलीवाले घर में हुआ था। दूसरा बलदेव की बाँहों में, जिन्होंने मेरी मिट्टी को गूँथकर दुबारा मेरा बुत बनाया था, जिस्म का भी और रूह का भी। तीसरा, जब विवाह हुआ था, और सबने कहा था कि यह बेटियों का दूसरा जन्म होता है। पिछला सब भूलकर, मरकर, नए घर के नए लोगों में और नई ज़िम्मेवारियों के साथ। और चौथा, जब मैंने ख़ाविंद के घर की दहलीज़ लाँघते हुए फ़ैसला किया था कि अब कभी दोबारा उस घर में कदम नहीं रखूँगी।

और पहली बार मैं अपने बच्चों के साथ शाम को सैर पर जाने लगी। पहली बार उनके शहद जैसे बचपन की नशीली मिठास पीने लगी।

पहली बार लगा कि हम तीनों, एक-दूसरे के पास, अपने आप में काफ़ी थे। हमें और किसी की ज़रूरत नहीं। हम तीनों, सिर्फ़ तीनों एक-दूसरे के साथ मिलकर ज़िंदगी बिता सकते थे।

इस एहसास में मैं अंदर से मज़बूत हो गई मज़बूत और बलवान। अपने में इतना विश्वास पहली बार महसूस ही रहा था।

उठकर खड़ी होती है, चाय का कप लेकर मेज़ पर रखती है।

यह उन दिनों की ही बात है। मेरे एजूकेशन डिपार्टमेंट में एक अफ़सर था। मुझे लगा, मैं उसे अच्छी लगती थी। अगर वह सीधे मेरा अफ़सर होता, तो मैं कभी भी उससे बात न करती। तब इस अच्छे लगने में से मुझे किसी चकमे-जैसी बदबू आने लगती और रिश्वत जैसी हवांक। पर क्योंकि उसका मुझसे कोई सीधा वास्ता नहीं था, इसलिए मैं उसकी बात सुनने लगी। और धीरे-धीरे मुझे भी वह अच्छा लगने लग पड़ा। पर सिर्फ़ दोस्ती के क़ाबिल, और कुछ नहीं।

ओमा मंच पर प्रवेश करता है। मंच के मध्य में दोनों खड़े होते हैं।

ओमा उसका दोस्त था। और मुलाक़ात हुई थी पाल के घर, जो उस एजूकेशन डिपार्टमेंट के अफ़सर का मामा लगता था।

यकदम एहसास हुआ कि ओमा को मैं बहुत अच्छी लगी थी।

पर ओमा की मुझमें यकदम पैदा हुई दिलचस्पी का बहुत देर तक मेरे पास कोई जवाब नहीं था। महीनों के महीने। कोई अट्ठारह बीस महीने।

यह 1965 का ज़माना था। मैं तब इकतीसवें बरस में से गुज़र रही थी, और ओमा छयालीस वर्ष का था, पर लगता बहुत बड़ा था। शायद क़द-बुत के कारण, शायद अटपटी चाल के कारण, या शायद बर्नार्ड शॉ जैसे सिर के कारण, उसके सामने मुझे लगता, मैं उससे बहुत छोटी थी, बहुत ही छोटी।

दूसरी बात यह कि मुझे लगता, ओमा मेरी कलात्मक रुचियों के बराबर का आदमी नहीं। बिल्कुल बनिया लगता था वह। मोटा-ठुल्ला, खाने-पीने का बेहद शौक़ीन, पैसा कमाना ही जिसकी ज़िंदगी का मक़सद था। और कभी-कभी ज़ायका बदलने के लिए इश्क़ करना।

उन दिनों वह अपनी टाइपिस्ट के साथ इश्क़ कर रहा था। बालिश्त भर की लड़की, लेकिन बहुत ग़रीब-सी, जिसे वह महीने में दो-चार नए सूट सिलवा देता, पेट भर मुर्गों वाली रोटी खिला देता, साथ पिक्चर ले जाता, और डेढ़ दो सौ की जगह—जो उन दिनों टाइपिस्टों की आम तनख़्वाह हुआ करती थी—चार सौ तनख़्वाह देता।

उसने जब मुझमें दिलचस्पी ज़ाहिर करनी शुरू की, तो मुझे लगा, वह उस टाइपिस्ट लड़की की जगह अब मुझे देने की कोशिश कर रहा था। जैसे वह मुझे और उस टाइपिस्ट को एक ही जगह रखकर देख रहा हो।

और मेरी जगह चाहे कोई भी हो, उस टाइपिस्ट के साथ मिलने में मुझे इनकार था।

कुछ महीनों बाद उस टाइपिस्ट का विवाह हो गया। विवाह में ओमा ने एक सिलाई मशीन उसे तोहफ़े में दी। और फिर दोस्तों की महफ़िल में मुझे ही सुनाने के लिए शायद, कहा, "हम तो जिसकी बाँह पकड़ें, उसकी आख़िर तक ख़िदमत करते हैं। अब देखो, ब्याह करके जा रही थी चाहे, मैंने उसे उषा मशीन दी है।"

और मुझे उससे और भी नफ़रत होती।

वह मिलने के लिए कहता, मैं कहती, मैं ख़ाली नहीं हूँ। वह कहता, "कोई बात नहीं। सुबह स्कूल तो जाना है न। मैं बस-स्टाप से स्कूल तक सिर्फ़ आपके साथ जाऊँगा, बस।"

ओमा अजीत कौर की तरफ़ बढ़कर

फिर उसने कहा, "आप अपनी कहानियों की किताब अंग्रेज़ी और हिंदी में क्यों नहीं छपवातीं?" मैंने इस बारे में कभी सोचा ही नहीं था। न ही ज़िंदगी ने कभी इतनी फ़ुर्सत दी थी। ओमा ने यह कहा तो मैं इस बारे में सोचने लगी। साथ ही ओमा की यह बात मुझे अच्छी लगी।

अब सोचती हूँ तो लगता है, यह बड़ी ख़ुदग़र्जी थी मेरी। और ओमा शायद इस हथियार से मेरा स्वाभिमान, और अपने आप से मेरा भरोसा, और ख़ुद्दारी क़त्ल करने की कोशिश कर रहा था। अपने और मेरे बीच यह जो फ़ासला था, उसे काटकर ख़त्म कर रहा था।

आज सोचती हूँ तो लगता है कि यह मेरी कमीनगी ही थी जो मुझे उसकी यह बात अच्छी लगी। उसकी टाइपिस्ट दो सौ की जगह चार सौ की नौकरी पाकर

उसके पास, बक़ौल उसके दोस्तों के, 'फँस' गई थी, और मैं अपनी किताबें हिंदी व अंग्रेज़ी में छपवाने के लालच में फँस रही थी शायद।

पर तब यह बात उस नुक्ते से नज़र नहीं आई तब तो यही लगा कि जो वह कह रहा है, वही सच है। और वह यह कह रहा था, क्योंकि वह मुझे प्यार करता है, इसलिए मेरी कला को, मेरे लेखन को विस्तार देना चाहता है। कहता था, मेरे लेखन में जो ताकत है, वह सिर्फ़ पंजाबी पढ़नेवालों तक ही सीमित क्यों रहे? क्यों न और बहुत सारे लोग मेरी कहानियाँ पढ़ें?

और उसे जब लगा कि इस बात से मैं कमज़ोर हो रही थी, उसकी तरफ़ झुक रही थी, तो वह इस बहाने मुझे रोज़ दोपहर को, शाम को, मिलने लगा। कभी किसी पब्लिशर से मिलवाता, कभी किसी से। कभी किसी से तर्जुमा करवाता, कभी किसी से।

और इस तरह वह मुझे एक-एक इंच अपनी तरफ़ लाता गया।

अजीत कौर ओमा की तरफ़ बढ़कर

इसके अलावा उसने और भी बहुत मेहनत की। मसलन, पंजाबी की किताबें पढ़नी शुरू कर दीं, और भी कई किताबें, और रोज़ नई किताबों में से पढ़ी नई बातें मुझे सुनाता।

उन दिनों वह जालंधर में स्कूल की गाइडें छापने का काम किया करता था। गाइडें, यानी पास होने के आसान और सस्ते फ़ार्मूले और नुस्ख़े। इन्सटेंट कॉफ़ी जैसे। सवाल-जवाब। मुझे लगता, वह इल्म के साथ ग़द्दारी कर रहा था। प्रास्टीच्यूशन।

वह कहता, "तभी तो छापता हूँ, क्योंकि बिकती हैं। और मास्टर व हैडमास्टर खुद ख़रीदवाते हैं। लड़कों-लड़कियों को। यह अलग बात है कि जब स्कूल में जाता हूँ, सम्मानार्थ कापी में सौ का नोट रख कर हैडमास्टर को देता हूँ। निन्यानवे फ़ीसदी तो उसे अपना पैसा समझकर रख लेते हैं, सो काम हो जाता है। बाद में वह जितनी किताबें हुक्म देकर ख़रीदवा दें, अपने विद्यार्थियों से, उसका कमीशन उनके हाथ थमाता हूँ। न देने वाला भूले, न लेने वाला भूले। और कोई बिरला उस नोट को देखकर तिलमिला जाए, तो माफ़ी माँगकर वापस रख लेता हूँ। कहता हूँ कि रास्ते में खाना खाया था, यह नोट दिया था ढाबे वाले को, उसके पास छुट्टा नहीं था, उसने लौटा दिया तो ग़लती से इस किताब में रखा गया होगा। ऐसी जगह सीधा विद्यार्थियों को पटाना पड़ता है किताब बेचने के लिए।"

उसे पता था, मुझे उसका काम पसंद नहीं। सो उसने साथ-साथ बढ़िया किताबें छापनी भी शुरू कर दीं। उसके लिए एक अलग फ़र्म बनाई। उसमें उसका बेटा, जो अभी पढ़ता था, पार्टनर बना।

आज जब कोई उसके पब्लिशिंग हाउस की बात करता है, या उसकी छापी किसी किताब की अख़बार में अच्छी समीक्षा आती है, तो अभी तक छोटा-सा फ़ख़्र होता है। लगता है, इसमें कहीं-न-कहीं मेरा हिस्सा भी है। मेरा योगदान।

अजीत कौर ओमा के पास, मेज़-कुर्सी के पास जाती हैं।

फिर उसका छोटा भाई अचानक कैंसर से मर गया।

ओमा कहता था, उस भाई को उसने खुद, अपने हाथों, बेटों की तरह पाला था। फिर उसका विवाह किया था। आर्टिस्ट था उसका यह भाई, और आसाम में कहीं नौकरी करता था। पेट में दर्द होने लगा, तो उसने ओमा को लिखा। ओमा ने कहा, अगर वहाँ डॉक्टरों से आराम नहीं मिल रहा, तो दिल्ली आ जा।

वह दिल्ली आ गया। विलिंग्डन अस्पताल में सारे चेक-अप हुए। एक्स-रे, खून-टेस्ट, और सब कुछ टेस्ट। डॉक्टरों ने दवाइयाँ देकर घर भेज दिया।

महीने भर में ही हालत जब बिगड़ गई, तो फिर विलिंग्डन में दाखिल करवाया। तब तक कैंसर सारे पेट में फैल चुका था। छठें दिन वह मर गया।

पहली बार मैंने देखा, इतनी हिम्मत वाले, लंबे-चौड़े आदमी में किस तरह दरारें आती हैं। पहली बार ओमा दहाड़ें मार-मारकर रो रहा था। वहाँ, पाल के घर में ही।

दूसरे दिन, पाल के ही घर में मैं उसके पास बैठी उसे तसल्ली देने की कोशिश कर रही थी, और दोस्ती का फ़र्ज़ अदा कर रही थी। सिर्फ़ फ़र्ज़ की अदायगी ही नहीं शायद, इस मौत से मैं खुद भी हकबका गई थी। वाक़ई उसे ढांढस देने की कोशिश कर रही थी।

तभी फ़ोन आया, कि उसके उसी भाई की बीवी अपने मायके के गुसलख़ाने में तेल छिड़ककर, आग लगाकर जल गई थी।

यह ऐसी ख़ौफ़नाक ख़बर थी कि वह गिरता-गिरता बचा और मैंने जैसे बच्चों की तरह उसे लपककर थाम लिया।

यह पहली बार था, जब मैंने उसे छुआ था।

उसकी भाभी बहुत जल गई थी। पर अभी ज़िंदा थी। वह उसे विलिंग्डन अस्पताल ही ले गए थे।

दोनों मंच के मध्य में आते हैं।

हम जल्दी से अस्पताल जाने के लिए नीचे उतरे, पर उसने ड्राइवर से कहा, "पहले सामने जूसवाली दूकान पर चलो।"

वह वक़्त ही ऐसा था, और मेरा मन अब से भी ज़्यादा कोमल था तब, कि

मुझे यह जूस पीने वाली बात बहुत अटपटी लगी। अटपटी ही नहीं, ख़ौफ़नाक भी। भयानक। आज भी, इतने वर्षों बाद भी, उसकी इस बात पर मुझे अभी भी हैरानी होती है।

पर ऐसा ही था ओमा। बहुत ही प्रैक्टिकल।

कहता था, "मेरा तो जन्म-लग्न ही ऐसा है। लिबरा। लिबरा का मतलब, तुला। हर बात पूरी तोलना, न कम, न ज़्यादा। ठंडे दिमाग़ से, सोच समझकर।"

और मैं थी उससे बिल्कुल उलट। आवारा जंगली हवा। जिप्सी दरिया। धूप का फ़ाहा। भटकती खुश्बू। सफ़ेद पंखों की उड़ान। सपने का बीज।

ख़ैर, इसी तरह डेढ़ साल गुज़र गया।

अजीत कौर मंच पर बैठी हैं। वहाँ से उठकर मंच के मध्य में आकर

डेढ़ साल बाद...

1966, नवंबर का महीना।

बंबई में बुक फ़ेअर हो रहा था। किताबों का मेला। हर शाम एक भाषा के कल्चरल प्रोग्राम का इंतज़ाम किया गया था, और उस भाषा के दो-तीन लेखक भी बुलाए गए थे। यह शायद पहली बार था कि पंजाबी के कल्चरल प्रोग्राम में लेखकों की भी ज़रूरत समझी गई थी, वर्ना पंजाबी के कल्चरल प्रोग्राम का मतलब होता है–गिद्धा, भांगड़ा, बोलियाँ, टप्पे, नकलें।

पंजाबी की शाम के लिए नानक सिंह जी को बुलाया गया था, और मुझे।

ओमा का पब्लिशिंग हाउस मेले में किताबों का स्टाल लगा रहा था। ओमा खुद पब्लिशरों के सेमीनार के लिए जा रहा था, जो बुक फ़ेअर का हिस्सा था। उसने कहा, "क्यों न इकट्ठे चलें?"

ओमा के साथ मैं अकेले इस तरह, इतनी दूर, पराए शहर में नहीं जाना चाहती थी। एक अजीब जुनून उसके सिर पर सवार था उन दिनों। अकेले, उसके साथ होने का कुछ भी नतीजा हो सकता था। झगड़ा, लड़ाई, रिश्तों की तोड़-फोड़। उस क़ैफ़ियत से मुझे डर लगता था।

मैं ओमा के साथ सोना नहीं चाहती थी, पर उसे गँवाना भी नहीं चाहती थी।

गौतम से बात की। उसने कहा, "फ़िक्र न कर। मैं भी जा रहा हूँ। सब इकट्ठे रहेंगे।"

मेले का विशाल मैदान।

ओमा के स्टाल में वह किताब भी थी जो मैंने हाल ही में उनके लिए तर्जुमा की थी। ख़्वाजा अहमद अब्बास की 'रिटर्न आफ़ द रेड रोज़' सिर्फ़ तर्जुमा नहीं था यह। उस मिट्टी को तोड़ गूँथकर दोबारा गढ़ने जैसी बात थी। ट्रांसक्रिएशन।

सारा दिन ओमा और गौतम और मैं सैर करते। समुंदर के किनारे बैठकर गप्पे हाँकते।

जहाँ आजकल नरीमन पाइंट की आसमान से बातें करती इमारतें हैं, वहाँ तब सिर्फ़ मिट्टी की एक कच्ची सड़क होती थी, जो समुंदर की बगल में थोड़ी दूर तक चली गई थी। पानी में से उभरी हुई।

वहीं बैठे थे उस दिन हम। ओमा, गौतम और मैं, और ओमा के दो और दोस्त। समुंदर का शोर था। लहरों का बिल्कुल पैरों के पास आकर उस उभरी हुई पगडंडी से टकराना, और लौट जाना। और ज़रा-सी ऊपर हम बैठे थे। बस दो-चार बालिश्त ही ऊपर। पर लहरें हमें नहीं छू सकती थीं। सिर्फ़ उनके टकराने से जो फुहार उड़ती थी, वह हवा में मिलकर हमारे गालों को छू जाती थी।

बात 'रिटर्न ऑफ़ द रेड रोज़' की चल पड़ी। और फिर इंदिरा गाँधी की।

बाईं तरफ़ के कोने में जाकर, बैठकर बातें करते हैं।

"पैसों की ज़रूरत तो ख़ैर हमेशा ही रहती है। पर यह तर्जुमा मैंने सिर्फ़ पैसों के लिए नहीं किया। गहरी अक़ीदत से किया है। अब्बास के लेखन में भी अक़ीदत है और इंदिरा की ज़ात में भी। इंदिरा मुझे उसी तरह फ़ैसीनेट करती हैं, जिस तरह अमृता प्रीतम। और हर वह ख़ूबसूरत व ज़हीन औरत, जिसे कहीं से ट्रांसफर होकर आने वाली ग्रेटनेस पसंद नहीं। जो कुछ चाहिए हो, उसे हासिल करने का हुनर जिसके पास है।"

"आम तौर पर रुतबा या शोहरत या दौलत हासिल करने की जुस्तजू करने वाली औरतों में वह फ़ेमिनिनिटी नहीं रहती, जो औरतपन के लिए ज़रूरी होती है। एक ग्रेस। मर्दानापन आ जाता है उनमें। पर यह औरत..." ओमा ने कहा।

"इस औरत ने अपनी पूरी ग्रेस सँभालकर रखी हुई है। बल्कि ज्यों-ज्यों इसकी उम्र बढ़ती गई है, यह ज़्यादा ख़ूबसूरत होती गई है। नहीं?"

"आपने हाथ देखे हैं इंदिरा गाँधी के? हाथ और पैर। अगर मेरा बस चले तो आइ कैन फ़ाल इन लव विद हर हैंड्स, ऐनी डे।"

"इस मरातबे पर पहुँची हुई औरतों से हर कोई मुहब्बत करने के लिए तैयार होता है", मैंने कहा।

"मुहब्बत करने के लिए तो हम आपको भी तैयार हैं, मोहतरमा।" गौतम मुस्कराया।

"मज़ाक की बात नहीं। वैसे औरत के लिए उम्र का एहसास कितना ज़बरदस्त और ज़ालिम एहसास है, एकदम उसकी सारी ज़िंदगी और सारी सोच को कंडीशंड करता है। पर ऐसी बुलंद और शोहरत-याफ़्ता औरतों की उम्र भी कोई मायने नहीं

रखती। इंदिरा गाँधी के साथ तो सोलह से लेकर अस्सी साल का कोई भी मर्द आशिक होने के लिए तैयार हो सकता है।''

''तैयार तो हो सकता है, पर इश्क़ नहीं कर सकता।''

''क्यों? क्यों नहीं कर सकता?''

''इश्क के लिए जिस बेखुदी की जरूरत होती है, जनून की, एक अँधे पैशन की, वह कहाँ से आएगा? उसे तो हर वक़्त यही एहसास रहेगा कि वह अपने से बेहतर औरत की हजूरी में है।''

''मेरा तो ख्याल है, ऐसी हालत में एक अच्छा-भला आदमी इमपोटैंट हो जाएगा।'' ओमा का एक दोस्त कहने लगा। साथ ही झेंपकर मुस्कराया।

''पर हर मर्द सिर्फ़ अपने से घटिया औरत से ही इश्क़ कर सकता है? अपने से बढ़िया औरत से मोहब्बत ही नहीं कर सकता?'' मुझे अब थोड़ा-सा गुस्सा आ रहा था।

''नहीं कर सकता। मैंने तो बहुत सारे विवाह इसीलिए टूटते देखे हैं। क्योंकि औरत या तो ज़ेहनी तौर पर आदमी से ऊँची थी, या वह अपने काम में उससे बेहतर थी, या उसके माँ-बाप लड़के के माँ-बाप से ज़्यादा खाते-पीते थे। और तो और, अगर बदक़िस्मती से औरत की तनख़्वाह ही कहीं मर्द से ज़्यादा हो गई, तो गाड़ी उलट जाएगी।''

ओमा बड़ी देर से चुपचाप सुन रहा था, कहने लगा, ''पर यह भी तो हो सकता है कि एक आदमी और बढ़िया बनने के लिए, ग्रेटर हाइट्स पर पहुँचने के लिए, अपने से अज़ीम औरत से मुहब्बत करता हो।'' उसने जब यह कहकर मेरी तरफ़ देखा, तो उसकी आँखों में कुछ इतना पिघला हुआ था, कुछ भक्ति-जैसा, पूजा-जैसा, कि मेरे मन की कोई तार हिली। शायद पहली बार।

गौतम ने ओमा की तरफ़ और फिर मेरी तरफ़ बड़ी गहराई से देखा। और फिर आह भरी।

अजीत कौर खड़ी हो जाती हैं मंच के मध्य में, ओमा भी पास में है।

पंजाबी की शाम की सदारत बलराज साहनी ने की। बाद में वह हम दोनों को—नानक सिंह जी को व मुझे—अपने घर ले गए। खाना खिलाने। साथ में दो-चार लेखक और भी थे, बंबई के, जो प्रोग्राम सुनने आए हुए थे।

पर बलराज साहनी से अपनी दोस्ती की बात मैं आपको फिर कभी सुनाऊँगी।

वापस लौटी तो रात के पौने दो बज चुके थे। होटल के बाहर ही ओमा खड़े थे—परेशान। कहा कुछ नहीं, सिर्फ़ मेरी बाँह ज़ोर से थाम ली। बाँह को जिस हाथ ने कसकर पकड़ा हुआ था, वह बेतहाशा काँप रहा था।

सड़क के पार समुंदर था। समुंदर को कमर तक आती एक मुंडेर ने बाँधा हुआ था। एक मुंडेर, जो गोलाई में घूमते समुंदर के साथ-साथ दूर तक चली गई थी, लहंगे की किनारी की तरह, उसी मुंडेर पर हम बैठ गए। समुंदर की आवाज़ सुनते हुए।

समुंदर की आवाज़ बहुत गहरे, और बहुत लगातार पैशन की आवाज़ थी। बेहद जनून से भरी हुई, मदहोश, और बेहद दर्द भरी कुलबुलाहट—हर पैशन की तरह, कामावेग की तरह।

मेज़ पर आकर दोनों बैठते हैं।

अगली रात हम एक रेस्तरां में खाना खाने गए।

मैं कभी ऐसी बड़ी और चकाचौंध से भरी जगह पर खाना खाने नहीं गई थी। मैं बहुत हिचकिचा रही थी। पर वह तीन थे—गौतम और उसका बड़ा भाई, और ओमा। सो उनका फैसला चुप्चाप मान लिया।

साथ ही, वह तीनों तो यह सोचकर चलते थे कि इस तरह चकाचौंध करने से हर लड़की काबू की जा सकती है। सो उन्हें अपना 'मेक बिलीव' का खेल खेलने देना चाहिए—मैंने सोचा। इस सोच के साथ ही शायद यह एहसास भी हुआ कि इन तीनों से मैं फ़र्क़ हूँ—फ़र्क़, और शायद इसीलिए उनसे बाहर, अलग। साथ होते हुए भी अलग।

आज बिल्कुल याद नहीं कि उस रेस्तरां का क्या नाम था।

ख़ैर, सबने ड्रिंक मँगवाए। तब अभी बंबई बेचारी, मोरारजी देसाई के अड्डे नहीं चढ़ी थी। मेरे लिए नीबू-पानी यानी शिकंजी।

आर्केस्ट्रा पर कोई बड़ी मद्धिम धुन बज रही थी। पहले मुझे लगा, वह कोई उदासी की धुन थी। पर जब आसपास के भँवर में मैंने अपने आपको लपककर पकड़ लिया, हवा में काग़ज़ के टुकड़े की तरह उड़ने का एहसास जिस वक्त ख़त्म हुआ, और कुर्सी गर्दिश छोड़कर मेरे पैरों के नीचे स्थिर हो गई, मुझे लगा, वह उदासी नहीं बल्कि आहिस्ता-आहिस्ता चढ़ते नशे की धुन थी—इच्छा की, जब पूरी रात सामने हो, और महबूब के कहीं जाने का, या सोने का खतरा न हो।

...होंठों पर पैरों से ऊपर आहिस्ता-आहिस्ता चलता सफ़र...

थोड़ी देर बाद उस सारे विशाल रेस्तरां की बत्तियाँ मद्धिम हो गईं, सिर्फ़ आर्केस्ट्रा पर, और आर्केस्ट्रा के नज़दीक फ़्लोर पर तेज़ रोशनी इकट्ठी हो गई—पंख समेटकर। एक लड़की ने फ़्लोर पर आ कर नाचना शुरू. कर दिया। सितारों से जड़ा स्याह लिबास—आधा-अधूरा। जो उसके उन्मादक नाच के साथ-साथ घबराई चिड़ियों के पंखों की तरह उड़ता था।

और फिर वह एक-एक करके अपने कपड़े उतारने लगी...

मेरे गिर्द फैले चेहरे भी आहिस्ता-आहिस्ता बेनक़ाब हो रहे थे। सारी शाइस्तगी के, और कल्चर के, और तहज़ीब के मुखौटे उन चेहरों से आहिस्ता-आहिस्ता सरक रहे थे। नीचे से निकल रहे थे पसीने से नहाए, पिचपिचे, लिजलिजे, गुंधे आटे से अभी-अभी बने चेहरे, नंगी वासना से उत्तेजित, बौराए, भूखे।

मुझे सिर्फ़ आहिस्ता-आहिस्ता नंगे होते उनके दाँत नजर आ रहे थे।

मुझे लगा, मुझे उलटी आ जाएगी।

मैंने ओमा का हाथ पकड़ कर मिन्नत की, "प्लीज़! आई कांट स्टैंड इट।"

पता नहीं, मेरा चेहरा पीला हो गया होगा, या सफ़ेद, या स्याह, वह तीनों मेरी तरफ़ देखकर घबरा गए। "चलो चलते हैं"—और उन्होंने बिल मँगवाने के लिए कह दिया। ओमा मुझे लेकर बाहर की तरफ़ चल पड़ा।

दोनों मेज़ पर से उठ जाते हैं, बेंच पर जाकर बैठते हैं।

उस होटल के पिछवाड़े छोटी-छोटी गलियाँ थीं—अँधेरी। सिर्फ़ कुछ दरवाज़ों के गिर्द रोशनी का छिड़काव था। "यह चीनी रेस्तराँ हैं। चीनी खाना खाएँ?" ओमा ने मुझसे पूछा।

छोटे-छोटे रेस्तराँ देख कर मैंने तसल्ली से कहा, "ठीक है।"

मद्धिम रोशनियाँ, नीची मेज़ें, छोटी-छोटी कुर्सियाँ। एअरकंडीशंड होने के बावजूद कमरे की हवा में चीनी खाने की तीखी गंध गुब्बारे की तरह भरी हुई थी।

मुझे तब चीनी डिशों के नाम भी नहीं आते थे। आर्डर ओमा ने व गौतम ने ही दिया।

आर्डर देने के बाद मेज़ के गिर्द, और मेज़ के ऊपर भी एक अटपटी ख़ामोशी छा गई।

"आ'एम सॉरी। आपकी शाम उजाड़कर रख दी मैंने।" मुझे वाक़ई उन तीनों से हमदर्दी थी, और अपने गुनाह का एहसास।

"नहीं, नहीं, शाम किस तरह उजड़ सकती है? जब तक तू हमारे साथ है," गौतम ने कहा।

"बिल्कुल," ओमा मुस्कुराया।

"नहीं, शायद यह इसलिए हुआ कि मैंने ऐसा माहौल पहले कभी देखा नहीं था।"

"फिर क्या हुआ?" ओमा जैसे किसी बच्चे को बहला रहा था।

"असल में शायद यह मेरी बैकग्राउंड का क़सूर है, मिडल क्लास बैकग्राउंड..."

"पर ये सारे रेस्तराँ मिडल क्लास के सिर पर ही चलते हैं। बहुत ऊपर जो एक क्लास है, छोटी-सी, वह तो अपने-अपने कोने तलाश लेती है। एक्सक्लूसिव

से क्लब। बड़े होटलों के सारे साल के लिए बुक किए सुइट। स्विमिंग पूल!'' गौतम बड़ी गंभीरता से अपनी भारी-गहरी आवाज़ में आहिस्ता-आहिस्ता बोल रहा था। अपने ख़ास तरन्नुमी अंदाज़ में। हर फ़िकरे में बहुत सारे कॉमे व डैश लगाकर।

''असल में मिडल क्लास खुद जिस माहौल में रहती है, उसमें बेहद घुटन है। छोटे घर, नंगी दीवारें, ख़ूबसूरती से ख़ाली कोने। ये खुले रेस्तराँ, चमकती रोशनियाँ, रंगीन शेड, पेंटिंगों से ढँकी दीवारें, उन्हें कल्चर्ड होने का एहसास देती हैं—और सकून व बोरियत से, और रोजाना ज़िंदगी की झिक-झिक से अलग एक माहौल,'' गौतम के भाई ने अपनी सिगरेट की राख राखदानी में झाड़ी।

''और मिडल क्लास में से ही सारी दुनिया की क्रांतियाँ पैदा हुई हैं। मार्क्स कहता है, इतिहास का पहिया घूमता है, ऊपर की यानी पूँजीपति जमात मुल्क की सारी दौलत समेटती चली जाती है, मिडल क्लास ग़ायब होती चली जाती है, और नीचे की, कुचली हुई, जमात रोष में उठ खड़ी होती है। पर कोई पूछे, इस रोष को रास्ता कौन दिखाता है? कौन बताता है उन्हें कि तुम कुचले हुए हो, इसलिए गुस्सा होना लाज़िमी है तुम्हारे लिए? यह रास्ता दिखानेवाला दिमाग़, यह फ़लसफ़ा, यह सोचने और महसूस करने वाला आदमी हमेशा मिडल क्लास में से पैदा होता है।''

''इसी मिडल क्लास में दुनिया का सबसे ख़ूबसूरत साहित्य और अज़ीम कला रचनेवाले लोग पैदा होते हैं। रोशन-दिमाग़। इन्वेंटर्स। नए रास्ते ढूँढ़नेवाले।''

''यानी, मिडल क्लास, ज़िंदाबाद!'' ओमा ने हँसकर कहा।

अब चीनी खाना भी स्वाद लग रहा था। रेस्तराँ भी खुशनुमा लग रहा था। शाम बेहद ख़ूबसूरत लग रही थी।

मंच के मध्य में जाकर बैठ जाते हैं

उस दिन धूप बड़ी खुशनुमा थी। हम वरसोवा बीच की रेत पर बैठे गप्पें हाँक रहे थे। गौतम, मैं, ओमा व ओमा का एक बंबइया दोस्त।

गौतम ने कहा, ''बाऊ जी, याद है जब पिछली बार बंबई आए थे?''

ओमा जिस तरह झेंपकर ज़रा-सा मुस्कराया, मुझे लगा, ज़रूर कोई चटपटी बात है। मैंने ज़ोर देकर पूछा।

पर दो मर्द, जो एक औरत के सामने अपने चमकते पंख व कलगियाँ दिखाकर मुर्गों की तरह ठुमक रहे थे, कहाँ काबू आते थे?

ख़ैर, आख़िर उनसे मैंने उगलवा ही लिया कि पिछली बार वे वेश्याओं के कोठे पर गए थे।

''वेश्याएँ तो हर जगह एक जैसी ही होती हैं। एक ही पेशा। पर अजीब बात है कि हर शहर के कोठों का अपना ही ज़ायका होता है—अपनी ही तहज़ीब, अपना

अलग अंदाज़। हर जगह की वेश्या की अलग ठुमक है, अलग नख़रा, अलग रंग,'' बंबइया दोस्त ने कहा।

''हीरा मंडी याद है?''

''क्या बात है जी हीरा मंडी की? गानेवालियों में सुर-ताल की वह समझ, कि बड़े-से-बड़े गवैये से भी पानी भरवा लें। नाचनेवालियों में बला की कलाकारी—रसी हुई, पुख़्ता। वर्षों के रियाज़ से सीखी और पूरे हुस्न व नज़ाकत से पेश की हुई। सिर्फ़ जिस्म की ही तो बात नहीं होती न, कला और रूह की भी बात होती है जी।''

''आज की कई आला-तरीन गानेवालियाँ हीरा मंडी व लखनऊ के कोठों की पैदावार हैं।''

''पर बंबई की वेश्याओं की और बात है। टैक्सी की तरह तेज़! हिंदुस्तान के हर कोने से लड़कियाँ यहाँ इकट्ठी होती हैं। हर तरह का माल मिलता है। पर सब कुछ बेहद जल्दी में होता है। नीरस! फीका बे-ज़ायका! जैसे मसूर की दाल में नमक कम हो, और मिर्चें हों ही नहीं।''

''मुझे क्यों नहीं जा कर दिखाते तुम दो-चार कोठे?'' मैंने रेत को उँगलियों में से गिराते हुए कहा।

''तुम्हें कोठे देखने हैं? औरतें नहीं जा सकती कोठों पर।''

''क्यों नहीं जा सकतीं?''

''बस, यह उन कोठों का दस्तूर है।''

जो बात 'नहीं हो सकती,' उसके सामने खड़े होकर मुझे बेहद ज़िद आती है। ''क्यों नहीं हो सकती?' बच्चों जैसी बेसिर-पैर की ज़िद। और ज़िद में मुझे ऐसी मुश्किलों के अजीब हल सूझते हैं। मैंने कहा, ''कोई पूछे तो तुम कह देना, यह भी यही काम करना चाहती है, इसलिए अपने लिए कोई अच्छा-सा कोठा ढूँढ़ रही है।''

''और हम ख़ाक छान रहे हैं?'' ओमा हँसा।

''तुम? तुम दलाल...''

गौतम हैरान मेरे चेहरे की तरफ़ देखने लगा। बंबइया दोस्त झेंप कर समुंदर की लहरें गिनने लगा। ओमा कहने लगा, ''बस, फिर वहाँ से कोई वापस नहीं आने देगा।''

''अच्छा, ऐसा करो, तुम कहना, यह एक तो मिल गई है, पर हम तीन हैं, सो दो और ढूँढ रहे हैं।''

''पर शक्ल नहीं देख लेंगे वह? हर कोठे पर जाने से पहले दलाल से दो-चार होना पड़ता है, और उनकी नज़रें सर्जिकल चाकू की तरह तेज़ होती हैं।''

''तुम फ़िक्र न करो। मैं अपनी लिपस्टिक गालों पर भी मल लेती हूँ, गाढ़ी-गाढ़ी,

लाल सुर्खी होठों पर और गहरा कर लेती हूँ। और ज़रा पर्स झुलाती हुई, ठुमका लेकर चलूंगी—ऐसे।" मैंने आज तक देखी सब फ़िल्मों की सारी 'बाइयों' की चाल की नकल करते हुए दो कदम चलकर दिखाए।

"ठीक है, चलो," अब तक सब इस खेल में शामिल हो चुके थे।

"पर कोठों के पते कहाँ से मिलेंगे?" मैंने फ़िक्र से पूछा।

"उसकी कोई फ़िक्र नहीं। यहाँ हर टैक्सीवाला कोठों की चलती-फिरती डायरेक्टरी है—इन्साइक्लोपीडिया बंबइआना। एक टैक्सी ले लेते हैं। हर जगह पर उससे कहते जाएँगे, 'यहाँ कोई पसंद नहीं आती। और कहीं ले चलो।' इस तरह बेशक यहाँ आठ दिन घूमते रहो।"

मंच के मध्य में खड़े होकर।

वह सारी रात हम बंबई के कोठों में घूमते रहे।

अँधेरी सीढ़ियों वाले और मद्धिम रोशनी वाले कमरे। झिलमिल बत्तियों वाले खुले बंगले, तंग, अँधेरी गलियाँ। नीओन लाइट्स से जगमगाती सड़कें। मरियल, बुसे, रद्दी काग़ज़ की तरह मरोड़े गए चेहरे, कूड़े के ढेर पर फेंके कचरे-जैसे चेहरे, उदास व बेरंग चेहरे। मुस्कराते, भरे हुए, दमकते चेहरे। गाने के माहिर चेहरे, और शेर सुनानेवाले चेहरे। वे चेहरे, जिन्हें न हिंदी आती थी, न अंग्रेज़ी। अजनबियत का गूँगापन लपेटकर उखड़े पलस्तर वाली बदरंग दीवारों वाले चेहरे, अजंता और एलोरा-जैसे चेहरे। कैलेंडरों की सीता और राधा-जैसे चेहरे। बेशुमार चेहरे।

सुबह हम वापस होटल लौट आए। मन में बला की उदासी थी। अजीब बोझिलपन। सिरहाने पर सिर रखते ही फफककर रो पड़ी।

मंच के मध्य में सामने आकर बैठ जाते हैं। अंत तक वहीं बैठे रहते हैं।

अगले दिन... समुंदर के किनारे। ओमा मेरा हाथ पकड़कर आहिस्ता-आहिस्ता दुलारता रहा, दबाता रहा। "वेश्याओं के कोठे मैंने पहले भी देखे थे, कई बार। हिंदुस्तान में ही नहीं, योरप में, इंग्लैंड में, अमरीका में भी। जापान व सिंगापुर व हांगकांग में भी। पर कल तेरे साथ जब मैं गया, बहुत सारी उदासी मेरे भीतर भर गई जैसे कोठों पर नहीं, पुराने मकबरों में घूम रहा हूँ। रात भी सोचता रहा, क्यों, समझ नहीं आया?"

शायद यही वह मुकाम था, जब पहली बार ओमा के जज़्बे को मैंने गंभीरता से लिया। जब कोई चीज़ उसके जिस्म में से चलकर मेरे बदन में, मेरे खून में आकर घुल गई वहाँ समुंदर के किनारे... दिन के आख़िरी मद्धिम उजाले में। शाम के पहले पिघलते साए में।

—आग की एक लपट, एक शोला।

—बर्फ़ के साथ सोकर आई हवा।

—सर्दियों की धूप।

—जंगलों की सरसराहट और दहशत।

—जंगली हवाओं की पगलाई, आवारा खुशबू और हूक।

—सर्दियों की ठंडी रातों में चीड़ की लकड़ियों से जलाई आग।

—समुंदर की नमकीन महक।

—बारिश से पहले हवा की खनक भरी खुशबू।

—सहरा की शाम।

—बारिश की बौछार के बाद धरती में से उठने वाली गंध, जैसे प्यार में भीगकर कोई अधसोई औरत महबूब की सेज से उठी हो।

—लहू के कतरे अपने लहँगे के घेर लहराते, किनारियाँ चमकाते, गोलाइयों में फैलते और सिमटते, झोल खाते, ठुमककर चल पड़े—सारे बदन में।

—अपने ही जिस्म का एहसास बड़े बरसों के बाद जैसे परदेस से वापस आ गया। एक लंबी जलावतनी भोगकर।

—मैं अपने जिस्म के घोंघे से अपने कान सटाकर समुंदर का शोर सुन रही थी।

देवेंद्र राज अंकुर द्वारा मंचित कहानियाँ और उपन्यास

कहानियाँ

1975 **तीन एकांत** (**धूप का एक टुकड़ा, डेढ़ इंच ऊपर, वीकएंड**—निर्मल वर्मा), राष्ट्रीय नाट्य विद्यालय रंगमंडल, नई दिल्ली

1975 **महानगर : तीन संवाद** (**ग़लत नंबर**—गोविंद मिश्र, **तलघर**—रमेश बक्षी, **सब-कुछ-नहीं**—कृष्ण बलदेव वैद), मेघदूत, लखनऊ

1976 **अलगाव : तीन संदर्भ** (**उसने कहा था**—चंद्रधर शर्मा गुलेरी, **आकाशदीप**—जयशंकर प्रसाद, **कफ़न**—प्रेमचंद), लक्रीस, लखनऊ

1976 **लौटना : तीसरी बार** (**वापसी**—उषा प्रियंवदा, **गुलामी**—राजिंदरसिंह बेदी, **वापसी**—हरिप्रकाश), लक्रीस, लखनऊ

1976 **पूस की रात**—प्रेमचंद; (इस अवसर पर 'कहानी का रंगमंच : रचना-प्रक्रिया के पड़ाव' विषय पर एक परिसंवाद का आयोजन; निर्मल वर्मा तथा कृष्ण बलदेव वैद की उपस्थिति में **'डेढ़ इंच ऊपर'** तथा **'सब-कुछ-नहीं'** का प्रदर्शन), लक्रीस, लखनऊ

1977 **सामना—क्रमशः तीन** (**कोरस**—दूधनाथ सिंह, **सूटकेस**—अब्दुल मुनइम सलीम, **कबंध**—दूधनाथ सिंह), लक्रीस, लखनऊ

1977 **प्रेमचंद का गाँव** (**सवा सेर गेहूँ, पूस की रात** और **कफ़न**—प्रेमचंद), भारतीय अंतर्राष्ट्रीय व्यापार मेला, दिल्ली में प्रदर्शन, लक्रीस, लखनऊ

1978 **अपरिचित : तीसरा पड़ाव** (**अपरिचित**—मोहन राकेश, **किनारे के लोग**—हिमांशु जोशी, **अँधेरे पर अँधेरा**—सर्वेश्वरदयाल सक्सेना), प्रयास, वाराणसी

1978 बाल रंगशिविर में विकसित एक **परीकथा**, राजघाट बसंत स्कूल, वाराणसी

1979 **पीले पत्तों के तीन दिन** (**माता-विमाता, यादें, चीफ़ की दावत**—भीष्म

साहनी), प्रयोग, नई दिल्ली

1980 **व्यवस्था : दोहरे साक्षात्** (**कामधेनु**–रमेश उपाध्याय, **गदल**–रांगेय राघव), कला परिषद्, वाराणसी

1980 **दुविधा**–विजयदान देथा, हस्ताक्षर, रायपुर

1980 **महानगर : तीन संवाद** (**ग़लत नंबर**–गोविंद मिश्र, **तलघर**–रमेश बक्षी, **सब-कुछ-नहीं**–कृष्ण बलदेव वैद), नई दिल्ली में एक अंतरंग प्रस्तुति

1981 **आश्रम**–धर्मवीर भारती, प्रयास, लखनऊ

1981 **पहाड़ : चार बाट** (**दाज्यू, बोझ, व्यतीत, कोसी का घटवार**–शेखर जोशी), सभी कहानियाँ कुमाऊँनी में प्रस्तुत, आँखर, लखनऊ

1982 निर्देशक रंगशिविर में तैयार एक **लोककथा,** केंद्रीय संगीत नाटक अकादमी द्वारा दिल्ली में प्रदर्शन

1982 **शतरंज के खिलाड़ी**–प्रेमचंद, जवाहरलाल नेहरू विश्वविद्यालय, दिल्ली में आयोजित रंगशिविर में पूर्वाभ्यास-प्रदर्शन

1982 **अपरिचित : तीसरा पड़ाव** (**अपरिचित**–मोहन राकेश, **किनारे के लोग**–हिमांशु जोशी, **अँधेरे पर अँधेरा**–सर्वेश्वरदयाल सक्सेना), मचान, दिल्ली

1982 **दो बांग्ला कहानियाँ** (**समाप्ति**–रवींद्रनाथ ठाकुर, **दख़ल**–मणि मुखोपाध्याय), दोनों बांग्ला में प्रस्तुत; राष्ट्रीय नाट्य विद्यालय रंगशविर, कलकत्ता

1983 **अकेली**–मन्नू भंडारी, **अपरिभाषित**–नरेंद्र कोहली, अनामिका नाट्यशिविर, कलकत्ता

1983 **दो बाँके**–भगवतीचरण वर्मा, **पंचलाइट**–फणीश्वरनाथ 'रेणु', तथा ध्वनि एवं गति-विधान के माध्यम से एक आशुरचना की प्रस्तुति, श्रीराम सेंटर अभिनय प्रशिक्षण कार्यशाला (प्रथम चरण), नई दिल्ली

1983 **प्रेमचंद की तीन कहानियाँ** (**गुल्ली डंडा, बड़े भाई साहब, नशा**), अंतरंग, दिल्ली

1983 **कहानियाँ ही कहानियाँ** (**बड़े भाई साहब, नशा**–प्रेमचंद, **राज़ीनामा, झूठी आस**–विजयदान देथा, **डेढ़ इंच ऊपर, बीच बहस में**–निर्मल वर्मा, **वापसी**–हरिप्रकाश, **मेरा दुश्मन**–कृष्ण बलदेव वैद, **बयान, राजा निरबंसिया**–कमलेश्वर, **साग मीट**–भीष्म साहनी), इप्टा, नई दिल्ली

1984 **एक स्त्री : एक पुरुष**–महीप सिंह तथा ध्वनि एवं गतिविधान के माध्यम से एक आशु रचना की प्रस्तुति, श्रीराम सेंटर अभिनय-प्रशिक्षण कार्यशाला

(द्वितीय चरण), नई दिल्ली

1984 **यात्रा : तीसरी बार (नई तारीख़**—काशीनाथ सिंह, **कागपंथ**—विजयदान देथा, **दक्षिणावर्त शंख** (तमिल कहानी)—ना. पार्थसारथी), रूपांतर, गोरखपुर

1985 **सँभल के बाबू**—भीष्म साहनी, **सत्य की हत्या**—सत्य वंद्योपाध्याय, **शांतला**—सी. के. नागराज राव, भारतीय ज्ञानपीठ मूर्तिदेवी पुरस्कार समारोह में प्रदर्शन

1985 **तीन कहानियाँ (मूस**—अमरकांत, **मलबे का मालिक**—मोहन राकेश, **फ़ितरती चोर**—विजयदान देथा), प्रयाग रंगमंच, इलाहाबाद

1986 **तीन कहानियाँ (गुल्ली डंडा**—प्रेमचंद, **रोज़नामचा**—विजयदान देथा, **डेढ़ इंच ऊपर**—निर्मल वर्मा), संभव, नई दिल्ली

1986 **वे ही**—विभांशु दिव्याल, **प्रायश्चित**—भगवतीचरण वर्मा, **वरदान**—राधाकृष्ण, कला संगम शिविर, पटना

1988 **चौथा**—ह.मो.मराठे, संभव अभिनयशिविर, नई दिल्ली

1988 **लौटना : पहली बार (गुलामी**—राजिंदरसिंह बेदी, **वापसी**—उषा प्रियंवदा, **शटल**—नरेंद्र कोहली), संभव, नई दिल्ली

1988 **लौटना : दूसरी बार (तलवार पंच हज़ारी**—राजेंद्र यादव, **वापसी**—हरिप्रकाश, **बीच बहस में**—निर्मल वर्मा), संभव, नई दिल्ली

1988 **लौटना : तीसरी बार (दोपहर का भोजन**—अमरकांत, **चीफ़ की दावत**—भीष्म साहनी, **बूढ़ी काकी**—प्रेमचंद), संभव, नई दिल्ली

1989 **प्रेमचंद का गाँव (ठाकुर का कुआँ, घासवाली, गुरु-मंत्र, मुक्ति-मार्ग, कफ़न, सद्‌गति, ईदगाह, आत्माराम, गुप्तधन**—प्रेमचंद), संभव, नई दिल्ली

1990 **पागल की डायरी**—लू-शुन, **डेढ़ इंच ऊपर**—निर्मल वर्मा (कहानी-पाठ शृंखला के अंतर्गत प्रदर्शन), राष्ट्रीय नाट्य विद्यालय, नई दिल्ली

1991 **ओ हरामज़ादे, राधा-अनुराधा**—भीष्म साहनी, राष्ट्रीय नाट्य विद्यालय, नई दिल्ली

1991 **सहमे हुए**—महीप सिंह (पंजाबी में प्रस्तुत), संचेतना, नई दिल्ली

1992 **होनहार, ख़ाला का घर नाहीं** (दोनों हिमाचली लोककथाएँ), राष्ट्रीय नाट्य विद्यालय शिविर, कांगड़ा

1992 **कहानियाँ (बस स्टैंड की एक रात, मिस पॉल, अपरिचित, एक और**

ज़िंदगी–मोहन राकेश), राष्ट्रीय नाट्य विद्यालय रंगमंडल, नई दिल्ली

1993 एक क्लर्क की मौत–चेखव, बोहनी, आख़िरी हीला, इस्तीफ़ा–प्रेमचंद, संभव, नई दिल्ली

1993 खोई हुई दिशाएँ (गुंजन शर्मा बीमार है, देर से आई बारात–विवेकानंद, खोई हुई दिशाएँ–कमलेश्वर), संभव, नई दिल्ली

1993 तीन कहानियाँ (क़िले में औरत, मेरे और नंगी औरत के बीच–रघुवीर सहाय, साँकल–स्वदेश दीपक), संभव, नई दिल्ली

1993 ख़ानाबदोश (घोंघा और समुंदर, सात नीमकश तीर, क़िस्सा एक क़यामत का–अजीत कौर), संभव, नई दिल्ली

1994 कथाकोलाज : एक (एक कमज़ोर लड़की–राजेंद्र यादव, लीला नंदलाल की–भीष्म साहनी, खेल-खेल में–मिलान कुंडेरा–अनुवाद–निर्मल वर्मा); कथाकोलाज : दो (बेलपत्र–गीतांजलिश्री, डिप्टी कलक्टरी– अमरकांत, राम संजीवन की प्रेमकथा–उदय प्रकाश), राष्ट्रीय नाट्य विद्यालय, नई दिल्ली

1994 भेड़िये–भुवनेश्वर, संभव, नई दिल्ली

1995 वीर महावीर–रामाराव कालिपटनम् (तेलुगु में प्रस्तुत), नाट्य-लेखन शिविर, हैदराबाद

1995 एक लड़की : पाँच दीवाने–हरिशंकर परसाई, श्रीराम सेंटर रंगमंडल, नई दिल्ली

1995 दीवार–वेकोम बशीर मुहम्मद (मलयालम में प्रस्तुत), स्कूल ऑफ़ ड्रामा, त्रिचूर

1995 शापविमोचनम्–पदुमपदन (तमिल में प्रस्तुत), राष्ट्रीय नाट्य विद्यालय शिविर, चेन्नई

1996 बंद गली का आख़िरी मकान–धर्मवीर भारती, राष्ट्रीय नाट्य विद्यालय रंगमंडल, नई दिल्ली

1996 कथाकोलाज : तीन (घरघुसरा–मनहर चौहान, एक सिगरेट–यशपाल, मुद्रिका-रहस्य–शरद जोशी); कथाकोलाज : चार (तीसरी क़सम–फणीश्वरनाथ रेणु, टिन का नन्हा सिपाही–हांस क्रिश्चियन ऐंडरसन–आलेख–सुमन कुमार, त्रिशंकु–मन्नू भंडारी), राष्ट्रीय नाट्य विद्यालय, नई दिल्ली

1996 टिन का नन्हा सिपाही, राष्ट्रीय नाट्य विद्यालय द्वारा अंतर्राष्ट्रीय नाट्य

विद्यालय समारोह (6 अगस्त), कोपेनहेगन, डेनमार्क में प्रदर्शन

1996 **द न्यूज़पेपर स्टोरी** (अंग्रेज़ी में प्रस्तुत), नेशनल थिएटर स्कूल, कोपेनहेगन, डेनमार्क द्वारा आयोजित कहानी-प्रस्तुतिशिविर में तैयार इस कहानी का डेनमार्क, पेरू, घाना और कनाडा के छात्रों के साथ कोपेनहेगन (16 अगस्त) में प्रदर्शन

1996 **हमारी ज़िंदगी** (धिवेही भाषा में प्रस्तुत), राष्ट्रीय नाट्य विद्यालय और सूचना एवं संस्कृति मंत्रालय, मालदीव द्वारा माले (9 नवंबर) में आयोजित सघन नाट्यशिविर में आशुरचित कहानी की प्रस्तुति

1997 **अंदर आना मना है**—प्रभा दीक्षित, आरंगन, उदयपुर

1997 **तीन बाप : आठ बेटे (राजा दशरथ के बेटे, गाड़ीवान**—नरेंद्र कोहली, **पड़ताल**—पंकज मित्रा, **संक्रमण**—कामतानाथ), भारतीय रंगमंच विभाग, पंजाब विश्वविद्यालय, चंडीगढ़

1997 **कथाकोलाज : पाँच'** (**नन्हों**—शिवप्रसाद सिंह, **भगवान का एक्सटेंशन**—हरिशंकर परसाई, **दो औरतें**—कृष्ण बिहारी); **कथाकोलाज : छह** (**शापग्रस्त**—अखिलेश, **रसप्रिया**—फणीश्वरनाथ रेणु, **शून्य**—चित्रा मुद्गल, **लंठ**—अब्दुल बिस्मिल्लाह), राष्ट्रीय नाट्य विद्यालय, नई दिल्ली

1997 **कथा कोलाज : सात** (**शरणदाता**—अज्ञेय, **साल का एक मौसम**—**मौसम के तीन दिन**—चन्द्रशेखर रथ—ओड़िया से अनुवाद : पूर्णचंद्र रथ, **मोहब्बत**—जगदंबाप्रसाद दीक्षित, **हालीपा**—यादवेंद्र शर्मा 'चंद्र'); **कथा कोलाज : आठ** (**अगली शताब्दी के प्यार का रिहर्सल**—अखिलेश, **आइज़ ऑफ़ ए ब्लू डॉग**—गाब्रियल गर्सिया मारकेज़—स्पेनिश कहानी के अंग्रेज़ी अनुवाद से अनुवाद—प्रयाग शुक्ल, **टा-टा प्रोफ़ेसर षष्टिवल्लभ पन्त**—मनोहरश्याम जोशी), राष्ट्रीय नाट्य विद्यालय, नई दिल्ली

1998 **कथा कोलाज : नौ** (**खून का रिश्ता**—भीष्म साहनी, **लिहाफ़**—इस्मत चुग़ताई, **द्वंद्वयुद्ध**—गौरीशंकर कपूर, **हत्यारे**—अमरकांत, **कल्याणी**— राजिंदर सिंह बेदी); **कथाकोलाज : दस** (**यह घर मेरा नहीं**—श्रीलाल शुक्ल, **शकीला की मां**—अमृतलाल नागर, **प्रादुर्भाव**—भीष्म साहनी, **मुग़ल बच्चा**—इस्मत चुग़ताई, **दीवार**—ज्याँ पॉल सार्त्र), राष्ट्रीय नाट्य विद्यालय, नई दिल्ली

1998 **ये भी ठीक है**—कमलेश्वर, **बूचड़खाने की एक रात**—पुंडलीक ह. नायक, फ़ैकल्टी ऑफ़ परफ़ॉर्मिंग आर्ट्स, गोआ कला अकादमी द्वारा गोआ में आयोजित रंगशिविर की प्रस्तुति

1998 **परीक्षा, सेर को सवा सेर**—विवेकानंद महिला विद्यालय, दिल्ली विश्वविद्यालय, नई दिल्ली

1998 **पंचतंत्र की पाँच कहानियाँ** (सिंहली भाषा में प्रस्तुत), राष्ट्रीय नाट्य विद्यालय द्वारा श्रीलंका में आयोजित रंगशिविर में टॉवर हाल थिएटर फ़ाउंडेशन नाट्य विद्यालय के छात्रों के साथ प्रस्तुति

1998 **दो लोकथाएँ** (धिवेही भाषा में प्रस्तुत), राष्ट्रीय नाट्य विद्यालय और सूचना एवं संस्कृति मंत्रालय, मालदीव द्वारा माले में आयोजित नाट्यशिविर की प्रस्तुति

1999 **संवाद कथा** (धिवेही भाषा में प्रस्तुत), राष्ट्रीय नाट्य विद्यालय और सूचना एवं संस्कृति मंत्रालय, मालदीव द्वारा माले में आयोजित नाट्यशिविर की प्रस्तुति

1999 **अनोखी परीक्षा, परख**—विजयदान देथा, राजस्थान संगीत नाटक अकादमी द्वारा जयपुर में आयोजित रंगशिविर में अभ्यास प्रस्तुति

1999 **कथाकोलाज : ग्यारह** (**गणित**—सुषमा मुनींद्र, **जीना तो पड़ेगा**—अब्दुल बिस्मिल्लाह, **जिल्द**—रोनाल्ड डाल—अनुवाद—हीबा मनारा शाह, **उस गोलार्द्ध में**—पंकज बिष्ट, **विमल मेहता सेकिंड**—अवधेश श्रीवास्तव); **कथा कोलाज : बारह** (**अपना रास्ता लो बाबा**, **चांदनी रात का दुखांत**—कर्त्तारसिंह दुग्गल, **मिस्टर भाटिया**—मोहन राकेश, **पानी और पुल**—महीप सिंह, **शापित फल**—एंटन चेख़व—अनुवाद—राजा चक्रवर्ती, गुंजन जोशी), राष्ट्रीय नाट्य विद्यालय, नई दिल्ली

1999 **ए लड़की**—कृष्णा सोबती, राष्ट्रीय नाट्य विद्यालय रंगमंडल, नई दिल्ली

2000 **हत्यारा** (सिंहली भाषा में प्रस्तुत)—मोपासां, राष्ट्रीय नाट्य विद्यालय द्वारा श्रीलंका में आयोजित रंगशिविर में टॉवर हाल थिएटर फाउंडेशन नाट्यविद्यालय के छात्रों के साथ प्रस्तुति

2000 **इंस्पेक्टर मातादीन चाँद पर**—हरिशंकर परसाई, राष्ट्रीय नाट्य विद्यालय, नई दिल्ली एवं भारतेंदु नाट्य अकादमी, लखनऊ द्वारा लखनऊ में आयोजित रंगशिविर की प्रस्तुति

2000 **कथा कोलाज : तेरह** (**यही सच है**—मन्नू भंडारी, **चीफ़ की दावत**—भीष्म साहनी, **भंग**—ज्योत्स्नामय घोष, **चिट्ठीपत्री**—परशुराम, **नृशंस**—अवधेश प्रीत); **कथा कोलाज : चौदह** (**आपकी छोटी लड़की**—ममता कालिया, **माया बाज़ार**—व.पु. काले, **शबरी**—रमेश बक्षी, **बापू**—प्रेम प्रकाश), राष्ट्रीय नाट्य विद्यालय, नई दिल्ली

उपन्यास

1973 **प्रतिनायक**—विश्वेश्वर, नेपथ्य, नई दिल्ली

1979 **अपना मोर्चा**—काशीनाथ सिंह, प्रयोग, नई दिल्ली

1981 **महाभोज**—मन्नू भंडारी, अवंतिका, रायपुर

1982 **डार से बिछुड़ी**—कृष्णा सोबती, श्रीराम. सेंटर रंगमंडल, नई दिल्ली

1982 **संस्कार**—यू.आर.अनंतमूर्ति (कन्नड़ में प्रस्तुत), समुदाय, बंगलूर

1984 **महाभोज**—मन्नू भंडारी, संभव, नई दिल्ली

1984 **अजनबी**—अल्बेयर कामू, संभव, नई दिल्ली

1985 **अनारो**—मंजुल भगत, संभव, नई दिल्ली

1986 **जंगल-तंत्रम्**—श्रवणकुमार गोस्वामी, संभव, नई दिल्ली

1987 **छह बीघा ज़मीन**—फ़क़ीरमोहन सेनापति, (ओड़िया में प्रस्तुत), मुक्ति, भुवनेश्वर

1987 **अपना मोर्चा**—काशीनाथ सिंह, संभव अभिनयशिविर, नई दिल्ली

1989 **अपने-अपने अजनबी**—अज्ञेय, राष्ट्रीय नाट्य विद्यालय रंगमंडल, नई दिल्ली

1994 **गोपात्तरदू**—के.एन.वाई.पतंजलि (तेलुगु में प्रस्तुत), राष्ट्रीय नाट्य विद्यालय, दक्षिण क्षेत्र रंगशिविर, हैदराबाद

1995 **रात भर वर्षा**—बुद्धदेव वसु, श्रीराम सेंटर रंगमंडल, नई दिल्ली

1996 **कसप**—मनोहर श्याम जोशी, राष्ट्रीय नाट्य विद्यालय रंगशिविर, पिथौरागढ़

●●●

अनुक्रमणिका

●●●